10대를 위한

파이썬 Python textbook

교고과서

컴퓨팅 사고력과 알고리즘 배우기

10대를 위한 파이썬 교과서

컴퓨팅 사고력과 알고리즘 배우기

2020년 1월 10일 초판 1쇄 인쇄
2020년 1월 20일 초판 1쇄 발행

펴낸곳   (주) 교학사

펴낸이   양진오

저 자   Aristides S. Bouras / Loukia V. Ainarozidou

번 역   이병재

주 소   (공장)서울특별시 금천구 가산디지털1로 42 (가산동)

(사무소)서울특별시 마포구 마포대로14길 4 (공덕동)

전 화   02-707-5312(편집), 707-5147(영업)

등 록   1962년 6월 26일 〈18-7〉

교학사 홈페이지 http://www.kyohak.co.kr

이 도서의 국립중앙도서관 출판예정도서목록(CIP)은 서지정보유통지원시스템 홈페이지(http://seoji.nl.go.kr)와 국가자료종합목록 구축시스템(http://kolis-net.nl.go.kr)에서 이용하실 수 있습니다. (CIP제어번호 : CIP2019049003)

"더 나은 세상을 만들 수 있다고 믿는 모든 10대들을 위한 파이썬 책입니다."

Aristides S. Bouras

Aristides S. Bouras는 1973년에 태어났습니다. 어린 시절부터 컴퓨터 프로그래밍에 대한 사랑을 남달랐던 그는 12살 때 그의 첫 컴퓨터인 '(ROM 기반 버전의 BASIC 프로그래밍 언어와 64KB RAM을 갖춘) Commodore 64'를 갖게 되었습니다.

그는 그리스 Piraeus 기술 교육 연구소에서 컴퓨터 공학 학위를 받았으며, 그리스 Democritus University에서 전기 및 컴퓨터 공학 학위를 받았습니다. 그는 산업 데이터 흐름과 제품 라벨링을 전문으로 하는 한 기업에서 소프트웨어 개발자로 근무하였습니다. 그의 주된 업무는 데이터 터미널을 위한 소프트웨어와 데이터베이스 서버의 데이터를 수집하고 저장하기 위한 PC 소프트웨어를 개발하는 것이었습니다.

그는 창고 관리 시스템이나 기업이나 다른 조직들을 위한 웹 사이트와 같은 많은 소프트웨어를 개발했습니다. 현재 그는 고등학교 교사로 재직 중입니다. 그는 주로 컴퓨터 네트워크, 인터넷/인트라넷을 위한 프로그래밍 도구 그리고 데이터베이스 과정을 가르칩니다.

그는 Loukia V. Ainarozidou와 결혼하였고, 둘 사이에는 두 아이가 있습니다.

Loukia V. Ainarozidou

Loukia V. Ainarozidou는 1975년에 태어났습니다. 그녀는 13살 때 그녀의 첫 번째 컴퓨터인 '(128KB RAM과 3인치 플로피 디스크 드라이브를 갖춘) Amstrad CPC6128'를 갖게 되었습니다. 그녀는 그리스 Piraeus 기술 교육 연구소에서 컴퓨터 공학 학위를 받았으며, 그리스 Democritus University에서 전기 및 컴퓨터 공학 학위를 받았습니다.

그녀는 과일 및 야채 포장과 관련된 기업의 데이터 물류 부서에서 감독자로 근무하였습니다. 현재 그녀는 고등학교 교사로 재직 중입니다. 그녀는 주로 컴퓨터 네트워크, 컴퓨터 프로그래밍 그리고 디지털 디자인 과정을 가르칩니다.

그녀는 Aristides S. Bouras와 결혼하였고, 둘 사이에는 두 아이가 있습니다.

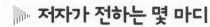

저자가 전하는 몇 마디

먼저, 우리는 시간을 아끼지 않고 우리의 모든 질문(심지어 어리석은 질문까지도)에 답변하고 편집에 도움을 준, 친구이자 선임 편집자 빅토리아 오스틴(Victoria Austin)에게 감사의 말을 전합니다. 그녀 없이는 이 책의 잠재력을 충분히 발휘하지 못했을 수도 있습니다. 그녀의 인내력 있는 지도와 귀중하고 건설적인 제안 덕분에 이 책의 수준을 더욱더 높일 수 있었습니다.

이와 더불어, 우리는 여러분이 이 책을 정말 재미있게 읽기를 바랍니다. 프로그래밍 경험이 없는 분들도 이해하기 쉽게 쓰려고 최선을 다했습니다. 이 책이 마음에 들었다면 좋은 리뷰도 써 주시고 많은 평점도 '선물'해 주시면 감사하겠습니다. 여러분의 '선물'은 우리가 글을 쓰는데 격려가 될 뿐만 아니라 다른 독자들에게도 도움이 될 것입니다.

이 책에 대한 몇 가지 정보

알고리즘 사고는 단순히 코드를 배우는 것 이상을 포함합니다. 코딩하는 법을 배우는 것은 문제 해결 과정을 배우는 것과 같습니다. 이 책은 컴퓨터 프로그래밍 입문자들을 고려하여 컴퓨팅 및 알고리즘 사고를 학습합니다!

우리가 앞으로 배우게 될 파이썬은 의심할 여지 없이 현재 가장 인기 있는 프로그래밍 언어입니다. 그리고 이 책은 이러한 파이썬을 활용해 여러분이 프로그래밍 세계로 들어가는데 도움을 줄 것입니다. 440쪽을 채운 많은 설명과 함께 188개의 예제, 635개의 복습 문제를 제공합니다.

이 책은 컴퓨터 프로그래밍을 배우거나 가르치기 시작하는 10대 친구들, 그들의 부모님과 선생님에게 이상적일 것입니다.

정답과 코드 파일 제공

이 책에 나오는 복습 문제의 정답은 아래 주소로 접속하면 다운로드 받을 수 있습니다.

편집 과정에서 원서와 다르게 표기된 부분이 있으니 다음 내용을 참고해 활용하시기 바랍니다.

예를 들어, True는 O, False는 X이며, a는 ①, b는 ②, c는 ③, d는 ④, e는 ⑤입니다.

http://itbook.kyohak.co.kr/python/python_for_teen_Answer.pdf

또한 이 책에서 작성한 코드는 아래 주소로 접속하면 다운로드 받을 수 있습니다.

http://itbook.kyohak.co.kr/python/python_for_teen_code.zip

목차

 01 컴퓨터는 어떻게 작동하는가?

02 파이썬과 통합 개발 환경(IDE)

03 알고리즘의 기본 개념

04 변수와 상수

08 이클립스 사용하기

09 처음으로 작성하는 프로그램

10 숫자 다루기

11 문자열 처리하기

12 질문 만들기

13 질문하기 - if 구조

14 질문하기 - if-else 구조

24 파이썬의 자료구조

28 서브 프로그램 연습하기

29 객체 지향 프로그래밍

 # 컴퓨터는 어떻게 작동하는가?

 1-1 시작하기

요즘은 거의 모든 작업에 컴퓨터를 사용합니다. 학생들은 인터넷에서 필요한 정보를 검색하거나 과제를 메일로 전송하기 위해 컴퓨터를 사용합니다.

직장인들은 회의에 필요한 프레젠테이션을 만들거나, 분야별 데이터를 분석하고, 고객들과 업무 연락을 위해 컴퓨터를 사용합니다.

여가 시간에는 온라인 게임을 하거나 전 세계 사람들과 소셜 네트워크를 통해 일상을 공유하는 데 컴퓨터를 사용하기도 합니다. 물론 아이폰이나 안드로이드폰과 같은 스마트폰을 사용하기도 합니다. 하지만 스마트폰 역시 컴퓨터입니다.

컴퓨터는 프로그래밍이 가능하기 때문에 아주 많은 종류의 작업을 처리할 수 있습니다. 다시 말해서 프로그래밍이 가능하면 그 어떤 작업도 컴퓨터로 처리할 수 있습니다. 프로그램은 특정 작업을 처리하기 위해 컴퓨터가 실행해야 하는 명령문의 모음입니다. 프로그램은 컴퓨터에 필수적인 것으로, 프로그램이 없으면 컴퓨터는 아무것도 할 수 없는 깡통이 되어 버립니다. 언제, 무슨 일을 해야 하는지를 컴퓨터에게 지시하는 것이 바로 프로그램입니다. 프로그래머는 이러한 프로그램을 설계하고, 작성하고, 테스트하는 사람을 말합니다.

이 책은 '파이썬(Python)'이라는 프로그래밍 언어를 사용해서 컴퓨터 프로그래밍의 기본 개념을 소개합니다.

1-2 하드웨어란 무엇인가?

하드웨어(Hardware)란 컴퓨터를 구성하는 모든 장치들과 부품들을 지칭하는 용어입니다. 컴퓨터의 본체를 열어보면 마이크로프로세서(CPU), 메모리, 하드디스크 등의 부품을 보았을 것입니다. 이렇듯 컴퓨터는 한 개의 장치가 아닌 시스템으로, 여러 장치가 모여 함께 작업을 할 수 있도록 구성되어 있습니다.

컴퓨터 시스템의 기본 구성은 대개 다음과 같습니다.

- **중앙 처리 장치(CPU: Central Processing Unit)**
  프로그램에 정의되어 있는 모든 작업을 실제로 실행하는 장치입니다.

- **주기억 장치 (RAM: Random Access Memory)**
  컴퓨터 내부의 기억 공간으로, 실행 중인 프로그램뿐 아니라 프로그램 실행에 필요한 데이터도 저장하고 있습니다. 컴퓨터에 전원 공급이 중단되면 이 기억 장치에 저장되어 있는 모든 프로그램과 데이터는 없어집니다.

- **주기억 장치 (ROM: Read Only Memory)**
  이 기억 장치는 컴퓨터가 그 내용을 읽을 수만 있습니다(즉, 수정이 불가능). 이 장치에 기억되어 있는 모든 프로그램과 데이터는 컴퓨터에 전원 공급이 끊어져도 없어지지 않습니다. ROM에는 대개 컴퓨터 제조사가 공급하는 기본 명령문과 컴퓨터에 전원이 공급되면 컴퓨터의 작동을 시작시키는 역할을 하는 부트스트랩 로더라는 프로그램을 저장하고 있습니다.

- **보조 기억 장치**
  대표적인 보조 기억 장치는 하드디스크가 사용되며, 때로는 CD와 DVD가 사용되기도 합니다. 주기억 장치(RAM)과는 달리 이 기억 장치는 컴퓨터에 전원이 공급되지 않아도 오랫동안 데이터를 기억할 수 있습니다. 그러나 이러한 기억 장치에 저장되어 있는 프로그램은 바로 실행될 수 없으며, 훨씬 더 빠른 기억 장치인 주기억 장치(RAM)에 적재되어야 합니다.

- **입력 장치**
  컴퓨터 외부에 있는 데이터를 모아서 컴퓨터 내부로 전달하여 처리하도록 하는 모든 장치를 의미합니다. 키보드, 마우스, 마이크로폰 등이 모두 입력 장치입니다.

■ **출력 장치**

컴퓨터 내부의 데이터를 외부로 내보내는 모든 장치를 의미합니다. 출력 장치에는 모니터(화면)와 프린터가 있습니다.

1-3 소프트웨어란 무엇인가?

컴퓨터로 할 수 있는 모든 작업은 소프트웨어에 의해 제어됩니다. 소프트웨어는 시스템 소프트웨어와 응용 소프트웨어로 구분됩니다.

■ **시스템 소프트웨어**

컴퓨터의 기본 동작을 제어하고 관리하는 소프트웨어입니다. 예를 들어, 시스템 소프트웨어는 컴퓨터에 연결되어 있는 모든 장치를 관리하며, 데이터를 저장하거나, 기억 장치에 적재하고, 다른 프로그램이 실행될 수 있도록 합니다. 이 시스템 소프트웨어에 다음과 같이 3가지로 구분할 수 있습니다.

- **운영체제(Operating System)**: MS윈도, 리눅스, Mac OS X, 안드로이드, iOS 등이 운영체제의 예입니다.
- **유틸리티 소프트웨어(Utility Software)**: 이 소프트웨어는 대개 운영체제와 함께 설치됩니다. 이 소프트웨어들은 컴퓨터가 최대한 효율적으로 동작할 수 있도록 합니다. 백신 소프트웨어와 백업 소프트웨어가 중요한 유틸리티 소프트웨어의 예입니다.
- **장치 드라이버 소프트웨어(Device Driver Software)**: 장치 드라이버는 컴퓨터에 부착된 마우스나 그래픽 카드와 같은 장치들을 제어합니다. 장치 드라이버는 통역사와 같은 역할을 하는 소프트웨어입니다. 이 소프트웨어는 운영체제가 내리는 명령문을 각 장치들이 이해할 수 있는 명령문으로 변환합니다.

■ **응용 소프트웨어**

웹 브라우저, 워드 프로세서, 메모장, 게임 등 일상적인 업무에 사용하는 모든 프로그램을 말합니다.

1-4 컴퓨터는 어떻게 프로그램을 실행하는가?

우리가 컴퓨터를 처음 켰을 때는 주기억 장치(RAM)는 완전히 비어있습니다. 이때 컴퓨터가 가장 먼저 해야 하는 일은 하드디스크에 있는 운영체제를 주기억 장치(RAM)에 적재하는 것입니다. 운영체제가 주기억 장치(RAM)에 적재된 후, 우리는 원하는 프로그램(응용 소프트웨어)을 실행시킬 수 있습니다. 이 작업은 대개 해당 프로그램 아이콘을 클릭 또는 더블클릭해서 실행합니다. 예를 들어, 우리가 좋아하는 게임의 아이콘을 클릭하면 컴퓨터는 하드디스크에서 비디오 게임 프로그램의 복사본을 주기억 장치(RAM)에 적재하고 CPU가 그 프로그램을 실행하게 됩니다.

💡 기억하기

프로그램들은 하드디스크와 같은 보조 기억 장치에 저장되어 있습니다. 어떤 프로그램을 자신의 컴퓨터에 설치하면 그 프로그램은 하드디스크에 복사됩니다. 이후 우리가 그 프로그램을 실행시키면 프로그램의 복사본이 주기억 장치(RAM)에 적재되고 그 복사본이 실행됩니다.

1-5 컴파일러와 인터프리터

컴퓨터는 엄격하게 정의된 컴퓨터 언어로 작성된 프로그램만을 실행할 수 있습니다. 즉, 우리는 영어나 그리스어와 같은 자연어를 사용해서 프로그램을 작성할 수 없습니다. 컴퓨터가 이해할 수 없기 때문입니다. 그럼, 컴퓨터가 이해하는 언어는 어떤 것일까? 컴퓨터는 기계어라는 특수한 저급 언어만을 이해합니다. 기계어는 모든 명령문이 1과 0만으로 구성됩니다.
다음의 예는 2개의 숫자를 더하는 프로그램의 기계어입니다.

하지만 우리는 이런 형태로 프로그램을 작성하지는 않습니다. 프로그래머는 고급 언어로 프로그램을 작성한 후, 특수 프로그램을 사용해서 고급 언어를 기계어로 변환합니다.

```
0010 0001 0000 0100
0001 0001 0000 0101
0011 0001 0000 0110
0111 0000 0000 0001
```

참고 고급 언어는 컴퓨터의 종류에 상관없이 모든 컴퓨터에서 사용됩니다.

프로그래머가 기계어로 변환하기 위해 사용하는 프로그램으로는 컴파일러와 인터프리터 총 2가지가 있습니다. 컴파일러는 고급 언어로 작성된 명령문들을 별도의 기계어 프로그램으로 변환합니다. 이후 우리는 이 기계어 프로그램을 언제든지 필요할 때마다 실행시킬 수 있습니다. 한 번 변환한 후에는 그 프로그램을 다시 변환할 필요가 없습니다.

인터프리터는 고급 언어로 작성된 명령문을 기계어로 변환하고 실행하는 작업을 동시에 합니다. 인터프리터는 프로그램의 명령문을 하나씩 읽어 기계어로 변환하고 즉시 실행합니다. 프로그램의 모든 명령문이 이런 방식으로 실행됩니다.

1-6 소스코드란 무엇인가?

프로그래머가 고급 언어로 작성한 명령문들을 소스코드(Source Code) 또는 간단히 코드(Code)라고 합니다. 프로그래머는 코드 편집기를 사용해서 소스코드를 입력해서 프로그램을 작성한 후 컴파일러를 사용해서 그 프로그램을 기계어 프로그램으로 변환하거나 또는 인터프리터를 사용해서 기계어로 변환과 실행을 동시에 하게 됩니다.

1-7 복습문제 |

다음 문장을 읽고 맞으면 O, 틀리면 X로 표시하세요.

1. 요즘의 컴퓨터는 기가바이트 급의 대용량 RAM을 보유하고 있기 때문에 여러 가지 다양한 작업을 실행할 수 있습니다. ( )

2. 프로그램 없이도 컴퓨터가 동작할 수 있습니다. ( )

3. 하드디스크는 하드웨어입니다. ( )

4. 컴퓨터에 전원이 공급되지 않아도 주기억 장치(RAM) 내에 데이터가 오랫동안 저장될 수 있습니다. ( )

5. 주기억 장치(ROM)에는 데이터만 저장되며 프로그램은 저장되지 않습니다. ( )

6. 스피커는 출력 장치의 예입니다. ( )

7. MS윈도와 리눅스는 소프트웨어의 예입니다. ( )

8. 장치 드라이버는 하드웨어의 예입니다. ( )

9. 미디어 플레이어는 시스템 소프트웨어의 예입니다. ( )

10. 컴퓨터를 켜면 주기억 장치(RAM)에는 이미 운영체제가 저장되어 있습니다. ( )

11. 워드프로세서 프로그램을 시작시키면 그 프로그램이 보조 기억 장치에서 주기억 장치(RAM)로 복사됩니다. ( )

12. 기계어는 모든 명령문이 0과 1로 구성됩니다. ( )

13. 최근의 컴퓨터는 0과 1을 이해할 수 없습니다. ( )

14. 최근의 소프트웨어는 0과 1로 구성된 언어로 작성됩니다. ( )

15. 소프트웨어는 컴퓨터의 물리적인 부품을 의미합니다. ( )

16. 컴파일러와 인터프리터는 소프트웨어입니다. ( )

17. 컴파일러는 소스코드를 실행 파일로 변환합니다. ( )

18. 인터프리터는 기계어 프로그램을 만듭니다. ( )

19. 한 번 변환하고 나면 인터프리터는 더 이상 필요하지 않습니다. ( )

20. 소스코드는 컴파일되거나 인터프리트 되지 않아도 컴퓨터에 의해 실행될 수 있습니다. ( )

21. 기계어로 작성된 프로그램은 컴파일을 해야 합니다. ( )

22. 컴파일러는 고급 언어로 작성된 프로그램을 변환합니다. ( )

1-8 복습문제 II

다음 질문에 알맞은 답을 선택하세요.

1. 다음 중 하드웨어가 아닌 것을 고르시오.
   ① 하드디스크   ② DVD 디스크
   ③ 사운드카드   ④ 주기억 장치(RAM)

2. 다음 중 보조 기억 장치가 아닌 것을 고르시오.
   ① DVD 판독/기록 장치
   ② 하드디스크
   ③ USB 플래시 드라이브
   ④ RAM

3. 터치 스크린은 무엇에 해당하는지 고르시오.
   ① 입력 장치
   ② 출력 장치
   ③ 입출력 장치

4. 다음 중 소프트웨어가 아닌 것을 고르시오.
   ① MS윈도   ② 리눅스
   ③ iOS   ④ 비디오 게임
   ⑤ 웹 브라우저   ⑥ 장치 드라이버
   ⑦ 위의 모든 항목

5. 다음 중 올바른 설명을 고르시오.
   ① 프로그램은 하드디스크에 저장되어 있다.
   ② 프로그램은 DVD 디스크에 저장되어 있다.
   ③ 프로그램은 주기억 장치(RAM)에 저장되어 있다.
   ④ 위의 모든 항목이 올바르다.

6. 다음 중 올바른 설명을 고르시오.
   ① 프로그램은 하드디스크에서 곧장 실행될 수 있다.
   ② 프로그램은 DVD 디스크에서 곧장 실행될 수 있다.
   ③ 프로그램은 주기억 장치(RAM)에서 곧장 실행될 수 있다.
   ④ 위의 모든 항목이 올바르다.
   ⑤ 위의 모든 항목이 올바르지 않다.

7. 다음 중 프로그래머가 프로그램을 작성할 때 사용할 수 없는 언어를 고르시오.
   ① 기계어
   ② 영어나 그리스어와 같은 자연어
   ③ 파이썬

8. 다음 중 컴파일러의 역할로 올바른 것을 고르시오.
   ① 기계어를 고급 언어로 변환한다.
   ② 자연어(영어나 그리스어 등)로 작성된 프로그램을 기계어 프로그램으로 변환한다.
   ③ 고급 언어로 작성된 프로그램을 기계어 프로그램으로 변환한다.
   ④ 위 항목 모두 올바르지 않다.
   ⑤ 위 항목 모두 올바르다.

9. 다음 중 기계어를 올바른 설명을 고르시오.

① 장치들 간에 통신할 때 사용되는 언어

② 컴퓨터가 바로 사용할 수 있는 숫자 명령문으로 구성된 언어

③ 영어 단어로 작동을 지시하는 언어

10. 2개의 동일한 명령문이 연달아 기록되어 있을 때 인터프리터의 작동 방식을 올바른 설명을 고르시오.

① 첫 번째 명령문을 변환하고 실행한 후, 두 번째 명령문을 변환하고 실행한다.

② 첫 번째와 두 번째 명령문을 변환한 후, 이 둘을 실행한다.

③ 첫 번째 명령문만 변환한 후(둘이 동일한 명령문이므로), 이 명령문을 두 번 실행한다.

1-9 복습문제 Ⅲ

다음 질문에 알맞은 답을 적어 보세요.

1. 하드웨어는 무엇인가요?

2. 컴퓨터 시스템의 6가지 기본 구성 요소를 나열하세요.

3. 부트스트랩 로더 프로그램이 하는 역할은?

4. 컴퓨터의 어느 부품이 실제로 프로그램을 실행하나요?

5. 프로그램이 실행되는 동안 프로그램과 데이터를 간직하고 있는 컴퓨터 부품은?

6. 컴퓨터에 전원이 공급되지 않아도 오랫동안 데이터를 간직하고 있는 컴퓨터 부품은?

7. 컴퓨터 외부에 있는 데이터를 모아서 컴퓨터 내부로 전달하는 장치를 무엇이라 하나요?

8. 입력 장치의 예를 기술하세요.

9. 컴퓨터에 있는 데이터를 외부로 배출하는 장치를 무엇이라 부르나요?

10. 출력 장치의 예를 기술하세요.

11. 소프트웨어는 무엇인가요?

12. 소프트웨어의 종류는 몇 가지인가요? 그들의 이름도 기술하세요.

13. 워드프로세서는 소프트웨어의 분류 중 어떤 소프트웨어에 속하나요?

14. 장치 드라이버는 소프트웨어 분류 중 어떤 소프트웨어에 속하나요?

15. 컴파일러는 무엇인가요?

16. 인터프리터는 무엇인가요?

17. 기계어라는 용어를 설명하세요.

18. 소스코드는 무엇인가요?

 파이썬과 통합 개발 환경(IDE)

 ## 2-1 파이썬이란 무엇인가?

파이썬은 고급 프로그래밍 언어로써 응용 프로그램이나 웹 페이지 외에 다양한 형식의 프로그램을 작성할 수 있게 합니다. 파이썬은 특히 초급 과정에서 알고리즘적 사고와 프로그래밍을 교육하기에 완벽한 언어이며, 과학 분야와 수치 계산 분야에서 널리 사용되고 있습니다. 또한 파이썬은 유연하고 강력한 언어로 코딩을 쉽게 이해할 수 있습니다. 파이썬으로 작성된 코드는 이미 수백만, 수십억 라인이 존재하며 그 코드들은 재사용될 수 있습니다. 이것이 다른 프로그래밍 언어보다 파이썬이 인기있는 이유이며 또한 우리가 파이썬을 배워야만 하는 이유이기도 합니다.

 ## 2-2 파이썬은 어떻게 실행되는가?

컴퓨터는 영어나 그리스어와 같은 자연어를 이해하지 못하기 때문에 컴퓨터와 작업하기 하기 위해서는 파이썬과 같은 컴퓨터 언어가 필요합니다. 파이썬은 매우 강력한 고급 언어입니다. 파이썬 인터프리터(또는 컴파일러와 인터프리터의 조합)는 파이썬 언어를 컴퓨터가 실제로 이해할 수 있는 기계어로 변환합니다.

2-3 파이썬 설치하기

파이썬을 설치하려면 아래의 주소에서 파이썬을 다운로드합니다.

https://www.python.org/downloads/

파이썬은 MS윈도, 리눅스, Mac OS X 외에 다양한 운영체제에서 사용할 수 있습니다. 자신의 플랫폼에 알맞은 최신 버전 파이썬을 선택하면 됩니다. 이 책에서는 MS윈도 플랫폼에 파이썬을 설치하는 방법을 설명합니다. 다운로드가 완료되면 설치 파일(Setup)을 실행합니다. [그림 2-1]과 같이 팝업 창이 나타나면 'Add Python 3.7 to PATH'에 체크하고 'Install Now'를 클릭합니다. 설치가 완료되면 'Close' 버튼을 클릭합니다.

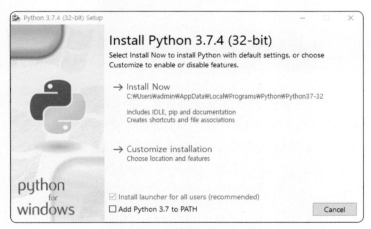

[그림 2-1] 파이썬 설치 화면

2-4 통합 개발 환경(Integrated Development Environments)

통합 개발 환경은 IDE라고도 하며, 프로그램을 작성하고 테스트하는데 필요한 모든 기본 툴을 제공하는 소프트웨어입니다. IDE는 대부분 소스코드 편집기를 포함하고 있으며, 컴파일러나 인터프리터 그리고 디버거(Debugger)를 포함하고 있습니다. IDLE와 이클립스(Eclipse)는 소스코드를 작성하고 실행시키는 통합 개발 환경의 2가지 예입니다.

참고 디버거는 프로그래머로 하여금 실수를 발견하고 수정하도록 도와주는 툴입니다.

2-5 IDLE

IDLE는 초보자에게 간단하고 알맞은 환경을 제공하는 IDE로써, 특히 교육용 설정에 유용합니다. IDLE를 사용하면 초보 프로그램들도 쉽게 파이썬 프로그램을 작성하고 실행시킬 수 있습니다.

2-6 IDLE 설치하기

시스템에 이미 IDLE를 설치하였기 때문에 다시 설치할 필요는 없습니다. 〈2-3 파이썬 설치하기〉에서 파이썬을 설치했고 그때 이미 IDLE이 설치되었습니다. 하지만 앞으로 〈07 IDLE 사용하기〉에서 파이썬 프로그램을 작성하고 실행할 때 어떻게 IDLE를 사용하는지 배울 것입니다. 또한 초보 프로그래머로서 첫걸음을 딛는데 유용한 많은 팁과 기법을 배울 것입니다.

2-7 이클립스(Eclipse)

이클립스는 IDE로써 자바(Java)나 C, C++, PHP와 같은 많은 프로그래밍 언어를 위한 아주 유용한 툴들을 제공합니다. 이클립스를 사용하면 웹 사이트, 웹 응용 프로그램, 웹 서비스는 물론 다양한 응용 프로그램을 작성할 수 있습니다. 별도로 플러그인을 설치하면 이클립스는 파이썬이나 펄, 리스프, 루비와 같은 다른 언어들에도 사용할 수 있습니다.

이클립스는 단순한 코드 편집기가 아닙니다. 이클립스는 들여쓰기를 할 수 있으며, 단어나 괄호 쌍이 일치하는지를 검사하고, 소스코드에 있는 오류에 강조 표시를 해줍니다. 또한 이클립스는 자동 코드 기능을 제공하여 사용자가 코드를 입력하면 완성된 코드를 예측하여 제시합니다. 또한 IDE는 사용자가 코드를 분석해서 심각한 문제를 발견해낼 수 있는 힌트를 제공하기도 하며, 그런 문제를 수정할 수 있는 간단한 해결책을 제시하기도 합니다. 이클립스는 무료이며 오픈소스(일반 대중이 사용 가능)소프트웨어입니다. 이클립스는 전세계에 대규모의 사용자와 개발자 커뮤니티가 있습니다.

참고 이클립스를 사용해 프로그램을 작성하거나 바로 실행할 수 있습니다.

2-8 이클립스 설치하기

만약 이클립스 대신에 IDLE를 사용하기로 결정했다면 이클립스 설치 과정은 건너뛰어도 됩니다. 그러나 이클립스를 설치하기로 했다면 아래의 주소에서 이클립스를 다운받을 수 있습니다.

https://www.eclipse.org/downloads/eclipse-packages/

이클립스 IDE는 MS윈도부터 리눅스, Mac OS X 시스템까지 자바(Java)를 지원하는 모든 운영체제에 설치될 수 있습니다. 이클립스 웹 페이지에는 사용자가 플랫폼(MS윈도, 리눅스, Mac OS X)을 선택할 수 있는 드롭다운 목록이 있습니다. 여기서 자신의 플랫폼을 선택하면 됩니다. 이 책에서는 MS윈도 플랫폼에 이클립스를 설치하는 과정을 설명합니다.

eclipse.org에서 사용 가능한 모든 'Package Solutions' 중에서 'Eclipse IDE for Java Developers.'를 선택하고 다운로드 받습니다. 어려운 자바를 배우는 것은 아니므로 걱정하지 않아도 됩니다. 다운로드가 완료되면 'C:\'에 압축을 풀고 'C:\eclipse\eclipse.exe' 파일을 찾아 실행시킵니다.

참고 손쉬운 접근을 위해 바탕화면에 '이클립스' 바로가기를 생성하여 사용하는 것이 좋습니다.

One

이클립스는 거의 전부가 자바로 작성되어서 설치 과정에서 다음과 같은 메시지가 나타날 수 있습니다. 이 메시지는 사용하는 컴퓨터에 자바 가상 머신(Java Virtual Machine, JVM)이 없다는 의미입니다.

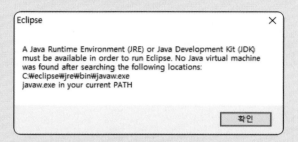

Two

자바 가상 머신(JVM)는 다음의 주소에서 무료로 다운로드받을 수 있습니다.

https://java.com/ko/download/

이클립스의 첫 화면에서는 워크스페이스 디렉터리(폴더)를 선택할 수 있습니다. 이클립스가 제시하는 폴더를 그대로 사용할 수도 있으며 [그림 2-2]와 같이 'Use this as the default and do not ask again'에 체크합니다.

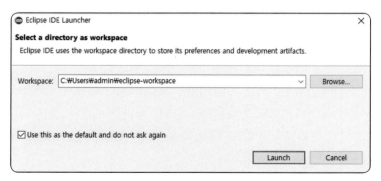

[그림 2-2] 워크스페이스 폴더(디렉터리)를 선택

이클립스 버전이나 사용하는 윈도우에 따라서 [그림 2-2]의 폴더와 다른 폴더가 표시될 수도 있습니다.

이클립스 환경이 오픈되면 [그림 2-3]과 같이 나타납니다.

[그림 2-3] 이클립스 IDE

이제 파이썬을 지원하도록 이클립스를 설정해야 합니다. 주메뉴에서 Help 〉 Eclipse Marketplace를 선택합니다. 팝업 창이 나타나면 [그림 2-4]와 같이 키워드인 'PyDev'를 검색하여 플러그인인 'PyDev - Python IDE for Eclipse'를 찾으면 'Install' 버튼을 클릭합니다.

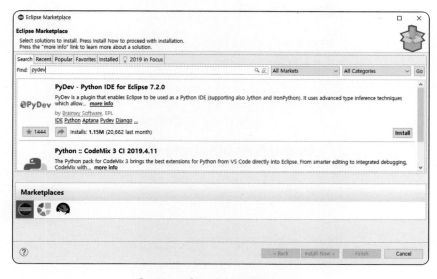

[그림 2-4] Eclipse Marketplace

다음 창에서 모든 기능에 체크하고 'Confirm' 버튼을 클릭합니다. [그림 2-5]의 라이선스 승인 창이 나타나면 그 내용을 읽어보고 'Finish' 버튼을 클릭합니다.

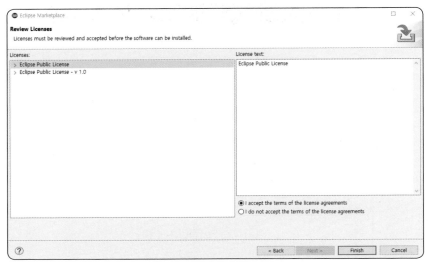

[그림 2-5] 라이선스 승인 창

설치하는 동안 [그림 2-5]와 같이 'Brainwy Software' 인증서를 신뢰하는가를 묻는 팝업 창이 나타날 수 있습니다. 그러면 알맞은 곳에 체크를 하고 'OK' 버튼을 클릭합니다.

[그림 2-6] 'Brainwy Software' 인증서

설치가 끝나면 변경된 내용을 반영하기 위해서 이클립스를 재시작한다는 메시지가 표시됩니다.
그러면 'Yes' 버튼을 클릭합니다. 이제 이클립스 설정 작업이 끝났습니다.
지금부터는 파이썬 세계의 정복을 시작하면 됩니다!

2-9 복습문제

다음 질문에 알맞은 답을 적어 보세요.

1. 파이썬이란 무엇인가요?

2. 파이썬은 어디에 사용될 수 있나요?

3. IDE(Integrated Development Environment) 가 무엇인가요?

4. IDLE와 이클립스는 무엇인가요?

# 03 알고리즘의 기본 개념

3-1 알고리즘이란 무엇인가?

기술적인 용어로서의 알고리즘은 문제의 해결책을 제공하는, 잘 정의된 유한한 명령문들의 집합을 의미합니다. 달리 설명하면, 알고리즘은 주어진 문제를 해결하기 위한 단계적인 과정을 의미합니다. 여기서 '유한한'이라는 말은 알고리즘은 반드시 끝이 있으며 영원히 실행될 수는 없다는 의미입니다. 알고리즘은 컴퓨터 과학뿐만 아니라 일상생활 곳곳에서 찾을 수 있습니다. 예를 들어, 토스트나 커피 한 잔을 준비하는 과정도 알고리즘으로 표현할 수 있습니다. 목적을 달성하기 위해서는 일정한 순서와 단계를 따라야만 합니다.

3-2 따뜻한 차 한 잔을 만드는 알고리즘

따뜻한 차 한 잔을 만드는 알고리즘은 다음과 같습니다.

1. 티백을 컵에 넣습니다.
2. 주전자에 물을 붓습니다.
3. 주전자로 물을 끓입니다.
4. 끓는 물을 컵에 따릅니다.
5. 컵에 우유를 추가합니다.
6. 컵에 설탕을 추가합니다.
7. 차를 휘젓습니다.
8. 차를 마십니다.

이와 같이 일정한 순서를 따라야만 합니다. 일부 순서가 변경될 수도 있으나 전체적으로 정해진 순서가 존재합니다. 예를 들어 5번과 6번 단계를 바꾸어, 설탕을 먼저 넣고 우유를 나중에 넣을 수도 있습니다.

일부 작업 순서가 바뀔 수는 있지만 엉뚱하게 순서가 바뀌어서는 안 된다는 것을 명심해야 합니다. 예를 들어 3번 단계를 맨 뒤로 이동시켜서는 안 됩니다. 만약 그렇게 되면 차가운 차를 마시게 되어 초기의 목표(따뜻한 차 만들기)와 완전히 다르게 됩니다.

3-3 알고리즘과 컴퓨터 프로그램

컴퓨터 프로그램은 파이썬이나 자바, C++, C#과 같이 컴퓨터가 이해할 수 있는 언어로 작성된 알고리즘에 불과합니다. 알고리즘은 전체 작업 과정을 안내할 수는 있어도, 컴퓨터 프로그램으로 차 한 잔이나 저녁 식사를 만들어 줄 수는 없습니다. 그러나 컴퓨터 프로그램으로 주어진 숫자들의 평균값을 계산하거나 그 숫자들 중에서 가장 큰 값을 고를 수 있습니다. 또한 인공지능 프로그램으로 체스를 두거나 논리 문제를 해결할 수도 있습니다.

3-4 알고리즘에 관련된 3가지 요소

알고리즘은 3가지 요소가 존재합니다. 첫 번째 요소는 알고리즘 작성, 두 번째 요소는 알고리즘 실행, 마지막 요소는 알고리즘 사용입니다. 예를 들어 알고리즘의 3가지 요소를 요리와 비교해 봅시다. 알고리즘을 작성하고(레시피를 작성하고), 알고리즘을 실행합니다(레시피를 따라하면서 요리를 합니다). 그리고 알고리즘을 사용합니다(완성된 음식을 먹습니다).

이번에는 컴퓨터 게임을 예로 들어봅시다. 알고리즘을 작성하는 사람(게임 프로그래머)이 있고, 그 알고리즘을 실행하는 사람이나 장치(노트북이나 컴퓨터)가 있으며, 알고리즘을 사용하는 사람(게임 유저)이 있습니다. 때에 따라서 프로그래머와 유저라는 용어가 혼동될 수 있습니다. 내가 컴퓨터 프로그램을 작성할 때에는 프로그래머의 입장이지만, 내가 그 프로그램을 사용할 때는 유저가 됩니다.

3-5 알고리즘 작성의 주요 3단계

알고리즘을 작성하는 3단계는 다음과 같습니다.

1단계 데이터 입력 ▶ 2단계 데이터 처리 ▶ 3단계 결과 출력.

이 순서는 고정적이며 변할 수 없습니다. 숫자 3개의 평균값을 구하는 컴퓨터 프로그램을 생각해 봅시다. 먼저, 프로그램은 사용자에게 숫자들을 입력할 것을 요구해야 합니다(데이터 입력 단계). 그 다음, 프로그램이 숫자들의 평균값을 계산합니다(데이터 처리 단계). 마지막으로 프로그램은 계산 결과를 화면에 출력해야 합니다(결과 출력 단계).

이 단계들을 좀 더 자세히 살펴봅시다.

- **1단계 : 데이터 입력**
    1. 사용자에게 첫 번째 숫자를 입력할 것을 요구합니다.
    2. 사용자에게 두 번째 숫자를 입력할 것을 요구합니다.
    3. 사용자에게 세 번째 숫자를 입력할 것을 요구합니다.
- **2단계 : 데이터 처리**
    4. 숫자 3개의 합계를 계산합니다.
    5. 합계를 3으로 나눕니다.
- **3단계 : 결과 출력**
    6. 결과를 화면에 출력합니다.

가끔 1단계(데이터 입력 단계)가 생략되고 나머지 2개의 단계로만 구성되기도 합니다.
예를 들어, 다음 식과 같이 합을 구하는 프로그램을 생각해봅시다.

1 + 2 + 3 + 4 + 5

이 경우 프로그램이 해야 하는 작업을 정확히 알 수 있기 때문에 사용자가 따로 값(데이터)을 입력할 필요가 없습니다. 프로그램은 1에서 5까지의 합을 구하고 그 결과값인 15를 화면에 출력하면 됩니다.

따라서 이 경우는 다음과 같이 2개의 단계(데이터 처리와 결과 출력)만 있으면 됩니다.

1단계 : 데이터 입력

필요 없습니다.

2단계 : 데이터 처리

1. 1+2+3+4+5의 합을 계산합니다.

3단계 : 결과 출력

2. 결과를 화면에 출력합니다.

만약 합을 구하는 숫자의 범위를 설정하려면 어떻게 해야 할까요? 1에서 10가지의 합을 구하거나 1에서 20까지의 합을 구할 수 있도록 하려면 어떻게 해야 할까요? 이 경우는 사용자가 범위를 입력하는 첫 번째 단계가 프로그램에 있어야 합니다. 그래서 사용자가 범위를 입력하고 나면 컴퓨터가 계산을 한 후, 결과를 출력할 수 있게 됩니다.

단계는 다음과 같습니다.

첫 번째 단계 : 데이터 입력

1. 사용자에게 숫자를 입력하도록 요구합니다.

두 번째 단계 : 데이터 처리

2. 1 + 2 + ⋯(사용자가 입력한 상한값까지)의 합을 계산합니다.

세 번째 단계 : 결과 출력

3. 화면에 결과를 출력합니다.

예를 들어, 사용자가 범위를 6으로 입력했다면 컴퓨터는 1 + 2 + 3 + 4 + 5 + 6을 계산하고 결과를 출력할 것입니다.

3-6 예약어란 무엇인가?

컴퓨터 언어에서 예약어(Reserved word) 또는 키워드(Keyword)는 특별한 의미가 있어 미리 역할이 정해져 있는 단어입니다. 이 단어들은 특별한 용도가 정해져 있으며 다른 목적으로 사용할 수 없습니다. 예를 들어, 파이썬 언어의 경우 'if', 'while', 'elif', 'for'와 같은 단어들은 정해진 역할이 있으며 다른 용도로 사용할 수 없습니다.

참고 모든 고급 언어는 예약어가 있습니다. 그러나 각 언어마다 고유의 예약어를 가지고 있습니다. 예를 들어 파이썬 언어의 예약어인 'elif'는 C++, C#, PHP, 자바 등의 언어에서는 'else if'와 같은 역할을 합니다.

3-7 처음 보는 파이썬 프로그램

파이썬 프로그램은 파이썬 명령문이 기술된 텍스트 파일에 불과합니다. 파이썬 프로그램은 일반 텍스트 편집기 프로그램으로 작성할 수 있습니다. 하지만 IDLE나 이클립스를 사용하면 각 프로그램들이 제공하는 다양한 기능을 활용할 수 있어 파이썬 프로그램을 훨씬 더 효율적으로 작성할 수 있습니다.

다음은 화면에 3개의 메시지를 출력하는 간단한 파이썬 프로그램의 예입니다.

```
print("Hello World!")
print("안녕하세요?")
print("123은 숫자")
```

참고 파이썬 프로그램은 사용자의 컴퓨터 하드디스크에 저장되며 파일 확장자는 '.py'입니다.

3-8 구문 오류, 논리 오류, 런타임 오류의 차이점

프로그래머는 고급 언어로 코드를 작성하면서 구문 오류(Syntax error), 논리 오류(Logical error), 런타임 오류(Runtime error) 등 3가지 오류를 발생시킬 수 있습니다.

구문 오류(Syntax error)는 예약어 또는 키워드의 철자가 틀리거나, 구두점을 잘못 기술하거나, 괄호를 제대로 기술하지 않는 등의 오류를 말합니다. 이클립스와 같은 일부 IDE는 사용자가 코드를 입력하는 동안 오류를 감지하여 빨간색 물결 모양의 밑줄로 오류가 발생한 명령문을 출력합니다.

만일 오류가 있는 명령문을 포함하고 있는 파이썬 프로그램을 실행시키면 화면에 오류 메시지가 출력되며 그 프로그램은 실행되지 않습니다. 이 경우 반드시 오류를 수정한 후 프로그램을 다시 실행시켜야 합니다.

우리가 기대한 결과를 얻지 못했을 때 논리 오류(Logical error)가 발생했다고 할 수 있습니다. 논리 오류가 발생해도 오류 메시지가 전혀 출력되지 않습니다. 코드가 정상적으로 컴파일되고 실행되지만 원하는 결과가 출력되지 않습니다. 이 때문에 논리 오류를 찾아내기가 어렵습니다. 논리 오류가 발생한 곳을 알아내기 위해서 프로그램을 잘 살펴봐야 합니다.

예를 들어 3개의 숫자 입력을 프로그램 사용자에게 요구한 후, 3개 숫자의 평균을 계산해서 출력하는 파이썬 프로그램을 생각해 봅시다. 이때, 프로그램을 작성하면서 숫자 3개의 평균을 구하기 위해 3을 입력해야 하는 것을 프로그래머의 실수로 5를 입력하였다고 가정해 봅시다.

이 파이썬 프로그램은 정상적으로 실행되며 어떠한 오류 메시지도 출력되지 않습니다. 프로그램은 사용자에게 3개의 숫자를 입력할 것을 요구하고 3개의 숫자를 더한 값을 5로 나눈 후, 그 결과를 출력할 것입니다. 그러나 그 결과는 우리가 원하는 결과값이 아닙니다. 오류를 발생시키는 명령문을 찾아내고 수정하는 작업은 컴퓨터나 인터프리터가 아닌 프로그래머의 몫입니다.

컴퓨터는 전혀 똑똑하지 않습니다!

런타임 오류(Runtime error)는 프로그램을 실행하는 동안 발생하는 오류입니다. 이 오류는 프로그램을 예기치 않게 비정상적으로 끝내거나 시스템 자체를 멈추게 하기도 합니다. 이런 오류가 찾아내기 가장 어렵습니다. 프로그램을 실행하기 전에는 오류가 발생할 것인지 아닌지를 미리 알아낼 수 있는 방법은 없습니다. 단지 오류가 발생하지도 모른다고 짐작할 뿐입니다. 메모리가 부족하거나 0으로 나누는 경우에 실행 오류가 발생합니다.

참고 ➤ **One**
논리 오류가 런타임 오류를 발생시킬 수도 있습니다.

3-9 디버깅이란 무엇인가?

디버깅(Debugging)은 프로그램이 정상적으로 실행될 수 있도록 프로그램에 있는 버그(Bug)를 찾아내는 작업을 말합니다. '디버깅'이라는 용어가 탄생하게 된 사연이 있습니다.

1940년 그레이스 호퍼가 하버드 대학에서 Mark II 컴퓨터로 작업을 하고 있었는데, 그녀의 동료가 릴레이(전기로 작동되는 스위치)에 걸린 벌레(bug)를 발견했습니다. 이 벌레는 Mark II 컴퓨터의 원활한 작동을 막고 있었습니다. 그레이스 호퍼는 벌레(bug)를 제거하는 자신의 동료를 보면서 그들이 시스템을 '디버깅(Debugging)하고 있다'라고 말하였고 그것이 '디버깅'이라는 용어의 시작이 되었습니다.

3-10 코드에 주석달기

짧고 쉬운 프로그램을 작성하면 누구나 그 프로그램을 한 라인씩 읽으면서 프로그램이 어떻게 실행되는지 이해할 수 있습니다. 그러나 프로그램이 길어지면 이해하기 어렵고, 심지어 프로그램을 작성한 본인에게도 어려울 수 있습니다. 이때 주석을 사용하면 되는데, 주석(Comments)이란 프로그램을 읽고 이해하기 쉽도록 프로그램 내에 추가된 정보를 말합니다.

주석을 사용하면, 다음과 같은 프로그램 설명과 정보를 추가할 수 있습니다.

- 프로그램을 작성한 사람
- 프로그램이 작성되거나 마지막으로 업데이트된 날짜
- 프로그램의 기능
- 프로그램의 작동 방식

 **참고** 주석은 사람을 위해 쓰여진 것입니다. 즉, 컴파일러나 인터프리터는 프로그램에 추가된 주석들을 신경쓰지 않습니다.

그러나 주석을 너무 많이 사용해서는 안 됩니다. 프로그램의 모든 라인에 주석을 추가할 필요는 없습니다. 이해하기 어려운 부분에만 주석을 추가하면 됩니다.
파이썬에서는 아래와 같이 해시 문자(#)를 사용하여 주석을 추가합니다.

```python
#작성자 : 이로운
#작성일 : 12/25/2019
#마지막 수정일 : 04/03/2020
#기능 : 화면에 간단한 메시지를 출력

print("Hello World!")   #화면에 메시지를 출력


#화면에 두 번째 메시지를 출력
print("Hello Python!")


#이것은 주석입니다.           print("The End")
```

위의 프로그램에서 알 수 있듯이 주석은 명령문의 윗줄이나 명령문의 뒤에 기술할 수 있습니다. 그러나 명령문의 앞에는 기술할 수 없습니다. 마지막 라인은 원래 'The End' 라는 메시지를 출력하려는 것이었으나 메시지가 출력되지 않습니다. 왜냐하면 라인의 앞에 붙은 해시문자(#)로 인해 print( ) 명령문은 주석의 일부로 간주되기 때문입니다.

 참고 프로그램이 실행되는 동안에는 주석은 전혀 보이지 않습니다.

다음 문장을 읽고 맞으면 O, 틀리면 X로 표시하세요.

1. 식사를 준비하는 과정은 실제 하나의 알고리즘 입니다. (   )

2. 알고리즘은 컴퓨터 과학에서만 사용됩니다. (   )

3. 알고리즘은 영원히 실행됩니다. (   )

4. 알고리즘에서 원하는 대로 단계를 재배치할 수 있습니다. (   )

5. 컴퓨터도 체스를 할 수 있습니다. (   )

6. 어떤 알고리즘이든 항상 컴퓨터 프로그램이 될 수 있습니다. (   )

7. 프로그래밍은 컴퓨터 프로그램을 작성하는 과 정을 의미합니다. (   )

8. 컴퓨터 프로그램은 항상 다음의 3요소와 관 련이 있습니다 : 프로그래머, 컴퓨터, 사용자 (   )

9. 프로그래머와 사용자가 같은 사람인 경우도 있 습니다. (   )

10. 컴퓨터 프로그램이 아무 결과도 출력하지 않 을 수도 있습니다. (   )

11. 예약어는 미리 정의된 의미를 가진 단어를 말 합니다. (   )

12. 키워드 철자가 틀리면 논리 오류가 발생합니 다. (   )

13. 논리 오류가 있어도 프로그램이 실행됩니다. (   )

14. 논리 오류는 컴파일하면서 발견될 수 있습니 다. (   )

15. 런타임 오류는 컴파일하면서 발견됩니다. (   )

16. 구문 오류는 발견하기 가장 어렵습니다. (   )

17. 삼각형의 넓이를 계산하는 하는 프로그램이 잘못된 결과를 출력한다면 논리 오류가 발생 한 것입니다. (   )

18. 프로그램에 출력 명령문이 없으면 구문 오류 가 발생한 것입니다. (   )

19. 프로그램에는 항상 주석이 있어야 합니다. (   )

20. 프로그램에 주석을 추가하면 컴퓨터가 그 프로그램을 더 쉽게 이해할 수 있습니다. (   )

21. 프로그램 내 어디든지 주석을 기술할 수 있습 니다. (   )

22. 주석은 프로그램 사용자에게는 보이지 않습 니다. (   )

3-12 복습문제 ||

다음 질문에 알맞은 답을 선택하세요.

1. 알고리즘은 미리 정의된 유한한 명령문 집합으로 어떤 일을 하는지 고르시오.

   ① 문제의 해결책을 제공합니다.

   ② 요리를 합니다.

   ③ 정답 없음

2. 다음 중 컴퓨터 프로그램에 관한 올바른 설명을 고르시오.

   ① 알고리즘입니다.

   ② 일련의 명령문입니다.

   ③ ①, ② 모두 정답

   ④ 정답 없음

3. 식사를 준비하는 사람은 다음 중 어디에 속하는지 고르시오.

   ① 프로그래머

   ② 사용자

   ③ 정답 없음

4. 다음 중 알고리즘 작성의 3단계에 속하지 않는 것을 고르시오.

   ① 데이터 생산

   ② 데이터 입력

   ③ 결과 출력

   ④ 데이터 처리

5. 다음의 파이썬 명령문 중에서 구문 오류가 있는 것을 고르시오.

   ① print(안녕하세요)

   ② print("여기예요. 여기에 구문 오류가 있어요!!!")

   ③ print("안녕, 친구!")

   ④ 정답 없음

6. 다음 중 실제로 실행될 수 있는 print( ) 문을 고르시오.

   ① #print("안녕!") #이 명령문은 실행될 수 있음

   ② #이 명령문은 실행됨. print("안녕!")

   ③ print("안녕!") #이 명령문은 실행될 수 있음

   ④ 정답 없음

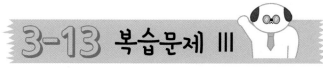

다음 질문에 알맞은 답을 적어 보세요.

1. 알고리즘이란 무엇인가요?

2. 커피 한 잔을 만드는 알고리즘을 기술하세요.

3. 알고리즘은 영원히 실행될 수 있나요?

4. 컴퓨터 프로그램은 무엇인가요?

5. 알고리즘과 관련된 3가지 요소는 무엇인가요?

6. 컴퓨터 프로그램을 만드는 3단계를 기술하세요.

7. 컴퓨터 프로그램이 2개의 단계로 만들어질 수도 있나요?

8. '예약어'라는 용어의 의미를 기술하세요.

9. 구문 오류의 실제 예를 기술하세요.

10. 논리 오류의 실제 예를 기술하세요.

11. 런타임 오류의 실제 예를 기술하세요.

12. 키워드 철자를 잘못 기술하거나, 구두점을 하나 빼먹거나, 괄호를 잘못 기술했을 때 발생하는 오류는 무슨 오류인가요?

13. '디버깅'이라는 용어의 의미를 기술하세요.

14. 코드에 주석을 추가해야 하는 이유를 기술하세요.

04 변수와 상수

4-1 변수란 무엇인가?

컴퓨터 과학에서 변수(Variable)는 주기억 장치(RAM) 내에 생기는 공간으로써 프로그램이 실행되면서 우리는 그 공간(변수)에 값을 저장하거나 값을 수정할 수 있습니다.

변수를 투명한 상자라고 생각해 봅시다. 그 상자에는 한 번에 한 개의 값을 저장할 수 있습니다. 투명한 상자이므로 그 안에 저장된 값을 볼 수 있습니다. 또한 우리는 그런 상자를 여러 개 가질 수 있으며 그 상자들에는 각각 다른 이름을 부여할 수 있습니다.
예를 들어, 다음과 같이 3개의 상자가 있습니다. 상자들에는 각각 다른 값이 저장되어 있습니다. numberA, numberB, numberC라는 이름이 부여되어 있습니다.

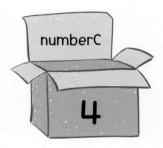

numberA, numberB 그리고 numberC라 이름이 붙여진 3개의 상자에는 각기 13, 8, 4의 값이 저장되어 있습니다. 물론 우리는 언제든지 이 상자 안의 값을 알아내거나 값을 수정할 수 있습니다. numberA와 numberB 상자에 저장된 값들을 더한 후, 그 결과를 numberC에 저장하는 작업을 어떻게 할지 생각해 봅시다.

이 작업은 다음과 같은 순서로 진행되어야 합니다.

1. numberA와 numberB에 저장된 값들을 알아냅니다.
2. CPU(두뇌에 해당)를 사용해서 합(결과)을 계산합니다.
3. 결과(여기서는 21)가 마지막 상자(numberC)에 저장됩니다. 이 상자들은 한 번에 1개의 값만을 저장할 수 있기 때문에 numberC에 저장되어 있던 4는 없어지고 21이 저장됩니다.

이제 상자는 다음과 같습니다.

실제 컴퓨터에서 이 3개의 상자는 주기억 장치(RAM)에 있는 별도의 공간이며, 그 공간에 numberA, numberB, numberC라는 이름이 부여된 것입니다. 오른쪽 그림을 살펴봅시다.

프로그램에서 CPU에게 numberA와 numberB를 더해서 그 결과를 numberC에 저장할 것을 지시하면, CPU는 다음의 3단계를 거쳐 작업을 합니다.

주기억 장치 (RAM)

···	
13	numberA
8	numberB
4	numberC
···	

중앙 처리 장치 (CPU)

1. numberA와 numberB라고 이름 붙여진 RAM의 공간에서 숫자 13과 8을 가져와 CPU에게 전달합니다.(이것이 첫 번째 단계로 2개의 상자에 저장된 값을 조사하는 단계입니다.)
2. CPU가 13 + 8의 합을 계산합니다.(이것은 두 번째 단계로 두뇌로 합을 계산하는 단계입니다.)

3. 결과인 21이 CPU로부터 numberC라고 이름이 붙여진 RAM의 공간으로 전달되어 기존에 저장되어 있던 4 대신 저장됩니다.(이것은 세 번째 단계로 결과를 마지막 상자에 저장하는 단계입니다.)

주기억 장치
(RAM)

...
13	numberA
8	numberB
21	numberC
...

작업이 완료되면 RAM은 오른쪽 그림과 같습니다.

 기억하기

파이썬 프로그램이 실행되는 동안 변수는 여러 값을 저장할 수 있으나 한 번에 1개의 값만 저장합니다. 변수 값은 새로운 값이 할당되면 이전 값은 없어지고 새로 저장된 값만 기억합니다.

변수는 컴퓨터 과학에서 가장 중요한 요소의 하나로써 주기억 장치(RAM)에 저장된 데이터를 사용할 수 있도록 합니다. 다음에는 우리는 파이썬에서 변수를 사용하는 방법에 대해 자세히 배울 것입니다.

4-2 다양한 타입의 변수

대부분의 컴퓨터 언어에는 많은 타입의 변수가 있습니다. 이렇게 변수의 타입이 다양한 이유는 변수가 기억(저장)할 수 있는 값이 다양하기 때문입니다. 변수는 다음과 같은 타입의 데이터를 기억합니다.

- **정수(Integers)**
  정수는 소수부가 없는 양수나 음수를 의미합니다. 예) 5, 135, 0, −25, −5123 등
- **실수(Reals)**
  실수는 소수부가 있는 양수나 음수를 의미합니다. 실수는 부동 소수점 수(Float)라고도 합니다. 예) 7.56, 5.0, 3.14, −23.78967 등

- **부울(Booleans)**

  부울 변수(Boolean variable)는 True나 False 중 하나의 값을 가집니다.
- **문자(Characters)**

  문자는 글자와 숫자 값(문자나 기호, 숫자)을 말하며 'a', 'c', '안녕!', '저는 15살입니다.', '엄마는 아빠를 좋아해'와 같이 작은따옴표나 큰따옴표 안에 기술합니다. 컴퓨터 과학에서는 여러 개의 연속적인 문자를 문자열(String)이라고도 합니다.

4-3 파이썬의 변수 이름 규칙

변수 이름을 만들 때는 다음과 같은 규칙을 지켜야 합니다.

- 변수 이름은 영어 대문자와 소문자, 숫자, 그리고 밑줄(_)만으로 구성되어야 합니다. firstName, last_name1, age 등이 변수 이름의 예입니다.
- 변수 이름은 대문자와 소문자를 구분합니다. 그래서 myVAR, myvar, MYVAR, MyVar는 모두 서로 다른 변수입니다.
- 변수 이름 중간에 공백이 존재해서는 안 됩니다. 변수 이름이 2개 이상의 단어로 구성될 때는 단어를 밑줄(_)로 연결할 수 있습니다. 예를 들어, student age는 잘못된 변수 이름입니다. 이 경우 student_age나 studentAge를 사용하는 것이 바람직합니다.
- 변수 이름은 문자나 밑줄로 시작해야 합니다. 변수 이름에 숫자를 사용할 수는 있으나 첫 글자로는 사용할 수 없습니다. 예를 들어, 1student_name은 잘못된 이름입니다. 이 경우 student_name1이나 student1_name과 같이 사용하면 됩니다.
- 변수 이름은 대부분 그 변수에 저장할 데이터의 의미나 역할을 짐작할 수 있는 이름을 사용합니다. 예를 들어, 온도(temperature) 값을 저장하는 변수는 temperature나 temp 또는 t와 같은 이름을 사용하는 것이 좋습니다.

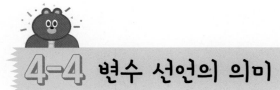

4-4 변수 선언의 의미

선언(Declaration)은 변수의 내용을 저장할 주기억 장치(RAM)를 확보하는 작업입니다. 컴퓨터의 고급 언어를 사용할 때 프로그래머는 RAM 안에 공간을 확보하는 특별한 명령문을 사용해야 합니다. 프로그래머는 컴파일러나 인터프리터가 확보할 공간의 크기를 알 수 있도록 변수의 타입을 지정해야 합니다.

다음의 예는 고급 언어에서 변수를 선언하는 다양한 방법을 보여줍니다.

선언문	고급 언어
Dim sum As Integer	비주얼 베이직
int sum;	C#, C++, 자바 외 다수의 언어
sum: Integer;	파스칼, 델파이
var sum;	자바스크립트

파이썬에서는 변수를 선언할 필요가 없습니다. 변수를 사용할 때 자동으로 선언됩니다.

```
number1 = 0
```

위의 명령문은 변수 number1을 선언하면서 동시에 초깃값 0을 할당합니다.

다음 문장을 읽고 맞으면 O, 틀리면 X로 표시하세요.

1. 변수는 보조 기억 장치 내에 생기는 공간입니다. ( )

2. 변수는 프로그램이 실행되면서 저장 내용이 변할 수 있습니다. ( )

3. 10.5는 정수입니다. ( )

4. 부울 변수는 2개의 값 중 하나만 기억할 수 있습니다. ( )

5. 큰따옴표 내에 기술된 10.0은 실수입니다. ( )

6. 변수 이름에는 숫자가 포함될 수 있습니다. ( )

7. 프로그램이 실행되는 동안 변수 이름이 바뀔 수 있습니다. ( )

8. 변수 이름은 숫자만으로 구성될 수 없습니다. ( )

9. 변수 이름은 항상 저장될 내용을 짐작할 수 있어야 합니다. ( )

10. student name은 잘못된 변수 이름입니다. ( )

11. 파이썬에서 변수 이름은 대문자와 소문자를 포함할 수 있습니다. ( )

12. 파이썬은 변수를 선언할 필요가 없습니다. ( )

13. 파이썬 프로그램은 적어도 1개의 변수를 사용해야 합니다. ( )

4-6 복습문제 Ⅱ

다음 질문에 알맞은 답을 선택하세요.

1. 변수는 어디에 위치하는지 고르시오.
   ① 하드디스크
   ② DVD 디스크
   ③ USB 플래시 드라이브
   ④ 위의 모든 장치
   ⑤ 정답 없음

2. 변수는 한 번에 몇 개의 값을 저장할 수 있는지 고르시오.
   ① 한 번에 1개의 값
   ② 한 번에 여러 개의 값
   ③ ①, ② 모두 정답
   ④ 정답 없음

3. 다음 중 정수 값을 고르시오.

① 5.0

② −5

③ "5"

④ 정답 없음

4. 부울 변수에 저장할 수 있는 값을 고르시오.

① one

② "True"

③ True

④ 정답 없음

5. 파이썬의 문자열은 어떻게 기술되는지 고르시오.

① 작은따옴표 내에 기술합니다.

② 큰따옴표 내에 기술합니다.

③ ①, ② 모두 정답

6. 다음 중 파이썬 변수 이름으로 잘못된 것을 고르시오.

① city_name

② cityName

③ cityname

④ city-name

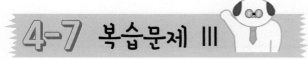

4-7 복습문제 Ⅲ

다음 문제를 해결하세요.

1. 연관 있는 단어끼리 서로 연결하세요.

값	데이터 타입
1. "True"	a. 부울
2. 123	b. 실수
3. False	c. 문자열
4. 10.0	d. 정수

2. 연관 있는 단어끼리 서로 연결하세요.

값	데이터 타입
1. 이름	a. 부울
2. 나이	b. 실수
3. 5/2의 결과	c. 정수
4. True나 False	d. 문자열

다음 질문에 알맞은 답을 적어 보세요.

1. 변수란 무엇인가요?

2. 변수의 값이 저장되는 컴퓨터 부품은 무엇인가요?

3. 변수 선언의 의미를 기술하세요.

05 파이썬 입력 및 출력 처리

5-1 화면에 메시지나 결과를 출력하는 명령문

파이썬은 예약어 print를 사용하여 메시지나 결과를 사용자의 화면에 출력합니다.

```
print("Hello World")
```

'Hello World' (이때, 따옴표는 출력하지 않음)라는 메시지를 사용자 화면에 출력합니다. print( )
문은 2개의 값(이 값들을 '인수'라고 함)을 출력할 수도 있으며 이 값들을 콤마(,)로 구분합니다.
다음 명령문은 [그림 5-1]과 같이 출력됩니다.

```
name = "이로운"
print(name, "은 개발팀 부장입니다.")
```

이로운 은 개발팀 부장입니다.

[그림 5-1] 2개의 인수를 화면에 출력

```
name1 = "지빈"
name2 = "로운"
print(name1, "은", name2, "의 동료입니다.")
```

print( ) 문에 2개 이상의 인수를 기술할 수 있습니까? 예! 그렇습니다. 위 명령문은 4개의 인수를 사용합니다. 그 결과, 명령문들은 [그림 5-2]와 같이 출력됩니다.

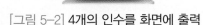

지빈 은 로운 의 동료입니다.

[그림 5-2] 4개의 인수를 화면에 출력

참고 ▶ 문자열(String)을 출력하기 위해서는 항상 작은따옴표나 큰따옴표 내에 기술해야 합니다. 그러나 문자열 변수의 내용을 출력할 때는 작은따옴표나 큰따옴표를 사용하지 않습니다.

print( ) 문에 수식을 직접 기술하여 계산을 할 수도 있습니다.

```
print("5와 6의 합은", 5 + 6)
```

위 명령문은 [그림 5-3]과 같이 출력됩니다.

5와 6의 합은 11

[그림 5-3] 계산 결과를 화면에 출력

5-2 다양한 print 문의 사용

앞서 보았듯이 파이썬은 인수 사이에 자동으로
하나의 공백이 출력합니다.
다음 명령문은 [그림 5-4]와 같이 출력됩니다.

```
print("Morning", "Evening", "Night")
```

```
Morning Evening Night
```

[그림 5-4] 인수 사이에 공백을 하나씩 출력

다음 3개의 명령문은 [그림 5-5]와 같이 모두 동
일한 결과를 출력됩니다.

```
print("Morning","Evening","Night")
print("Morning", "Evening", "Night")
print("Morning",   "Evening",   "Night")
```

```
Morning Evening Night
Morning Evening Night
Morning Evening Night
```

[그림 5-5] 인수 사이에는 항상 1개의 공백만 출력

만일 인수를 구분하는 분리 문자를 설정하
고 싶다면 다음과 같이 sep 인수를 사용해
야 합니다.
아래 명령문은 [그림 5-6]과 같이 출력됩니
다.

```
Morning#Evening#Night
```

```
print("Morning", "Evening", "Night", sep = "#")
```

[그림 5-6] 인수 구분자를 설정

파이썬의 print( ) 문은 마지막 인수 a 다음에
자동으로 '라인 분리(Line break)'를 합니다.
이 때문에 [그림 5-7]과 같이 3개의 메시지가
각각 다른 라인에 출력되었습니다.

```python
a = "로운!"
print("Hi", a)
print("안녕", a)
print("반가워", a)
```

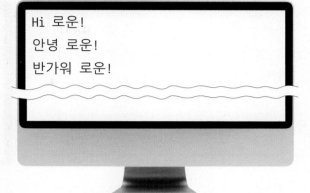

[그림 5-7] 결과를 3개 라인으로 출력

위의 코드에서 end 인수의 값을 다음과 같이
설정하면 [그림 5-8]과 같이 결과는 달라집니
다.

```python
a = "로운!"
print("Hi", a, end = " - ")
print("안녕", a, end = " - ")
print("반가워", a)
```

Hi 로운! - 안녕 로운! - 반가워 로운!

[그림 5-8] 1개의 라인에 모두 출력

[그림 5-9]와 같이 특수문자열인 '₩n'(n은 new
line(새 라인)을 의미)을 사용해 라인 분리를
할 수도 있습니다.

```python
print("Hi 로운!₩n안녕 로운!₩n반가워 로
운!")
```

Hi 로운!
안녕 로운!
반가워 로운!

[그림 5-9] 결과를 3개 라인으로 출력

또 다른 유용한 특수문자열로 '₩t'(t는 tab (탭)을 의미)가 있습니다. 이 문자열은 가로로 일정한 간격을 띄우며, 출력의 위치를 정렬할 때 사용합니다.

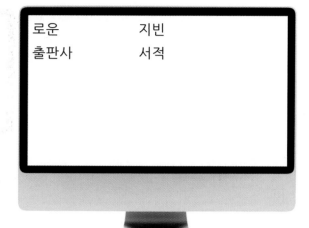

```
print("로운₩t지빈")
print("출판사₩t서적")
```

위 명령문은 [그림 5-10]과 같습니다.
이 출력은 다음과 같이 1개의 명령문으로도 기술할 수 있습니다.

[그림 5-10] '₩t'이 적용되어 출력

```
print("로운₩t지빈₩n출판사₩t서적")
```

5-3 데이터를 입력하는 명령문

우리는 〈3-5 알고리즘 작성의 주요 3단계〉에서 알고리즘이나 컴퓨터 프로그램을 작성할 때 필요한 주요 3단계를 살펴보았습니다. 1단계(데이터 입력)에서는 컴퓨터가 사용자에게 전화번호나 이름, 주소 또는 생년월일을 입력할 것을 요구합니다. 파이썬에서는 input( ) 문을 사용해 데이터 입력을 받습니다.

다음 예는 사용자의 이름을 입력 받고 메시지를 출력합니다.

```
name = input("이름을 입력하세요 : ")
print("안녕하세요?", name)
```

input( ) 문이 실행되면 '이름을 입력하세요 : '라는 메시지가 출력되고(이때, 따옴표는 출력되지 않음) 실행이 잠시 중단되고 사용자의 이름을 입력 받습니다. 아직 print( ) 문은 실행되지 않았습니다. 이때, 사용자가 데이터를 입력하기 전까지는 컴퓨터는 계속 기다립니다. 사용자가 이름을 입력하고 Enter 키를 누르면 비로소 실행이 다시 재개되어 print( ) 문이 실행됩니다.

실수를 입력하려면 즉, 소수부가 있는 숫자를 입력하려면 다른 명령문을 사용해야 합니다. 다음 예에서는 상품의 가격을 입력 받습니다.

```python
product_price = float(input("상품 가격을 입력하세요 : "))
```

다음 예에서는 상품명과 가격을 입력 받습니다.

```python
product_name = input("상품명을 입력하세요 : ")
product_price = float(input("상품 가격을 입력하세요 : "))
```

만일 정수를 입력해야 한다면 즉, 소수부가 없는 숫자를 입력해야 한다면 또 다른 명령문을 사용해야 합니다.
다음 예에서는 사용자의 나이를 입력 받습니다.

```python
age = int(input("나이를 입력하세요 : "))
```

다음 예에서는 사용자의 이름과 나이를 입력 받은 후, 메시지를 출력합니다.

```python
name = input("이름을 입력하세요 : ")
age = int(input("나이를 입력하세요 : "))
print("당신의 이름 : ", age, "당신의 나이 : ", name)
```

데이터를 입력 받기 위해 '~을 입력하세요 : '와 같은 안내 프롬프트 메시지를 반드시 출력해야 하는 것은 아닙니다.

다음 예에서는 프롬프트 메시지 없이 데이터를 입력 받습니다.

```
name = input()
age = int(input())
print("당신의 이름 : ", age, "당신의 나이 : ", name)
```

프로그램을 실행하면 컴퓨터는 어떠한 메시지 없이 텍스트 커서만 나타나고 사용자가 2개의 값 (이름, 나이)을 입력하기를 기다립니다. 여기서 사용자는 입력할 내용을 추측해야만 합니다. 사용자가 이름을 먼저 입력하고 그 다음에 나이를 입력할 수도 있고 아니면 그 반대로 입력할 수도 있습니다. 그래서 명확히 프롬프트 메시지가 있으면 좀 더 '친절한 프로그램'이 됩니다.

참고 '친절한 프로그램'이란 어떤 것일까? 사용자를 친구라고 생각하는 프로그램, 초보자가 사용하기 쉬운 프로그램을 말합니다. 친절한 프로그램을 작성하기 위해서는 완전히 사용자의 입장이 되어야 합니다. 사용자들은 최소한의 노력으로 자신들이 원하는 방식으로 컴퓨터가 작업하기를 원합니다. 잘 보이지 않는 메뉴, 불분명한 레이블과 진행 방향, 오류의 발생 등이 불친절한 프로그램을 만듭니다.

5-4 복습문제 |

다음 문장을 읽고 맞으면 O, 틀리면 X로 표시하세요.

1. print는 파이썬의 예약어입니다. (   )

2. print( ) 문은 메시지를 출력하거나 변수의 내용을 출력합니다. (   )

3. input( ) 문이 실행되면 사용자가 값을 입력할 때까지 실행이 중단됩니다. (   )

4. 하나의 input( ) 문으로 여러 개의 데이터 값을 입력할 수 있습니다. (   )

5. 데이터를 입력할 때는 항상 프롬프트 메시지가 출력되어야 합니다. (   )

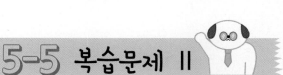

5-5 복습문제 II

다음 질문에 알맞은 답을 선택하세요.

1. print("Hello") 의 출력으로 올바른 것을 고르시오.
   ① Hello
   ② "Hello"
   ③ 변수 Hello에 저장된 내용
   ④ 정답 없음

2. print("Hello\nWorld") 의 출력 결과를 고르시오.
   ① Hello World
   ② 첫 번째 라인에 "Hello" 그리고 그 다음 라인에 "World"(단, 큰따옴표 없음)
   ③ HelloWorld
   ④ Hello\nWorld
   ⑤ 정답 없음

3. data1_data2 = input()에 대한 설명으로 옳은 것을 고르시오.
   ① 변수 data1에 값을 입력하며, 변수 data2는 비어있음
   ② 변수 data1_data2에 값을 입력함
   ③ 2개의 값을 입력 받아 각각 변수 data1과 data2에 저장함
   ④ 정답 없음

5-6 복습문제 III

다음 질문에 알맞은 답을 적어 보세요.

1. 메시지를 출력하는 파이썬 명령문을 기술하세요.

2. 라인을 분리하기 위해 파이썬에서 사용하는 특수 문자열을 기술하세요.

3. 파이썬에서 왼쪽으로부터 간격을 띄우기 위해 사용하는 특수 문자열을 기술하세요.

4. 데이터 입력에 사용하는 파이썬 명령문을 기술하세요.

5. 초보자들이 쉽게 사용할 수 있는 프로그램을 '친절한 프로그램'이라고 합니다. 프로그래머가 친절한 프로그램을 작성해야 하는 이유를 기술하세요.

# 06 연산자

6-1 할당 연산자

할당 연산자(Assignment Operator)는 파이썬에서 가장 많이 사용되며, 변수에 값을 할당하는 역할을 합니다.

```
x = 5
```

위의 예는 변수 x에 5를 할당합니다. 여기서 조심할 것은 '=' 기호가 수학의 '같다'의 의미가 아니라는 것입니다.

```
x = 5
5 = x
```

수학에서는 위의 2개 라인이 동일한 의미이며 올바른 문장입니다. 첫째 라인은 'x는 5와 같다'라는 의미이며, 둘째 라인은 '5는 x와 같다'라는 의미입니다.

그러나 파이썬에서는 이 2개 라인은 동일하지 않습니다. 먼저, 'x = 5'는 올바른 명령문으로, '5라는 값을 변수 x에 할당(저장)한다'는 의미입니다. 하지만 '5 = x'는 올바른 명령문이 아닙니다. 파이썬에서는 숫자 5에 값 x를 할당할 수 없기 때문입니다.

 💡 기억하기

파이썬에서 '=' 기호의 왼쪽에 위치하는 변수는 값을 저장할 수 있는 주기억 장치(RAM) 내의 공간을 의미합니다. '=' 기호의 왼쪽에는 1개의 변수만이 기술될 수 있습니다. 그러나 '=' 기호의 오른쪽에는 숫자, 변수, 문자열, 그리고 복잡한 수식도 기술될 수 있습니다.

명령문의 예	명령문의 의미
a = 9	숫자 9를 변수 a에 저장합니다.
b = c	변수 c의 값을 변수 b에 저장합니다.
d = "안녕! 지민"	문자열을 변수 d에 저장합니다. 큰따옴표는 저장되지 않습니다.
d = a + b	변수 a와 변수 b에 저장되어 있는 값을 더해서 변수 d에 저장합니다.
x = a + 1	변수 a의 값에 1을 더해서 그 결과를 변수 x에 저장합니다. 변수 a의 값은 변하지 않습니다.
x = x + 1	변수 x의 값에 1을 더해서 그 결과를 다시 변수 x에 저장합니다. 변수 x의 값이 1 증가합니다.

[표 6–1] 할당 연산자의 예

[표 6–1]에서 변수가 할당된 예를 살펴봅시다. 표의 마지막 예가 잘 이해가 안되나요? 수학 시간에 x = x +1이라고 쓰여 있다면 어떤 숫자가 그 숫자에 1을 더한 값과 같을 수 있다고 생각되나요? 이 식에 따르면 5는 6과 같고 10은 11과 같다는 말이 됩니다.

컴퓨터 세계에서는 x = x +1은 올바른 문장입니다. 이 문장은 CPU에게 주기억 장치(RAM)에서 변수 x의 값을 가져와 그 값에 1을 더한 후, 그 결과를 다시 변수 x에 저장하라고 명령하는 것입니다. 변수 x에 있던 기존 값은 없어지고 새로운 값으로 바뀌게 됩니다.

이해가 되었다면 다른 예를 살펴봅시다. 파이썬에서는 1개의 명령문으로 여러 개의 변수에 한 개의 값을 할당할 수도 있습니다.

```
a = b = c = 4
```

앞서 살펴본 명령문은 변수 a, b, c에 4를 할당합니다.

또한 파이썬에서는 1개의 명령문으로 여러 개의 값을 여러 개의 변수에 할당할 수도 있습니다.

```
a, b, c = 2, 10, 3
```

이 명령문은 변수 a에는 2를, 변수 b에는 10을, 변수 c 에는 3을 각각 할당합니다.

6-2 산술 연산자

다른 고급 언어와 마찬가지로 파이썬도 아래의 표와 같은 산술 연산자를 제공합니다. 파이썬에서도 덧셈, 뺄셈, 곱셈, 나눗셈을 할 수 있습니다.(이후에 다른 산술 연산자도 소개하겠습니다.)

산술 연산자	의 미
+	더하기
−	빼기
*	곱하기
/	나누기
**	제곱

첫 2개의 연산자는 우리에게 익숙합니다. 2개의 숫자나 변수의 값을 곱하려면 아스터리스크(*) 기호를 사용해 곱셈을 합니다. 예를 들어, 2에 y를 곱하려면 2 * y와 같이 기술합니다. 마찬가지로 나눗셈을 하려면 슬래시(/) 기호를 사용합니다. 예를 들어, 10을 2로 나누려면 10 / 2와 같이 기술합니다.

참고 3 × y의 경우 수학에서는 3y로 기술해도 됩니다. 그러나 파이썬에서는 반드시 아스터리스크(*) 기호를 사용해서 3 * y를 기술해야 합니다. 이것이 초보 프로그래머가 수식을 기술하면서 가장 흔하게 하는 실수할 수 있는 부분입니다.

제곱 연산자(**)는 연산자의 왼쪽에 기술된 숫자에 대해 오른쪽에 기술된 숫자만큼 제곱 값을 구합니다.

```
f = 2 ** 3
```

2의 3 제곱 값인 8을 변수 f에 할당합니다.

잘 알고 있겠지만, 수학에서는 아래의 예와 같이 수식에 대괄호뿐만 아니라, 중괄호와 소괄호를 사용할 수 있습니다.

$$y = 5\left\{3+2\left[4+7\left(6-\frac{4}{3}\right)\right]\right\}$$

그러나 파이썬에서는 중괄호나 대괄호를 사용하지 않습니다. 오직 소괄호만을 사용합니다. 따라서 대괄호와 중괄호 대신에 소괄호만을 사용하여 다음과 같이 기술합니다.

```
y = 5 * (3 + 2 * (4 + 7 * (6 - 4 / 3)))
```

6-3 산술 연산자의 우선순위

산술 연산자는 수학에서와 동일한 연산의 우선순위 규칙을 가지고 있습니다. 제곱이 가장 먼저 계산되고, 곱셈과 나눗셈 그리고 덧셈과 뺄셈의 순서로 계산됩니다.

높은 순위 ⬆ 낮은 순위	산술 연산자
	**
	*, /
	+, -

하나의 식 안에 곱셈과 나눗셈이 섞여 있는 경우, 이 2개의 연산자는 연산의 우선순위가 동일하기 때문에 수식을 읽을 때와 마찬가지로 왼쪽에서 오른쪽으로 진행하면서 계산을 합니다.

```
y = 6 / 3 * 2
```

$y = \dfrac{6}{3} \cdot 2$ 와 동일합니다. 결과 값인 4를 변수 y에 할당합니다(나눗셈이 실행되고 나서 곱셈이 실행됩니다).

그러나 만일 나눗셈보다 곱셈을 먼저 실행하고 싶다면 연산의 우선순위를 바꾸기 위해서 다음과 같이 괄호를 사용할 수 있습니다.

```
y = 6 / (3 * 2)
```

이 식은 $y = \dfrac{6}{3 \cdot 2}$ 와 동일합니다. 결과 값인 1을 변수 y에 할당하게 됩니다(곱셈이 실행되고 나서 나눗셈이 실행됩니다).

모든 분수식은 1개 라인에 기술해야 합니다. 예를 들어, $\frac{6}{3}$은 6 / 3으로 기술해야 하며 $\frac{4x+5}{6}$은 (4 * x + 5)/6으로 기술해야 합니다.

다음과 같은 순서로 연산됩니다.

1. 괄호 안에 기술된 연산이 가장 먼저 실행됩니다.
2. 제곱이 계산됩니다.
3. 곱셈과 나눗셈이 왼쪽에서 오른쪽의 순서로 실행됩니다.
4. 마지막으로 덧셈과 뺄셈이 실행되며, 역시 왼쪽에서 오른쪽의 순서로 실행됩니다.

다음 코드를 살펴봅시다.

```
y = (20 + 3) - 12 + 2 ** 3 / 4 * 3
```

아래의 해설을 보지 않고 위 수식의 결과를 맞출 수 있나요? 정답은 17입니다. 틀렸다면 다음의 그림을 살펴봅시다. 연산의 우선순위를 나타냈습니다.

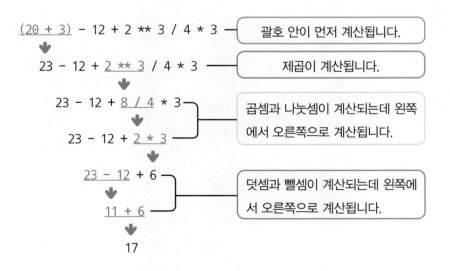

6-4 복합 할당 연산자

파이썬은 다음과 같이 복합 할당 연산자라는 특수 연산자를 제공하여 코드 작성을 수월하게 합니다.

연산자	기 능
+=	덧셈 할당 연산
-=	뺄셈 할당 연산
*=	곱셈 할당 연산
/=	나눗셈 할당 연산
**=	제곱 할당 연산

몇 가지 예를 살펴봅시다.

- a = a + 1 식은 a += 1로 기술할 수 있습니다.
- a = a + b 식은 a += b로 기술할 수 있습니다.
- a = a − 2 식은 a −= 2로 기술할 수 있습니다.

예제 6.4.1
올바른 파이썬 명령문

ⅰ. x = −10   ⅱ. 10 = b   ⅲ. a_b = a_b + 1
ⅳ. x = "COWS"   ⅴ. x = COWS   ⅵ. a + b = 40
ⅶ. a = 3b   ⅷ. x = "True"   ⅸ. x = True
ⅹ. y /= 2   ⅺ. y += 1   ⅻ. y =* 2

해설

ⅰ. x = −10은 올바른 명령문입니다. 변수 x에 숫자 −10을 할당합니다.

ⅱ. 10 = b은 잘못된 명령문입니다. 할당 연산자 왼쪽에는 변수만이 기술될 수 있습니다.

ⅲ. a_b = a_b + 1은 올바른 명령문입니다. 변수 a_b의 값을 1 증가시킵니다.

ⅳ. x = "COWS"은 올바른 명령문입니다. 이 명령문은 큰따옴표를 제외하고 변수 x에 'COWS' 문자
열을 할당합니다.

ⅴ. x = COWS는 올바른 명령문입니다. 변수 COWS의 값을 변수 x에 할당합니다.

ⅵ. a + b = 40은 잘못된 명령문입니다. 할당 연산자의 왼쪽에는 변수만이 기술될 수 있습니다.

ⅶ. a = 3b는 잘못된 명령문입니다. a = 3 * b으로 기술되어야 합니다.

ⅷ. x = "True"는 올바른 명령문입니다. 큰따옴표 없이 문자열 'True'를 변수 x에 할당합니다.

ⅸ. x = True는 올바른 명령문입니다. True 값을 변수 x에 할당합니다.

ⅹ. y /= 2는 올바른 명령문입니다. y = y / 2와 동일한 명령문입니다.

ⅺ. y += 1는 올바른 명령문입니다. y = y + 1와 동일한 명령문입니다.

ⅻ. y =* 2는 잘못된 명령문입니다. y *= 2와 같이 기술되어야 합니다.

예제 6.4.2
변수의 타입

```
  ⅰ. x = 15            ⅱ. width = "10 meters"        ⅲ. b = "15"

  ⅳ. temp = 13.5       ⅴ. b = True                   ⅵ. b = "True"
```

해설

ⅰ. x = 15에 사용된 15는 정수입니다. 따라서 변수 x는 정수형입니다.

ⅱ. width = "10 meters"에서 "10 meters"는 큰따옴표 내에 기술되었으므로 텍스트 문자열입니다. 따라
서 변수 width는 문자열형입니다.

ⅲ. b = "15"에서 "15"는 큰따옴표 내에 기술되었으므로 문자열입니다. 따라서 변수 b는 문자열형입
니다.

ⅳ. temp = 13.5에서 13.5는 실수입니다. 따라서 변수 temp는 실수형입니다.

ⅴ. b = True에서 True는 부울 값입니다. 따라서 변수 b는 부울형입니다.

ⅵ. b = "True"에서 "True"는 큰따옴표 내에 기술되었으므로 텍스트 문자열입니다. 따라서 변수 b는
문자열형입니다.

6-5 문자열 연산자

2개의 서로 다른 문자열을 하나의 문자열로 연결하는 작업은 '결합'이라고 합니다. 문자열 결합을 위해서는 다음과 같은 2개의 연산자를 사용할 수 있습니다.

연산자	기 능
+	결합
+=	결합할당

다음의 코드는 '무슨 일이야? 친구!'를 화면에 출력합니다.

```python
a = "무슨 일이야? "
b = "친구!"
c = a + b
print(c)
```

다음 코드는 '안녕! 이로운씨!'를 화면에 출력합니다.

```python
a = "안녕!"
a += " 이로운씨!"
print(a)
```

예제 6.5.1
이름 결합하기

사용자에게 본인의 성(last name)을 입력하도록 요구하고, 그 다음에는 이름(first name)을 입력하도록 요구한 후, 성과 이름을 결합해서 화면에 완전한 이름을 출력하는 파이썬 프로그램을 작성하세요.

해설

이 작업을 하는 파이썬 프로그램은 다음과 같습니다.

```
last_name = input("성을 입력하세요: ")
first_name = input("이름을 입력하세요: ")

full_name = last_name + " " + first_name
print(full_name)
```

 참고 ▷ 성과 이름 사이에 공백 문자가 추가됩니다.

 6-6 복습문제 Ⅰ

다음 문장을 읽고 맞으면 O, 틀리면 X로 표시하세요.

1. 컴퓨터 과학에서 명령문 x = 5는 '변수 x는 5와 같다'라고 읽을 수 있습니다. (   )

2. 값을 할당하는 할당 연산자는 식의 계산 결과를 변수에 할당합니다. (   )

3. 문자열은 input( ) 명령문을 사용해야만 변수에 할당할 수 있습니다. (   )

4. 5 = y는 숫자 5를 변수 y에 할당합니다.(   )

5. 할당 연산자의 오른쪽에는 항상 산술 연산자가 있어야 합니다. (   )

6. 할당 연산자의 왼쪽에는 2개의 변수가 있을 수 있으며, 그 변수들은 반드시 콤마로 구분되어야 합니다. (   )

7. 할당 연산자의 양쪽에 동일한 변수를 사용할 수 없습니다. (   )

8. x = x + 1은 변수 x의 값을 1만큼 감소시킵니다. (   )

9. 곱셈과 나눗셈 연산자는 산술 연산자 중에서 연산의 우선순위가 가장 높습니다. (   )

10. 나눗셈과 곱셈 연산자가 1개의 식에 섞여 있으면 곱셈 연산자가 나눗셈 연산자보다 먼저 계산됩니다. (　　)

11. 8 / 4 * 2의 결과는 1.0입니다. (　　)

12. 4 + 6 / 6 + 4의 결과는 9.0입니다. (　　)

13. 2 ** 3의 결과는 9입니다. (　　)

14. a + b + c / 3은 3개 숫자의 평균을 구합니다. (　　)

15. a += 1은 a = a + 1과 동일합니다. (　　)

16. a = "True"는 변수 a에 부울 값을 할당합니다. (　　)

17. a = 2 · a는 변수 a의 값을 2배로 만듭니다. (　　)

18. a += 2와 a = a − (−2)는 같지 않습니다. (　　)

19. y = "김" + "지빈"은 '김지빈'을 변수 y에 할당합니다. (　　)

6-7 복습문제 II

다음 질문에 알맞은 답을 선택하세요.

1. 변수 x에 10.0을 할당하는 식을 고르시오.

   ① 10.0 = x

   ② x ← 10.0

   ③ x = 100 / 10

   ④ 정답 없음

2. 컴퓨터 과학에서 x = b는 어떻게 읽히는지 고르시오.

   ① 변수 x의 값을 변수 b에 할당합니다.

   ② 변수 b는 변수 x와 같습니다.

   ③ 변수 b의 값을 변수 x에 할당합니다.

   ④ 정답 없음

3. 0 / 10 + 2 식의 결과를 고르시오.

   ① 7　　　　　　　② 2

   ③ 12　　　　　　　④ 정답 없음

4. 변수 x의 제곱값을 구하는 식을 고르시오.

   ① y = x * x

   ② y = x ** 2

   ③ y = x * x / x * x

   ④ 정답 없음

5. 구문 오류가 있는 파이썬 명령문을 고르시오.

   ① x = 4 * 2 y − 8 / (4 * q)

   ② x = 4 * 2 * y − 8 / 4 * q)

   ③ x = 4 * 2 * y − 8 / (4 */ q)

   ④ 정답 없음

6. 올바른 구문의 명령문을 고르시오.

   ① a ** 5 = b　　② y = a ** 5

   ③ a =** 5　　　④ 정답 없음

7. 변수 x에 '박서진'을 할당하는 것을 고르시오.

① x = "박" + " " + "서진"

② x = "박" + " 서진"

③ x = "박 " + "서진"

④ 모두 정답

8. 다음의 코드는 어떤 값을 출력하는지 고르시오.

```
x = 2
x += 1
print(x)
```

① 3   ② 2   ③ 1   ④ 정답 없음

6-8 복습문제 Ⅲ

다음 문제를 해결하세요.

1. 다음의 파이썬 할당문 중에서 올바른 것을 모두 고르세요.

① a ← a + 1

② a += b

③ a b = a b + 1

④ a = a + 1

⑤ a = hello

⑥ a = 40"

⑦ a = b · 5

⑧ a =+ "True"

⑨ fdadstwsdgfgw = 1

⑩ a = a**5

2. 다음 변수의 타입을 기술하세요.

① a = "False"

② w = False

③ b = "15 meters"

④ weight = "40"

⑤ b = 13.0

⑥ b = 13

3. 첫 번째 열과 두 번째 열을 알맞게 연결하세요.

수식	결과
1. 1 / 2	a. 100
2. 4 / 2 * 2	b. 0.5
3. 0 / 10 * 10	c. 0
4. 10 / 2 + 3	d. 4
	e. 8
	f. 1
	g. 2

4. 다음의 코드가 실행된 결과를 기술하세요.

①
```
a = 5
b = a * a + 1
print(b + 1)
```

②
```
a = 9
b = a / 3 * a
print(b + 1)
```

5. 다음의 코드가 실행된 결과를 기술하세요.

①
```
a = 5
a += - 5
print(a)
```

②
```
a = 5
a = a - 1
print(a)
```

6. 다음의 코드가 실행된 결과를 기술하세요.

①
```
a = 6
b = 2
c = a / (b + 1)
print(c)
```

②
```
a = 4
b = 8
a += 1
c = a * b
print(c)
```

7. 다음의 코드가 실행된 결과를 기술하세요.

```
a = "My name is Alex"
a += "ander"
a = a + " the Great"
print(a)
```

8. 코드가 실행되고 나면 결과 값 5가 출력되도록 빈칸을 채우세요.

①
```
a = 8
a = a - ____
print(a)
```

②
```
a = 4
b = a * 0.5
b += a
a = b - ____
print(a)
```

9. 다음의 코드가 실행된 결과를 기술하세요.

```
city = "California"
California = city
print(city, California, "California")
```

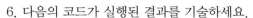

6-9 복습문제 Ⅳ

다음 질문에 알맞은 답을 적어 보세요.

1. 파이썬에서 사용되는 할당 연산자 기호를 기술하세요.

2. 파이썬이 제공하는 주요 산술 연산자 5개를 기술하세요.

3. 파이썬의 산술 연산의 우선순위를 간단히 설명하세요.

4. 파이썬이 제공하는 복합 할당 연산자를 기술하세요.

5. 파이썬이 제공하는 문자열 연산자를 기술하세요.

07 IDLE 사용하기

7-1 시작하기

지금까지는 파이썬 프로그램의 가장 기본적인 내용만을 배웠습니다. 지금부터는 컴퓨터에 프로그램을 입력하고, 프로그램의 실행 방법과 프로그램 실행 과정 그리고 그 실행 결과는 어떻게 출력되는지를 알아볼 것입니다. 〈2-4 통합 개발 환경〉에서 말했듯이 IDE(Integrated Development Environment)는 프로그래머가 소스코드를 작성하고 실행할 수 있게 하는 소프트웨어입니다. IDLE와 이클립스가 그 예입니다. 이 책에서는 IDLE와 이클립스를 둘 다 설명할 것입니다. 실제로 어떤 것을 사용할지는 사용자 여러분이 선택하면 됩니다. 이클립스를 사용하기로 결정했다면 〈07 IDLE 사용하기〉를 건너뛰고 곧장 다음 장으로 가도 좋습니다.

7-2 IDLE - 파이썬 모듈 작성하기

IDLE를 시작하면 가장 먼저 [그림 7-1]과 같은 파이썬 셸(Shell) 창이 표시됩니다.

```
Python 3.7.4 Shell                                               □  ×
File  Edit  Shell  Debug  Options  Window  Help
Python 3.7.4 (tags/v3.7.4:e09359112e, Jul  8 2019, 19:29:22) [MSC v.1916 32 bit (Int
on win32
Type "help", "copyright", "credits" or "license()" for more information.
>>>
```

[그림 7-1] 파이썬 셸

IDLE와 이클립스 중 어떤 것을 선택해야 할지 잘 모르겠다면 다음과 같이 판단하면 됩니다. IDLE는 가볍고 간단해서 초보자에게 알맞습니다. 파이썬을 설치할 때 함께 설치되며, 더 이상의 환경 설정이 필요하지 않습니다. 그에 비해 이클립스는 좀 더 복잡하기 때문에 경험이 있는 프로그래머에게 알맞습니다.

참고 │ 리눅스에서 IDLE를 시작하려면 'idle3'을 터미널에서 입력합니다.

파이썬 셸은 사용자가 명령문을 입력하면 즉시 실행시킬 수 있는 환경을 제공합니다. 예를 들어, 7 + 3을 입력하고 Enter 키를 누르면 파이썬 셸에서 이 덧셈의 결과를 즉시 출력합니다. 그러나 파이썬 셸에서 긴 파이썬 프로그램을 작성하는 것은 좋지 않습니다. 파이썬 프로그램을 작성할 때는 [그림 7-2]와 같이 파이썬 셸의 메뉴에서 [File] → [New]를 클릭하여 새로운 파이썬 파일(파이썬 모듈이라고도 함)을 작성해야 합니다.

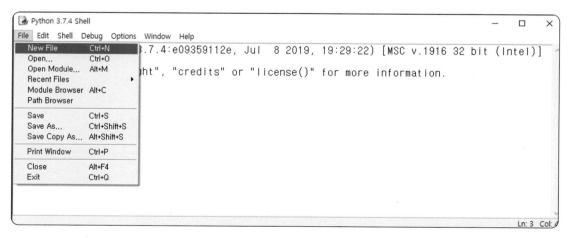

[그림 7-2] 파이썬 셸에서 새로운 파이썬 파일(파이썬 모듈)을 작성

참고 간단히 말하면 '모듈'은 파이썬 코드를 간직한 파일이며 파일 이름 뒤에 '.py'확장자가 붙습니다.

그러면 [그림 7-3]과 같이 새로운 창이 열립니다. 이 창은 사용자가 프로그램을 작성할 수 있는 빈 모듈인 것입니다.

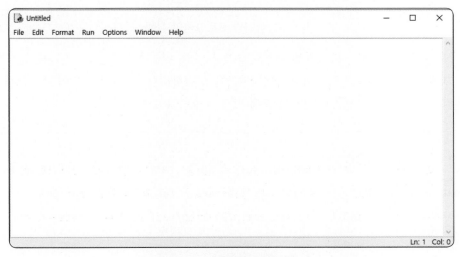

[그림 7-3] 새로운 파이썬 모듈

7-3 IDLE - 파이썬 프로그램 작성하고 실행하기

우리는 방금 새로운 파이썬 모듈을 만드는 방법을 살펴보았습니다. 제목이 'Untitled'인 새 창에 다음과 같은 파이썬 프로그램을 입력합니다.

```
print("Hello World")
```

이제 이 프로그램을 실행시켜 봅시다. [그림 7-4]와 같이 메뉴에서 [Run] → [Run Module]을 선택하거나, F5 키를 누릅니다.

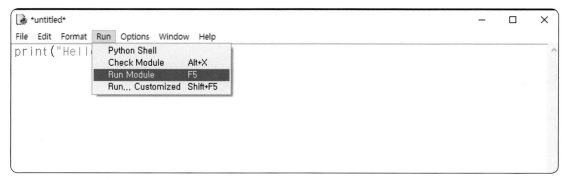

[그림 7-4] **파이썬 프로그램의 실행**

IDLE는 사용자에게 소스코드를 저장할지를 묻습니다. 'OK' 버튼을 클릭하고, 폴더를 선택한 후 첫 번째 프로그램의 파일 이름을 입력하고 '저장' 버튼을 클릭합니다. 그러면 파이썬 프로그램이 저장되고 실행된 후, [그림 7-5]처럼 파이썬 셸 창에 결과가 출력됩니다.

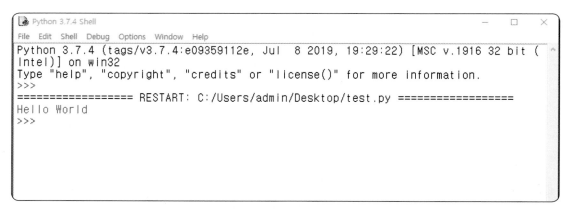

[그림 7-5] **파이썬 셸 창에 실행 결과가 출력됨**

축하합니다! 우리는 방금 생애 첫 번째 파이썬 프로그램을 작성해서 실행시켰습니다. 이제 사용자의 이름을 입력하게 하는 또 하나의 파이썬 프로그램을 작성해 봅시다. 다음과 같이 파이썬 프로그램을 입력한 후 F5 키를 눌러서 파일을 실행시킵니다.

file_7_3

```python
name = input("Enter your name: ")
print("Hello", name)
print("Have a nice day!")
```

💡 기억하기

프로그램을 실행하려면 메뉴에서 [Run] → [Run Module]을 클릭하거나 F5 키를 누릅니다.

프로그램을 실행시키면 'Enter your name: '이라는 메시지가 파이썬 셸 창에 출력되고 [그림 7–6]
처럼 사용자가 이름을 입력할 때까지 기다립니다.

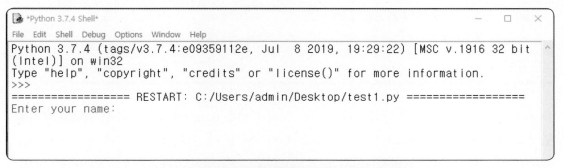

[그림 7–6] 파이썬 셸 창에서 이름 입력을 대기함

사용자가 이름을 입력하고 Enter 키를 누르면 나머지 명령문이 실행됩니다. 모든 실행이 끝나면
화면은 [그림 7–7]과 같습니다.

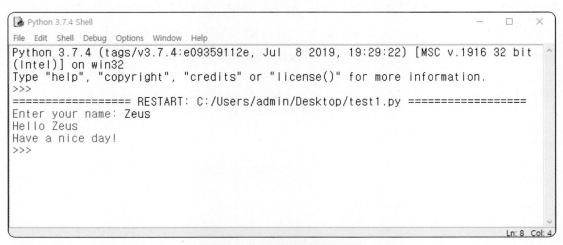

[그림 7–7] 파이썬 셸 창의 내용

7-4 IDLE - 런타임 또는 구문 오류 찾기

고급 언어로 프로그램을 하다보면 실수를 하기 마련입니다. 다음의 파이썬 프로그램을 봅시다.

```python
num1 = float(input("숫자 A를 입력: "))
num2 = float(input("숫자 B를 입력: "))
c = num1 / num2
print(c)
```

이 프로그램은 언뜻 보아선 완벽해 보입니다. 그러나 변수 num2가 0이 될 수도 있다고 생각해 봤나요? 불행히도 이 프로그램은 변수 num2에 사용자가 0을 입력할 수 있도록 작성되어 있습니다. 만약 이 프로그램을 실행시키고 변수 num2에 0이 저장되면 파이썬 인터프리터는 'float division by zero'(※ [그림 7-8] 참고)라는 오류를 출력합니다. 또한 인터프리터는 3번 라인을 실행하면서 사용자에게 런타임 오류(Runtime error)가 발생했다고 알려줄 것입니다.

```
Python 3.7.4 Shell                                              ─   □   ×
File  Edit  Shell  Debug  Options  Window  Help
Python 3.7.4 (tags/v3.7.4:e09359112e, Jul  8 2019, 19:29:22) [MSC v.1916 32 bit
(Intel)] on win32
Type "help", "copyright", "credits" or "license()" for more information.
>>>
================== RESTART: C:/Users/admin/Desktop/test2.py ==================
Enter number A: 5
Enter number B: 0
Traceback (most recent call last):
  File "C:/Users/admin/Desktop/test2.py", line 3, in <module>
    c = num1 / num2
NameError: name 'num1' is not defined
>>>
                                                                  Ln: 11  Col: 4
```

[그림 7-8] 파이썬 셸 창이 런타임 오류를 출력

이 문제를 당장 여기서 해결할 수는 없습니다. 〈12 질문 만들기〉에서 조건문 구조에 대해 자세히 배울 때까지 이 문제를 미루어둡시다.

 참고 조건문 구조를 이용해서 우리는 이 나눗셈을 실행할지 여부를 선택할 수 있습니다.

이제 다음의 파이썬 프로그램을 살펴봅시다.

```
num1 = 5
num2 = 10
c = num1 + num2 +
print(c)
```

이 코드에는 프로그래머가 오타를 입력하였습니다. 3번째 명령문에는 불필요한 덧셈 연산자(+)가 있습니다. 이 프로그램을 실행시키면 파이썬 인터프리터는 [그림 7-9]와 같이 'invalid syntax'라는 오류를 출력합니다.

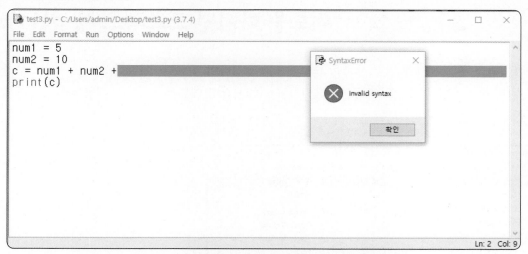

[그림 7-9] **파이썬이 구문 오류(Syntax error)를 출력**

오류가 발생한 라인을 수정하고 다시 실행시켜 봅시다.

08 이클립스 사용하기

8-1 시작하기

〈2-4 통합 개발 환경〉에서 이야기했듯이 IDE(Integrated Development Environment)는 프로그램로 하여금 프로그램을 작성하고 실행시킬 수 있게 해주는 소프트웨어입니다. IDLE와 이클립스(Eclipse)가 그 예입니다. 이 책에서는 두 방법 모두 설명하므로 사용자가 그 중 하나를 선택하여 사용하면 됩니다. IDLE를 사용할 예정이면 〈08 이클립스 사용하기〉를 건너뛰어도 됩니다.

8-2 이클립스 - 새로운 파이썬 프로젝트 생성하기

이클립스를 연 후, 가장 먼저 새로운 프로젝트를 생성해야 합니다. 이클립스는 프로젝트 생성을 돕기 위해서 마법사 기능을 제공합니다. [그림 8-1]과 같이 메뉴에서 [File] → [New] → [PyDev Project]를 선택합니다.

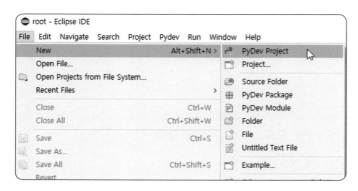

[그림 8-1] 이클립스에서 프로젝트 시작

만일 사용하고 있는 이클립스에 이와 같은 메뉴가 없다면 [그림 8-2]와 같이 [File] → [New] → [Other]을 선택한 후, 표시되는 팝업 창에서 'PyDev Project' 마법사를 선택합니다.

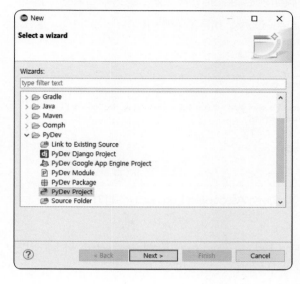

[그림 8-2] PyDev Project 마법사를 선택

'Next' 버튼을 클릭합니다. 'PyDev Project' 대화 상자가 표시되면 새로운 PyDev 프로젝트를 생성할 수 있습니다. [그림 8-3]과 같이 'Project name' 필드에는 예를 들어, 'testingProject'와 같이 자신에 원하는 임의의 이름을 입력하고 'Grammar Version' 필드에서 '3.6'(또는 그 이후 버전)를 선택합니다.

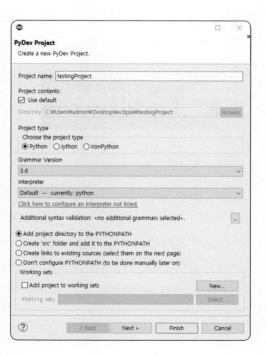

[그림 8-3] 새로운 PyDev 프로젝트를 생성

'Finish' 버튼을 클릭합니다. [그림 8-4]와 같은 팝업 창이 표시되면 'Remember my decision' 필드에 체크를 하고 'Yes' 버튼을 클릭합니다.

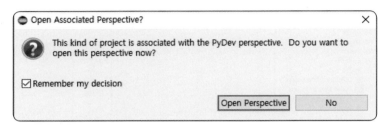

[그림 8-4] 'Open Associated Perspective' 팝업 창

이클립스 환경에서 프로젝트가 생성되었습니다. 'PyDev Package Explorer' 창이 최소화되면 'Restore' 버튼을 클릭하면 (※ [그림 8-5] 참고) 복구됩니다.

[그림 8-5] 'PyDev Package Explorer' 창 복구

'PyDev Package Explorer' 창에서 방금 우리가 생성한 'testingProject'를 선택합니다. 그리고 메뉴에서 [File] → [New] → [PyDev Module]을 클릭합니다. 사용하는 이클립스에서 'pyDev Module'이 없다면 대신 [File] → [New] → [Other]를 클릭하고 표시되는 팝업 창에서 'PyDev Module' 마법사를 선택하고 'Next' 버튼을 클릭합니다. 이제 표시되는 팝업 창에서 'Source Folder'에 '/testingProject'가 있는지를 확인하고 'Name'에 'test'를 입력한 후 'Finish' 버튼을 클릭합니다.(※ [그림 8-6] 참고)

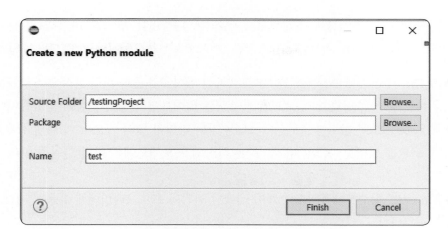

[그림 8-6] 새로운 PyDev 모듈 생성

[그림 8-7]과 같은 팝업 창이 표시되면 모든 필드를 체크된 상태로 'OK' 버튼을 클릭합니다.

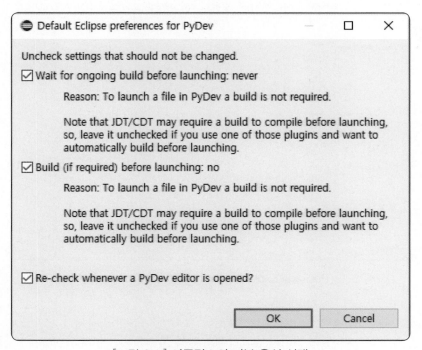

[그림 8-7] 이클립스의 기본 옵션 선택

템플릿을 선택할 수 있는 창이 표시됩니다. 우리는 템플릿을 필요로 하지 않기 때문에 그냥 'Cancel' 버튼을 클릭합니다. 이제 다음과 같은 컴포넌트가 표시됩니다. (※ [그림 8-8] 참고)

- ■ 'PyDev Package Explorer' 창 : 프로젝트의 구성 요소들을 트리 형식으로 보여줍니다. 여기에는 소스 파일과 우리 코드가 사용하는 라이브러리 등이 포함되어 있습니다.
- ■ 'Source Editor' 창 : 이 창에는 'test.py'라는 파일이 열려 있으며 이 파일에 우리의 파이썬 코드를 입력할 수 있습니다. 물론 하나의 프로젝트에는 이런 파일을 여러 개 포함시킬 수 있습니다.
- ■ 'Console' 창 : 파이썬 프로그램이 실행된 결과와 프로그래머에게 유용한 메시지들이 표시됩니다.

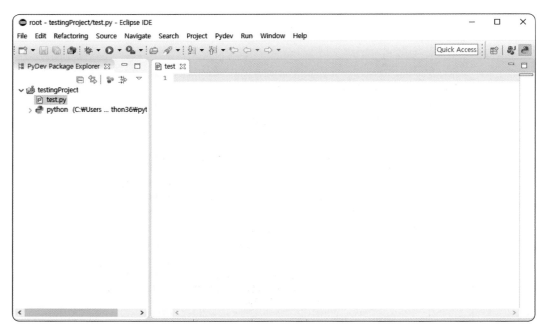

[그림 8-8] 'Package Explorer', 'Source Editor', 'Console' 창이 표시됨

참고 'console' 창이 열리지 않으면 메뉴에서 [Window] → [Show View] → [Console]을 클릭하여 열 수도 있습니다.

8-3 이클립스 - 파이썬 프로그램 작성하고 실행하기

우리는 새로운 파이썬 프로젝트를 만들었습니다. 'test' 창에 다음과 같이 파이썬 프로그램을 입력해 봅시다.

```python
print("Hello World")
```

이제 이 프로그램을 실행시켜 봅시다. 툴바에서 'Run As' 아이콘(●)을 클릭합니다. 또는 메뉴에서 [Run] → [Run]을 클릭하거나 Ctrl + F11 키를 눌러도 됩니다. 그러면 파이썬 프로그램이 실행되고 [그림 8-9]와 같이 콘솔 창에 실행 결과가 출력됩니다.

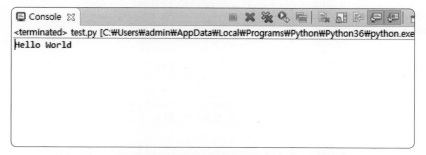

[그림 8-9] 콘솔 창에 프로그램의 실행 결과가 출력됨

참고

첫 번째 프로그램을 실행시킬 때, 다음과 같은 팝업 창이 표시되어 프로그램 실행 방법을 물으면 'Python Run'을 선택하고, 'OK' 버튼을 클릭합니다.

축하합니다! 방금 처음으로 파이썬 프로그램을 쓰고 실행하였습니다.

이제 자신의 이름을 입력하는 파이썬 프로그램을 하나 더 작성해 보겠습니다. 다음과 같이 이클립스에 입력하고 Ctrl + F11을 눌러 파일을 실행합니다.

file_8_3

```python
name = input("Enter your name: ")
print("Hello", name)
print("Have a nice day!")
```

프로그램이 실행되면 콘솔 창에 'Enter your name: '메시지가 출력됩니다. [그림 8-10]과 같이 이 프로그램은 사용자가 이름을 입력할 때까지 기다립니다.

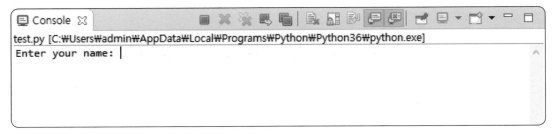

[그림 8-10] 콘솔 창에서 입력을 기다림

이름을 입력하려면 커서를 반드시 콘솔 창 내에 위치시키고 이름을 입력한 후 Enter 키를 누릅니다. 그러면 프로그램의 나머지 명령문들이 계속해서 실행됩니다. 프로그램의 실행이 모두 끝나면 [그림 8-11]과 같이 출력됩니다.

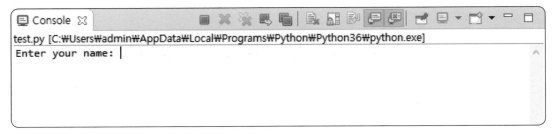

[그림 8-11] 콘솔 창에 출력된 내용

8-4 이클립스 - 런타임 오류와 구문 오류 살펴보기

고급 프로그래밍 언어로 코드를 작성하다 보면 누구나 실수를 할 수 있습니다. 다행히도 이클립스는 프로그램을 디버깅할 수 있는 모든 필요한 도구들을 제공합니다. 다음의 파이썬 프로그램을 봅시다.

```python
num1 = float(input("Enter number A: "))
num2 = float(input("Enter number B: "))
c = num1 / num2
print(c)
```

이 프로그램이 완벽해보일 수 있습니다. 그러나 변수 num2의 값이 0이 되는 경우를 생각해 보아야 합니다. 이 프로그램을 작성하면 사용자가 변수 num2에 0을 입력할 수 있습니다. 만약 프로그램을 실행시키고 변수 num2의 값으로 0을 입력하면 파이썬 인터프리터는 'float division by zero' 오류를 출력합니다. (※ [그림 7-8] 참고) 또한 인터프리터는 3번 라인을 실행하다가 런타임 오류가 발생했음을 알려줍니다.

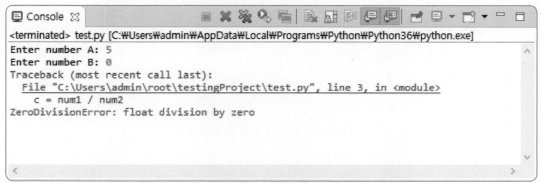

[그림 8-12] 파이썬 셸 창에 출력된 런타임 오류

우리가 지금 당장 이 오류를 처리할 수는 없습니다. 〈12 질문 만들기〉에서 선택 구조를 배울 때까지 기다려야 합니다.

 참고 선택 구조를 이용하면 컴퓨터는 이 나눗셈을 실행할지 여부를 선택할 수 있습니다.

이클립스의 또 다른 흥미있는 기능은 [그림 8-13]과 같이 사용자가 프로그램을 입력하는 동안 구문 오류를 발견하면 물결 모양의 빨간 밑줄을 표시한다는 것입니다.

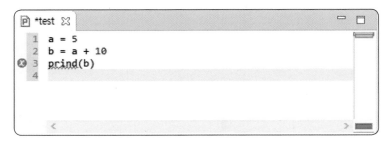

[그림 8-13] 이클립스에서 물결 모양의 빨간 밑줄로 표시된 구문 오류

이를 확인하고 오류를 수정하면 물결 모양의 빨간 밑줄이 사라집니다. 만일 코드에서 무엇이 잘못되었는지 확인할 수 없으면 오류가 발생한 라인으로 커서를 가져갑니다. 그러면 [그림 8-14]와 같이 이클립스가 오류에 대한 간단한 설명이 있는 팝업 창을 표시하여 프로그래머를 도와줍니다.

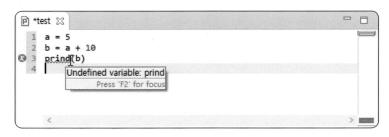

[그림 8-14] 이클립스가 구문 오류를 표시

 참고 IDLE과 마찬가지로 파이썬 프로그램에 한글을 입력하고 싶다면 다음과 같이 설정을 변경합니다.

메뉴에서 [Window] → [Preferences] → [General] → [Workspace]를 차례로 클릭한 후, 'Text file encording'에서 'Other UTF-8'을 선택합니다.

 **처음으로 작성하는 프로그램**

 9-1 시작하기

우리는 명령문이 기술된 순서대로 하나씩 실행되는 간단한 프로그램들을 살펴볼 것입니다. 컴퓨터 과학에서 프로그램에 기술된 순서대로 명령문들이 건너뛰지 않고 차례로 실행되는 구조를 순차 구조라고 합니다. 일련의 입력 또는 출력 작업, 산술 연산, 변수에 값을 할당하는 작업 등이 순차 구조의 예입니다.

One

순차 구조는 컴퓨터 과학의 3가지 제어 구조 중 하나입니다. 나머지 2개의 구조는 선택 구조와 반복 구조입니다. 컴퓨터 프로그래밍에서는 모든 문제를 이 3가지 구조만로 해결할 수 있습니다.

Two

1966년 Corrado Bohm과 Giuseppe Jacopini에 의해 구조화 프로그래밍 개념이 공식화되었습니다. 이들은 순차, 선택, 반복을 이용한 이론적인 프로그램 디자인을 제시하였습니다.

다음 프로그램은 순차적으로 실행되는 파이썬 명령문의 예를 보여줍니다.

```
file_9_1

#사용자에게 num 변수의 입력 받음
num = int(input("Enter a number: "))

#num의 2제곱을 계산
result = num ** 2

#화면에 결과를 출력
print("The square of", num, "is", result)
```

 기억하기

파이썬에서는 '#' 문자를 사용하여 주석을 추가할 수 있습니다. 주석은 프로그램을 읽는 사람을 위한 것입니다. 컴파일러나 인터프리터는 주석을 무시합니다.

 예제 9.1.1
직사각형의 넓이 구하기

사용자에게 직사각형의 밑변의 길이와 높이를 입력 받고 직사각형의 넓이를 출력하는 파이썬 프로그램을 작성하세요.

해설

직사각형의 넓이를 구하는 공식은 다음과 같습니다.

넓이 = 밑변 × 높이

〈3-5 알고리즘 작성의 주요 3단계〉에서 우리는 알고리즘이 데이터 입력, 데이터 처리, 결과 출력의 3단계로 구성된다는 것을 배웠습니다. 이 예제의 3단계는 다음과 같습니다.

- 데이터 입력 : 사용자가 밑변과 높이를 입력합니다.
- 데이터 처리 : 프로그램이 삼각형의 넓이를 계산합니다.
- 결과 출력 : 프로그램이 이전 단계에서 계산된 삼각형의 넓이를 출력합니다.

이 예제의 파이썬 코드는 다음과 같습니다.

```
file_9_1_1

#데이터 입력 - 사용자에게 밑변(Base)과 높이(Height)를 입력 받음
base = float(input("Enter the length of Base: "))
height = float(input("Enter the length of Height "))

#데이터 처리 - 직사각형의 넓이를 계산
area = base * height

#결과 출력 - 화면에 결과를 출력
print("The area of rectangle is", area)
```

예제 9.1.2
원의 넓이 구하기

사용자에게 원의 반지름을 입력 받아 원의 넓이를 계산해서 출력하는 파이썬 프로그램을 작성하세요.

해설

원의 넓이는 다음과 같은 공식으로 구할 수 있습니다.

$$원의\ 넓이 = \pi \cdot 반지름^2$$

π 값은 잘 알려진 대로 3.14159입니다. 따라서 사용자가 입력할 값은 반지름뿐입니다. 〈3-5 알고리즘 작성의 주요 3단계〉에서 배운 3단계를 이 예제에 적용하면 다음과 같습니다.

- 데이터 입력 : 사용자가 반지름 값을 입력합니다.
- 데이터 처리 : 프로그램이 원의 넓이를 계산합니다.
- 결과 출력 : 프로그램이 이전 단계에서 계산된 원의 넓이를 출력합니다.

이 예제의 파이썬 코드는 다음과 같습니다.

```
file_9_1_2

#데이터 입력 - 사용자에게 반지름(Radius)을 입력 받음
radius = float(input("Enter the length of Radius: "))


#데이터 처리 - 원의 넓이(Area)를 계산
area = 3.14159 * radius ** 2


#결과 출력 - 결과를 화면에 출력
print("The area of the circle is", area)
```

 기억하기

제곱(**) 연산자가 곱셈 연산자(*) 보다 연산의 우선순위가 높습니다.

 예제 9.1.3
화씨 온도와 섭씨 온도의 변환

사용자에게 화씨(Fahrenheit) 온도를 입력 받아 그 온도를 섭씨(Celsius) 온도로 바꾸어 출력하는 프로그램을 작성하세요. 변환 공식은 다음과 같습니다.

$$C = \frac{5}{9}(F-32)$$

해설

이 문제에서 사용자는 화씨 온도를 입력해야 하며, 프로그램은 변환 공식을 이용하여 입력 받은 화씨 온도를 섭씨 온도로 변환해서 출력해야 합니다. 이 문제를 해결하는 파이썬 프로그램은 다음과 같습니다.

```
                             file_9_1_3
#데이터 입력 – 사용자에게 화씨 온도(Fahrenheit)를 입력 받음
fahrenheit = float(input("Enter a temperature in Fahrenheit: "))


#데이터 처리 – 섭씨 온도(Celsius)를 계산
celsius = 5 / 9 * (fahrenheit - 32)


#결과 출력 – 화면에 결과를 출력
print("The temperature in Celsius is: ", celsius)
```

9-2 복습문제 I

다음 문장을 읽고 맞으면 O, 틀리면 X로 표시하세요.

1. 사용자에게 삼각형의 밑변과 높이를 입력 받아 다음의 공식을 이용하여 삼각형의 넓이를 출력하는 프로그램을 작성하세요.

$$넓이 = \frac{밑변 \times 높이}{2}$$

2. 사용자에게 화씨 온도를 입력 받아 그 온도를 다음 공식을 이용하여 켈빈(Kelvin) 온도로 출력하는 프로그램을 작성하세요.

$$켈빈 = \frac{화씨 + 459.67}{1.8}$$

3. 사용자에게 삼각형의 2개의 각을 입력 받아 세 번째 각을 계산해서 출력하는 파이썬 프로그램을 작성하세요. (※ 삼각형의 3개의 각의 합은 항상 180입니다.)

4. 사용자에게 4개 과목의 시험 점수를 입력 받아 그 점수의 평균을 구해서 출력하는 파이썬 프로그램을 작성하세요.

5. 사용자에게 원의 반지름을 입력 받아 다음 공식을 이용하여 원의 둘레를 계산해서 출력하는 파이썬 프로그램을 작성하세요.

원의 둘레 = 2 × π × 반지름(※ π = 3.14159)

6. BMI(Body Mass Index)는 키 대비 몸무게가 과체중 또는 저체중인지를 판단할 때 사용됩니다. 다음 공식을 이용하여 사용자에게 키와 몸무게를 입력 받아 사용자의 BMI를 계산하여 출력하는 파이썬 프로그램을 작성하세요.

$$BMI = \frac{몸무게(파운드) \times 703}{키(인치)^2}$$

7. 사용자에게 현재 날짜(월, 일)를 입력 받아 연말까지 남은 날짜를 계산하는 파이썬 프로그램을 작성하세요. (※ 각 달은 30일까지 있는 것으로 가정합니다.)

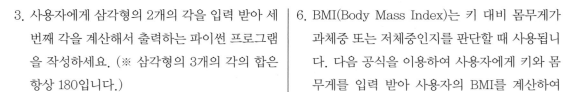

9-3 복습문제 Ⅱ

다음 질문에 알맞은 답을 적어 보세요.

1. 순차 구조란 무엇인가요?

2. 순차 구조로 실행되는 작업은 무엇이 있나요?

3. 컴퓨터 과학의 주된 3가지 제어 구조는 무엇인가요?

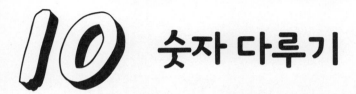

숫자 다루기

10-1 시작하기

모든 고급 프로그래밍 언어와 마찬가지로 파이썬도 사용자가 언제 어디서든 필요할 때마다 사용할 수 있도록 이미 만들어진 많은 함수와 메서드('서브 프로그램'이라고도 부름)를 제공합니다.

 서브 프로그램(Subprogram)은 하나의 단위로 묶은 일련의 명령문 집단입니다. 모든 서브 프로그램은 이름이 부여되며 각각의 특정 작업을 실행합니다.

파이썬은 많은 수학 함수(그리고 메서드)를 제공하지만 여기서는 이 책의 수준에 맞는 함수(Function)들만을 설명할 것입니다. 더 많은 함수와 메서드(Method)에 대한 정보가 필요하면 다음 주소를 방문하시기 바랍니다.

https://docs.python.org/3.7/library/math.html

10-2 유용한 함수(Function)와 메서드(Method)

정수값

```
int(value)
```

이 함수는 값의 정수 부분을 반환합니다. 또한 함수를 이용하여 문자열로 구성된 정수를 숫자로 변환할 수도 있습니다.

file_10_2a

```
a = 5.4
b = int(a)
print(b)                #5를 출력


print(int(34))          #34를 출력
print(int(34.9))        #34를 출력
print(int(-34.999))     #-34를 출력


c = "15"
d = "3"
print(c + d)            #153를 출력
print(int(c) + int(d))  #18를 출력
```

최댓값

```
max(sequence)
max(value1, value2, value3, …)
```

이 함수는 순서가 있는 일련의 값인 시퀀스(Sequence)나 여러 개의 값 중에서 가장 큰 값을 반환합니다.

```
                        file_10_2b
a = 5
b = 6
c = 3
d = 4
y = max(a, b, c, d)
print(y)                        #6을 출력

print(max(5, 3, 2, 6, 7, 1, 5))    #7을 출력

seq = [2, 8, 4, 6, 2]            #정수 시퀀스임
print(max(seq))
```

최솟값

```
min(sequence)
min(value1, value2, value3, …)
```

이 함수는 시퀀스나 여러 개의 값 중에서 가장 작은 값을 반환합니다.

```
                        file_10_2c
a = 5
b = 6
c = 3
d = 4
y = min(a, b, c, d)
print(y)                        #3을 출력

print(min(5, 3, 2, 6, 7, 1, 5))    #1을 출력

seq = [2, 8, 4, 6, 2]            #정수 시퀀스임
print(min(seq))                 #2를 출력
```

실수값

```
float(value)
```

이 함수는 문자열로 구성된 실수를 숫자로 변환합니다.

file_10_2d

```
a = "5.2"
b = "3.4"


print(a + b)                #5.23.4를 출력
print(float(a) + float(b))  #8.6를 출력
```

범위값

```
range([initial_value,] final_value [, step])
```

이 함수는 initial_value와 final_value−1 사이의 일련의 정수를 반환합니다. 인수 initial_value 을 생각하면 0으로 간주됩니다. 인수 step은 일련의 정수 사이의 간격을 의미합니다. 이 인수 역시 생략하면 1로 간주됩니다.

 참고 이 함수의 3개의 인수인 initial_value, final_value, step은 모두 정수여야 합니다. 음수도 가능합니다.

file_10_2f

```
#시퀀스 [1, 2, 3, 4, 5]을 변수 a에 할당
a = range(1, 6)

#시퀀스 [0, 1, 2, 3, 4, 5]을 변수 b에 할당
b = range(6)
```

```
#시퀀스 [0, 10, 20, 30, 40]을 변수 c에 할당
c = range(0, 50, 10)

#시퀀스 [100, 95, 90, 85]을 변수 d에 할당
d = range(100, 80, -5)
```

난수 정수

```
random.randrange([minimum_value,] maximum_value [, step])
```

이 함수는 주어진 범위 내에서 난수 정수를 반환합니다. randrange( ) 함수의 인수는 range( )
함수와 동일한 특성을 가집니다.

file_10_2e

```
import random          #random 모듈을 임포트

#10에서 100 사이의 정수를 출력
print(random.randrange(10, 101))

#0에서 10 사이의 정수를 변수 y에 할당
y = random.randrange(11)
#화면에 출력
print(y)

#-20에서 20 사이의 정수를 출력
print(random.randrange(-20, 21))

#1에서 99 사이의 홀수를 출력
print(random.randrange(1, 99, 2))

#0에서 100 사이의 짝수를 출력
print(random.randrange(0, 100, 2))
```

One

난수는 컴퓨터 게임에서 널리 사용됩니다. 게임에서는 상대편(적)이 임의의 시간에 나타날 수 있으며, 임의의 방향으로 이동할 수 있습니다. 또한 난수는 시뮬레이션 프로그램이나 통계와 데이터를 보호하기 위한 보안 프로그램 등에서도 사용됩니다.

Two

randrange( ) 함수는 random 모듈 내에 정의되어 있습니다. 파이썬에서 바로 호출할 수 없기 때문에 random 모듈을 불러와야 합니다.

Three

random 모듈은 즉시 사용할 수 있는 많은 함수(또는 메서드)들을 간직하고 있는 파일일 뿐입니다. 파이썬은 이와 같이 다양한 모듈을 제공합니다. 이 모듈들에 있는 함수나 메서드 중 하나를 사용하려면 해당 모듈을 자신의 프로그램에 불러와야 합니다.

합계

```
math.fsum(sequence)
```

이 함수는 시퀀스의 합계를 반환합니다.

file_10_2g

```
import math

seq = [5.1, 3, 2]        #숫자 시퀀스를 변수 seq에 할당
print(math.fsum(seq))    #10.1을 출력
```

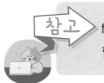

fsum( ) 함수는 math 모듈 내에 정의되어 있습니다. 이 함수는 파이썬에서 곧장 호출할 수 없기 때문에 math 모듈을 불러와야 합니다.

제곱근

```
math.sqrt(number)
```

이 함수는 number의 제곱근을 반환합니다.

file_10_2h

```
import math              #math 모듈을 임포트


print(math.sqrt(9))      #3.0을 출력
print(math.sqrt(25))     #5.0을 출력
```

참고

sqrt( ) 함수는 math 모듈 내에 정의되어 있습니다. 이 함수는 파이썬에서 곧장 호출할 수 없으며 math 모듈을 불러와야 합니다.

다음 문장을 읽고 맞으면 O, 틀리면 X로 표시하세요.

1. 일반적으로 함수는 작은 문제를 해결하기 위한 작은 서브 프로그램입니다. (　)

2. int(3.59)은 3.6을 결과 값으로 반환합니다. (　)

3. y = int("two")은 올바른 파이썬 명령문입니다. (　)

4. y = int("2")은 올바른 파이썬 명령문입니다. (　)

5. int(3)은 3.0을 결과 값으로 반환합니다. (　)

6. float(3)은 3.0을 결과 값으로 반환합니다. (　)

7. y = float("3.14")은 올바른 파이썬 명령문이 아닙니다. (　)

8. randrange( ) 함수는 음수 난수를 반환할 수 있습니다. (　)

9. max(-5, -1, -8)은 -1을 결과 값으로 반환합니다. (　)

10. b = range(3)은 시퀀스 [0, 1, 2]를 변수 b에 할당합니다. (　)

11. c = range(0, 10, 0.5)은 올바른 파이썬 명령문입니다. (　)

12. math.fsum([1, 9])은 10.0을 결과 값으로 반환합니다. (　)

13. math.fsum(a, b, c)은 올바른 파이썬 명령문입니다. (　)

다음 질문에 알맞은 답을 적어 보세요.

1. 다음 파이썬 프로그램의 각 단계의 변수 값을 추적해서 사용자 화면에 출력되는 내용을 기술하세요.

```
a = 5.0
b = 2.0

y = int(a / b)
print(y)
```

2. 다음 파이썬 프로그램을 두 가지 경우로 실행하여 각 단계에서의 변수 값을 추적하여 사용자 화면에 출력되는 내용을 기술하세요. 첫 번째 실행할 때는 입력 값을 2.5로 가정하고, 두 번째 실행할 때는 입력 값을 5.5로 가정합니다.

```python
a = float(input())

a = a * 2 / int(a)

print(a)
```

3. 다음 파이썬 프로그램을 두 가지 경우로 실행하여 각 단계에서의 변수 값을 추적하여 사용자 화면에 출력되는 내용을 기술하세요. 첫 번째 실행할 때는 입력 값을 2.2로 가정하고, 두 번째 실행할 때는 입력 값을 3.5로 가정합니다.

```python
a = float(input())

b = int(a) ** 2

print(b)
```

4. 다음 파이썬 프로그램을 두 가지 경우로 실행하여 각 단계에서의 변수 값을 추적하여 사용자 화면에 출력되는 내용을 기술하세요. 첫 번

째 실행할 때는 입력 값을 2, 5.5, 5로 가정하고, 두 번째 실행할 때는 입력 값을 3.5, 3.5, 2로 가정합니다.

```python
a = float(input())
b = float(input())
c = float(input())

y = [a, b, c]

print(max(y))
```

5. 다음 파이썬 프로그램을 두 가지 경우로 실행하여 각 단계에서의 변수 값을 추적하여 사용자 화면에 출력되는 내용을 기술하세요. 첫 번째 실행할 때는 입력 값을 1, 30, 15로 가정하고, 두 번째 실행할 때는 입력 값을 20, 12, 17로 가정합니다.

```python
import math
a = float(input())
b = float(input())
c = float(input())


y = max(a, b, c)
z = min(a, b, c)
w = math.fsum([y, z])
print(w)
```

11 문자열 처리하기

11-1 시작하기

일반적으로 '문자열'이란 사용자가 키보드에서 입력할 수 있는 문자, 기호(&, *, @ 등) 그리고 숫자를 의미합니다. 그러나 파이썬에서는 문자열은 항상 작은따옴표나 큰따옴표 내에 기술합니다. 아래의 파이썬 프로그램은 문자열을 사용하는 예를 보여줍니다.

```
a = "큰따옴표 내에 기술된 것은 모두 문자열입니다."
b = "아래와 같은 숫자도 마찬가지입니다."
c = "3, 54, 731"
print(a)
print(b)
print(c)
print("다음과 같이 문자와 숫자를 ")
print("혼합해서 사용할 수도 있습니다:")
print("3 + 4의 결과는 7입니다.")
```

프로그램은 문자열 데이터를 많이 사용하게 됩니다. 문자열은 워드 프로세서부터 웹 브라우저, 텍스트 메시지까지 많은 프로그램에서 사용됩니다. 이 책의 많은 예제들도 문자열을 광범위하게 사용하고 있습니다. 파이썬은 문자열을 다루는 많은 함수와 메서드를 제공하나 여기에서는 이 책의 목적에 알맞은 수준으로 설명할 것입니다. 만일 더 많은 문자열 처리 함수나 메서드를 알고 싶으면 다음 주소를 방문해 봅시다.

https://docs.python.org/3.7/library/stdtypes.html#string-methods

참고 > 함수나 메서드는 작은 문제를 해결하기 위한 작은 서브 프로그램에 불과합니다.

11-2 문자열에서 문자 추출하기

다음의 텍스트 'Hello World'를 살펴봅시다. 이 문자열은 공백을 포함하여 11개의 문자로 구성됩니다. 문자열 내의 각 문자의 위치는 다음과 같습니다.

0	1	2	3	4	5	6	7	8	9	10
H	e	l	l	o		W	o	r	l	d

파이썬에서는 가장 첫 번째 문자의 위치를 0, 그 다음 위치를 1로 지정합니다. 단어 사이의 공백도 하나의 문자로 취급된다는 것을 유의하기 바랍니다.

 기억하기

공백 문자도 다른 일반 문자와 동일한 문자로 취급됩니다. 아무것도 보이지 않아도 문자가 존재하지 않는다는 의미가 아닙니다.

파이썬은 '부분 문자열(Substring)'이라는 표기법을 이용하여 문자열에서 특정 문자를 구분해 낼 수 있게 합니다. 첫 번째 문자를 지정할 때는 인덱스(Index) 번호가 0을 사용하며, 두 번째 문자를 지정할 때는 인덱스 번호 1과 같이 사용합니다. 마지막 문자의 인덱스는 문자열 전체의 길이보다 1이 작은 값이 됩니다. 다음의 파이썬 프로그램 예를 살펴봅시다.

file_11_2a

```python
a = "Hello World"

print(a[0])          #첫번째 문자를 출력
print(a[6])          #W를 출력
print(a[10])         #마지막 문자를 출력
```

 참고 'Hello'와 'World' 사이의 한 개의 공백도 문자로 취급됩니다. 그래서 문자 W의 위치가 5가 아니라 6입니다.

만일 문자열을 앞쪽이 아니라 뒤쪽부터 센다면 음수 인덱스를 사용할 수 있습니다. 예를 들어, 인덱스 −1은 가장 오른쪽의 문자를 의미합니다. 텍스트 'Hello World'에서 각 문자의 음수 인덱스 번호는 다음과 같습니다.

−11	−10	−9	−8	−7	−6	−5	−4	−3	−2	−1
H	e	l	l	o		W	o	r	l	d

다음 예를 살펴봅시다.

```
                              file_11_2b

a = "Hello World"


print(a[-1])      #마지막 문자를 출력
print(a[-3])      #문자 r을 출력
```

그러나 만일 문자열의 길이보다 큰 잘못된 인덱스를 사용하면 파이썬은 [그림 11−1]과 [그림 11−2]와 같은 오류 메시지를 표시합니다.

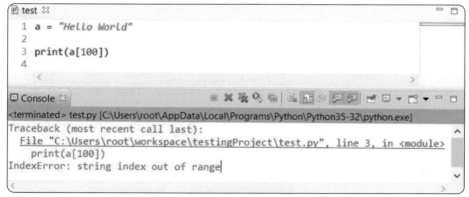

[그림 11−1] 잘못된 인덱스의 사용을 알리는 오류 메시지(이클립스)

```
Python 3.7.4 Shell
File  Edit  Shell  Debug  Options  Window  Help
Python 3.7.4 (tags/v3.7.4:e09359112e, Jul  8 2019, 19:29:22) [MSC v.1916 32 bit (Intel)
] on win32
Type "help", "copyright", "credits" or "license()" for more information.
>>>
================== RESTART: C:/Users/admin/Desktop/test4.py ==================
Traceback (most recent call last):
  File "C:/Users/admin/Desktop/test4.py", line 3, in <module>
    print(a[100])
IndexError: string index out of range
>>>
```

[그림 11-2] 잘못된 인덱스의 사용을 알리는 오류 메시지(IDLE)

문자열에서 문자들을 하나씩 추출하는 또 다른 방법은 다음과 같이 문자열을 여러 개의 변수에
할당하는 것입니다. 이를 파이썬에서는 '언팩(Unpack) 한다'고 표현합니다.

file_11_2c

```
name = "Zeus"


letter1, letter2, letter3, letter4 = name


print(letter1)        #Z를 출력
print(letter2)        #e를 출력
print(letter3)        #u를 출력
print(letter4)        #s를 출력
```

참고

위와 같은 방법은 문자열을 구성하는 문자의 개수를 미리 알고 있어야 합니다. 문
자의 개수와 변수의 개수가 일치하지 않으면 파이썬은 오류 메시지를 표시합니다.

11-3 문자열의 일부분 추출하기

문자열을 구성하는 일부 문자열(부분 문자열)을 추출하려면 다음의 공식을 사용합니다.

문자열 [시작 인덱스 : 끝 인덱스]

이 식은 문자열의 일부를 반환합니다. 이 공식은 시작 인덱스부터 시작해서 부분 문자열을 반환하지만, 다음 예와 같이 끝 인덱스는 포함하지 않고 끝 인덱스 바로 앞 인덱스까지 반환하다는 것에 주의해야 합니다.

file_11_3a

```
a = "Hello World"
b = a[6:9]
print(b)            #Wor을 출력
```

시작 인덱스 인수는 생략이 가능합니다. 만약 시작 인덱스 인수를 생략하면 다음 예와 같이 0부터 끝 인덱스까지 부분 문자열을 반환합니다.

file_11_3b

```
a = "Hello World"
print(a[:2])        #He를 출력
```

끝 인덱스 인수도 역시 생략 가능합니다. 만약 끝 인덱스 인수를 생략하면 다음 예와 같이 시작 인덱스부터 문자열의 마지막까지 부분 문자열을 반환합니다.

file_11_3c

```
a = "Hello World"
print(a[7:])        #orld를 출력
```

참고 ▷ 시퀀스(여기서는 문자열)로부터 일정한 범위의 구성 요소(여기서는 문자)를 추출하는 이러한 작업을, 파이썬에서는 '슬라이싱(Slicing)'이라고 표현합니다.

파이썬의 슬라이싱 작업은 다음의 공식과 같이 간격이라는 세 번째 인수를 사용할 수 있습니다.

문자열 [시작 인덱스 : 끝 인덱스 : 간격]

간격 인수도 생략이 가능하며 기본 값은 1입니다. 이 인수는 추출할 문자의 간격을 지정합니다. 다음의 예를 살펴봅시다.

file_11_3e

```
a = "Hello World"
print(a[4:10:2])      #step이 2임. oWr를 출력
```

문자열의 가장 뒤에서부터 문자의 순서를 지정할 때는 다음 예처럼 음수 인덱스를 사용합니다.

file_11_3d

```
a = "Hello World"

print(a[3:-2])        #lo Wor을 출력
print(a[-4:-2])       #or을 출력
print(a[-3:])         #rld를 출력
print(a[:-3])         #Hello Wo를 출력
```

예제 11.3.1
문자열을 역순으로 출력하기

사용자에게 4개 문자로 구성된 임의의 단어를 입력 받은 후, 그 단어를 거꾸로 출력하는 프로그램을 작성하세요. 예를 들어, 'Zeus'를 입력하면 'sueZ'가 출력되어야 합니다.

해설

첫 번째 방법

사용자가 입력하는 내용이 변수 s에 할당됩니다. s[3]를 사용하여 4번째 문자를 지정하고, s[2]를 사용하여 3번째 문자를 지정하는 방식으로 문자를 지정할 수 있습니다. 프로그램은 다음과 같습니다.

```
                      file_11_3_1a

s = input("Enter a word with four letters: ")


s_reversed = s[3] + s[2] + s[1] + s[0]


print(s_reversed)
```

두 번째 방법

이 방법은 다음과 같이 문자열 내의 문자들을 여러 개의 변수에 언팩(Unpack) 합니다.

```
                      file_11_3_1b

s = input("Enter a word with four letters: ")

a, b, c, d = s
s_reversed = d + c + b + a


print(s_reversed)
```

세 번째 방법

다음 방법에서는 간격 값을 −1로 지정합니다.

```
                      file_11_3_1c

s = input("Enter a word with four letters: ")


s_reversed = s[:: -1]


print(s_reversed)
```

11-4 유용한 함수와 메서드

문자열 교체하기

문자열.replace(찾을 문자열, 바꿀 문자열)

이 메서드는 문자열에서 원하는 문자열을 찾아 다른 문자열로 바꿔줍니다.
다음 예를 살펴봅시다.

```
                        file_11_4a
a = "I am newbie in Java. Java rocks!"
b = a.replace("Java", "Python")

print(b)          #출력 내용: I am newbie in Python. Python rocks!
print(a)          #출력 내용: I am newbie in Java. Java rocks!
```

문자의 개수 세기

len(문자열)

이 함수는 문자열의 길이(즉, 문자의 개수)를 반환합니다. 해당 문자열에는 공백 문자, 기호, 숫자도 포함됩니다. 다음 예를 살펴봅시다.

```
                        file_11_4b
a = "Hello Olympians!"
print(len(a))           #16을 출력

b = "I am newbie in Python"
k = len(b)
print(k)                #21을 출력
```

문자의 위치 찾기

문자열.find(찾을 문자열)

해당 문자열에서 찾은 문자열의 첫 번째 인덱스 번호를 반환합니다. 첫 번째 문자는 언제나 0에 위치한다는 것을 잊지 맙시다. 다음 예를 살펴봅시다.

```
                          file_11_4c
a = "I am newbie in Python. Python rocks!"


i = a.find("newbie")


print(i)                      #5를 출력
print(a.find("Python"))       #15를 출력
print(a.find("Java"))         #-1를 출력
```

소문자로 변환하기

문자열.lower()

이 메서드는 해당 문자열에서 대문자를 소문자로 변환합니다. 다음 예를 살펴봅시다.

```
                          file_11_4d
a = "My NaMe is JohN"
b = a.lower()


print(b)          #my name is john을 출력
print(a)          #My NaMe is JohN을 출력
```

대문자로 변환하기

문자열.upper()

이 메서드는 해당 문자열에서 소문자를 대문자로 변환합니다. 다음 예를 살펴봅시다.

```
                              file_11_4e
a = "My NaMe is JohN"
b = a.upper()


print(b)                #MY NAME IS JOHN을 출력
print(a)                #My NaMe is JohN을 출력
```

```
                              file_11_4f
a = "I am newbie in Java. Java rocks!"
b = a.replace("Java", "Python").upper()


print(b)      #I AM NEWBIE IN PYTHON. PYTHON ROCKS!을 출력
print(a)      #I am newbie in Java. Java rocks!을 출력
```

참고 replace 메서드가 upper 메서드와 연결되는 방법을 주목해야 합니다. 첫 번째 메서드의 결과 데이터는 두 번째 메서드의 입력 데이터로 사용됩니다. 이런 연결은 코드의 라인 수를 줄여주기 때문에 많은 프로그래머가 즐겨 사용하는 방법입니다. 이런 연결은 여러 번 반복될 수도 있으나 너무 많으면 코드를 이해하기가 어려워 집니다.

숫자를 문자열로 변환하기

```
str(숫자)
```

이 함수는 숫자를 문자로 반환합니다. 즉, 숫자(정수나 실수)를 문자로 변환합니다. 다음 예를 살펴봅시다.

```
age = int(input("Enter your age: "))


new_age = age + 10
message = "You will be " + str(new_age) + " years old in 10 years from now!"


print(message)
```

예제 11.4.1
로그인 ID 만들기

사용자의 영문 이름(예: Yuna, Minjun)을 입력 받아, 이름의 앞의 4개 문자와 난수 3자리를 붙여서 로그인 아이디를 만드는 파이썬 프로그램을 작성하세요.

해설

정수 난수를 만들려면 randrange( ) 함수를 사용하면 됩니다. 3자리의 정수 난수를 만들어야 하므로 정수의 범위는 100~999가 됩니다. 이 파이썬 프로그램은 다음과 같습니다.

```
import random


last_name = input("Enter last name: ")


#100~999 사이의 난수 정하기
random_int = random.randrange(100, 1000)


#로그인 ID 생성하기
login_id = last_name[:4].lower() + str(random_int)


print(login_id)
```

예제 11.4.2
성과 이름 순서 바꾸기

사용자의 영문 이름(예 : Yuna Lee, Minjun Park)을 입력 받아, 성과 이름 순서를 바꾸어서 출력하는 프로그램을 작성하세요.

해설

이 문제를 해결하기 위해서는 입력된 문자열을 나누어 각각 다른 변수에 성과 이름을 할당해야 합니다. 그 변수를 역순으로 결합하여 출력합니다. 아래 표를 보면서 이해해 봅시다. 나누어야 할 문자열과 문자의 위치를 보여줍니다.

0	1	2	3	4	5	6	7	8
T	o	m		S	m	i	t	h

이름과 성을 구분하는 문자는 공백 문자입니다. 문제는 이 공백 문자의 위치가 항상 3이 아니라는 것입니다. 'Tom'은 이름이 3개 문자로 구성되었지만 'Minjun'와 같이 이름이 4개 이상일 수도 있습니다. 즉, 이름과 성을 구분하기 위해 입력 되는 문자열의 공백 문자를 찾는 작업을 할 필요가 있습니다. 이때, 메서드 find( )를 사용하면 됩니다! 이 함수를 사용하여 예로 든 문자열 'Tom Smith'를 대상으로 공백 문자를 찾는 작업을 하면 3을 반환합니다. 반면 문자열 'Minjun Park'을 대상으로 동일한 작업을 하면 6을 반환할 것입니다.

참고 ▶ 함수가 반환한 3은 단순히 공백 문자가 위치한 번호일 뿐만 아니라 문자열 'Tom'을 구성하는 문자의 개수이기도 합니다. 문자열 'Minjun'의 경우 반환된 6도 마찬가지 입니다. 6은 공백 문자의 위치를 나타내기도 하지만 문자열 'Minjun'을 구성하는 문자의 개수이기도 합니다.

이 알고리즘을 구현한 파이썬 프로그램은 다음과 같습니다.

```
                            file_11_4_2
full_name = input("Enter your full name: ")

#공백의 위치를 찾습니다. 이 위치 값은 이름의 문자 개수이기도 합니다.
space_pos = full_name.find(" ")

#0번부터 시작해서 space_pos개의 문자를 추출합니다.
name1 = full_name[:space_pos]

#space_pos + 1 위치부터 나머지 문자를 추출합니다.
name2 = full_name[space_pos + 1:]

full_name = name2 + " " + name1
print(full_name)
```

 예를 들어, 'Maria Teresa Garcia'와 같이 성과 이름 사이에 중간 이름이 있다면 이 프로그램으로 처리할 수 없음을 참고하기 바랍니다.

예제 11.4.3
임의의 단어 생성하기

3개 문자로 구성되는 임의의 단어를 생성하는 파이썬 프로그램을 작성하세요.

해설

임의의 단어를 생성하기 위해서 알파벳 26자를 저장하고 있는 문자가 필요합니다. 그 문자열에서 0번에서 25번 중 임의의 문자를 randrange() 함수로 추출해야 합니다. 이 알고리즘을 구현한 파이썬 프로그램은 다음과 같습니다.

```
                        file_11_4_3a

import random


ab = "abcdefghijklmnopqrstuvwxyz"


random_letter1 = ab[random.randrange(26)]
random_letter2 = ab[random.randrange(26)]
random_letter3 = ab[random.randrange(26)]


random_word = random_letter1 + random_letter2 + random_letter3
print(random_word)
```

문자열 ab의 길이를 구하기 위해 다음과 같이 len() 함수를 사용해도 됩니다.

```
                        file_11_4_3b

import random


ab = "abcdefghijklmnopqrstuvwxyz"


random_letter1 = ab[random.randrange(len(ab))]
random_letter2 = ab[random.randrange(len(ab))]
random_letter3 = ab[random.randrange(len(ab))]


random_word = random_letter1 + random_letter2 + random_letter3
print(random_word)
```

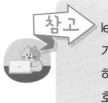

참고 len( ) 함수는 randrange( ) 함수 안에 기술되었음을 유의하세요! 안쪽에 기술된 함수가 반환하는 값은 바깥쪽 함수의 인수로 사용됩니다. 이렇게 함수 안에 함수를 기술하면 코드의 라인 수가 줄어들기 때문에 많은 프로그래머들이 이런 기술 방식을 선호합니다. 물론 너무 많은 포함 관계를 만들면 코드를 이해하기 힘들어집니다. 대개 4단계까지 포함관계를 사용하는 것이 좋습니다.

11-5 복습문제 |

다음 문장을 읽고 맞으면 O, 틀리면 X로 표시하세요.

1. 문자열은 사용자가 키보드로 입력할 수 있습니다. (   )

2. 문자열은 반드시 괄호 안에 기술해야 합니다. (   )

3. 문자열 Hi there!은 8개의 문자를 가지고 있습니다. (   )

4. 문자열 Hi there!에서 문자 t의 위치는 3입니다. (   )

5. y = x[1] 문은 변수 x에 있는 문자열에서 두 번째 문자를 변수 y에 할당합니다.(   )

6. print("Hi there!".replace("Hi", "Hello")) 문은 "Hello there!" 메시지를 출력합니다. (   )

7. 다음 코드는 변수 index에 4를 할당합니다. (   )

```
a = "Hi there"
index = a.find("the")
```

8. print("hello there".upper()) 문은 "Hello There" 메시지를 출력합니다. (   )

9. print(a[:len(a)]) 문은 변수 a에 있는 문자의 일부를 출력합니다. (   )

10. 다음 코드는 단어 HELLO를 출력합니다. (   )

```
y = "hello there!"
print(y[:5].upper())
```

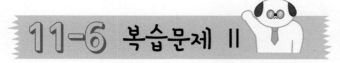

11-6 복습문제 II

다음 질문에 알맞은 답을 선택하세요.

1. 다음 중 문자열이 아닌 것을 고르시오.
   ① "Hello there!"
   ② "13"
   ③ "13.5"
   ④ 모두 문자열임

2. 문자열 Hello Zeus!에서 공백의 위치 번호를 고르시오.
   ① 6
   ② 5
   ③ 공백은 문자가 아님
   ④ 정답 없음

3. print(a[len(a) - 1]) 문은 무엇을 출력하는지 고르시오.
   ① 변수 a의 마지막 문자
   ② 변수 a의 뒤에서 두 번째 문자
   ③ 이 명령문은 잘못된 것임

4. a.replace(" ", "") 문은 무엇을 출력하는지 고르시오.
   ① 변수 a의 각 문자 사이에 공백을 추가함
   ② 변수 a의 모든 공백을 삭제함
   ③ 변수 a를 비움

5. 다음 코드가 출력하는 것을 고르시오.

```
a = ""
print(len(a))
```

   ① 없음
   ② 1
   ③ 0
   ④ 명령문이 잘못되었음
   ⑤ 정답 없음

6. 다음의 코드가 변수 Shakespeare에 할당하는 값을 고르시오.

```
to_be_or_not_to_be = "2b Or Not 2b"
Shakespeare = to_be_or_not_to_be.find("b")
```

   ① 1   ② 2
   ③ 6   ④ 정답 없음

7. 다음 코드가 하는 일은 무엇인지 고르시오.

```
a = "Hi there"
b = a[a.find(" ") + 1:]
```

   ① 문자열 Hi를 변수 b에 할당
   ② 공백 문자를 변수 b에 할당
   ③ 문자열 there를 변수 b에 할당
   ④ 정답 없음

다음 문제를 해결하세요.

1. 사용자에게 자신의 이름을 Mr., Mrs., Ms., Dr.와 같은 타이틀과 함께 first name, middle name, last name을 입력 받아 다음과 같은 순서로 출력하는 파이썬 프로그램을 작성하세요.

> Title FirstName MiddleName LastName
> FirstName MiddleName LastName
> LastName, FirstName
> LastName, FirstName MiddleName
> LastName, FirstName MiddleName, Title
> FirstName LastName

예를 들어, 사용자가 다음과 같이 입력하였습니다.

> First name: Aphrodite
> Middle name: Maria
> Last name: Boura
> Title: Ms.

프로그램은 다음과 같이 이름을 출력합니다.

> Ms.Aphrodite Maria Boura
> Aphrodite Maria Boura
> Boura, Aphrodite
> Boura, Aphrodite Maria
> Boura, Aphrodite Maria, Ms.
> Aphrodite Boura

2. 4개의 문자로 구성된 임의의 단어를 생성하고 출력하는 파이썬 프로그램을 작성하세요. 이때, 첫 번째 문자는 반드시 대문자이어야 합니다.

3. 사용자의 영문 이름을 입력 받아 이름에서 3개의 문자를 임의로 추출하고 4자리 난수와 함께 비밀번호를 생성하는 파이썬 프로그램을 작성하세요. 예를 들어, 사용자가 Yuna Lee라고 입력하면 비밀번호는 yle1359, uay7281, ean1459 등이 생성될 수 있습니다.(단, 공백 문자는 허용되지 않습니다.)

11-8 복습문제 Ⅳ

다음 질문에 알맞은 답을 적어 보세요.

1. 컴퓨터 과학에서 함수와 메서드가 무엇인지 설명하세요.

2. 파이썬에서 '슬라이싱(Slicing)'은 무엇인가요?

3. '메서드 연결'은 무엇을 의미하는지 기술하세요.

4. '함수 중복(Nest a function)'은 무엇을 의미하는지 기술하세요.

12 질문 만들기

12-1 시작하기

우리가 지금까지 배운 것은 전부 프로그램 내에 명령문이 기술된 순서대로 실행되는 순차 구조였습니다. 그러나 실제 사용되는 파이썬 프로그램에서는 명령문이 순차적으로 실행되는 경우가 자주 등장하지 않습니다. 경우에 따라 실행되는 명령문이 다른 프로그램이 대다수입니다.

 **참고** 선택 구조에서는 질문에 대한 답에 따라서 특정 명령문이나 명령문 블록의 실행 여부가 결정됩니다.

12-2 간단한 질문 만들기

변수 x에 5가 할당되어 있다고 가정합시다. 이 상태에서 'x가 2보다 큰가?'라고 질문하면 답은 'yes'가 될 것입니다. 컴퓨터에서는 이러한 질문을 '부울식'이라고 합니다. 예를 들어, x > 2라고 기술한 식을 부울식이라고 하며, 컴퓨터는 x > 2이 True(참)인지 False(거짓)인지를 검사하게 됩니다.

간단한 부울식은 다음과 같은 형식으로 사용합니다.

피연산자1	비교 연산자	피연산자2

피연산자1과 피연산자2는 값, 변수 또는 수식이 될 수 있습니다. 비교 연산자는 [표 12-2-1]과 같습니다.

비교 연산자	기능
==	같음(할당이 아님)
!=	같지 않음
>	크다
<	작다
>=	크거나 같다
<=	작거나 같다

[표 12-2-1] 파이썬의 연산자 비교

다음은 부울식의 예입니다.

- x > y : 이 식은 컴퓨터에게 질문하며 'x가 y 보다 큰가?'라고 읽습니다.
- x != 3 * y + 4 : 이 식도 역시 컴퓨터에게 질문하며 'x가 식 3 * y + 4의 연산 결과와 같지 않은가?'라고 읽습니다.
- s == "Hello" : 이 식은 's가 단어 Hello와 같은가?' 라고 읽을 수 있으며, 또한 's가 단어 Hello를 가지고 있는가?'로 읽을 수도 있습니다.
- x == 5 : 이 식은 'x가 5와 같은가?'로 읽을 수 있습니다.

참고 초보 프로그래머가 파이썬 프로그램을 작성할 때 가장 많이 실수하는 것이 바로 할당 연산자(=)와 등가 연산자(==)를 혼동하는 것입니다. 예를 들어, x == 5를 사용해야 하는 곳에서 x = 5를 사용하는 실수를 가장 많이 합니다.

💡 기억하기

부울식은 질문하는 의미하며 '특정 값이 또 다른 값보다 크거나 작거나 같은가?'로 읽어야 하며, 그 답은 '예(Yes)'나 '아니오(No)'입니다(또는 True나 False입니다.).

부울식이 값(True나 False)을 반환하면 그 값을 바로 변수에 할당할 수 있습니다. 다음 예를 살펴봅시다.

```
a = x > y
```

이 식은 변수 a에 True나 False 값을 할당합니다. 이 식은 '변수 x의 값이 변수 y의 값보다 크면 변수 a에 True를 할당하고 그렇지 않으면 False를 할당한다.'고 읽을 수 있습니다. 다음 예는 화면에 True를 출력합니다.

```
x = 8
y = 5

a = x > y
print(a)
```

예제 12.2.1
표 채우기

변수 a와 b의 값에 따라 True나 False를 표에 기술하세요.

a	b	a == 10	b <= a
3	-5		
10	2		
4	2		
-4	-2		
10	10		
2	10		

해설

앞의 표에 대해 간단히 설명하면 다음과 같습니다.

- 부울식 a == 10은 변수 a의 값이 10일 때만 True가 됩니다.
- 부울식 b <= a는 b가 a와 같거나 더 작을 때 True가 됩니다.

답은 다음과 같습니다.

a	b	a == 10	b <= a
3	-5	False	True
10	2	True	True
4	2	False	True
-4	-2	False	False
10	10	True	True
2	10	False	False

12-3 논리 연산자와 복합 질문

간단한 부울식으로 더 복잡한 질문을 생성할 수 있습니다. 이 경우 다음과 같이 기술합니다.

부울식1	논리 연산자	부울식2

부울식1과 부울식2은 더 간단한 부울식이 될 수 있습니다. 논리 연산자는 [표 12-3-1]과 같습니다.

논리 연산자
and
or
not

[표 12-3-1] 파이썬의 논리 연산자

참고 위와 같이 간단한 부울식이 논리 연산자로 연결되면 전체 식을 '복합 부울식'이라고 합니다. 예를 들어 x == 3 and y > 5는 복합 부울식입니다.

and 연산자

2개의 간단한 부울식 사이에 and 연산자를 사용하면 2개의 부울식들이 모두 True일 때만 전체 복합 부울식의 결과가 True가 됩니다.

우리는 진리표(Truth table)를 사용하여 이 정보를 표현할 수 있습니다. 진리표는 2개나 그 이상의 간단한 부울식의 모든 가능한 조합에 대한 논리 연산 결과를 보여줍니다. and 연산자의 진리표는 다음과 같습니다.

부울식1	부울식2	부울식1 and 부울식2
False	False	False
False	True	False
True	False	False
True	True	True

아직 이해가 잘 안되나요? 그러면 다음 예를 살펴봅시다.

name == "John" and age > 5

이 식은 변수 name이 단어 'John'을 저장하고 있고 변수 age가 5보다 큰 값을 저장하고 있을 때만 결과가 True입니다. 2개의 부울식이 모두 True이어야 합니다. 만약 적어도 2개 중 1개의 부울식이 False라면, 예를 들어 변수 age에 저장된 값이 3이면 전체 복합 부울식은 False입니다.

or 연산자

2개의 간단한 부울식 사이에 or 연산자를 기술하면 2개의 부울식 중 첫 번째나 두 번째 부울식 중 최소한 하나는 True이어야 전체 복합 부울식이 True가 됩니다. or 연산자의 진리표는 다음과 같습니다.

부울식1	부울식2	부울식1 and 부울식2
False	False	False
False	True	True
True	False	True
True	True	True

다음의 식을 살펴봅시다.

name == "John" or name == "George"

이 식은 변수 name이 단어 'John'을 저장하고 있거나 단어 'George'를 기억하고 있으면 True입니다. 최소한 1개의 부울식이 True이어야 합니다. 만약 두 부울식 모두 False라면, 예를 들어 변수 name에 'Maria'가 저장되어 있다면, 전체 복합 부울식은 False입니다.

not 연산자

부울식 앞에 not 연산자를 사용하면, 부울식이 True일 때 전체 복합 부울식은 False가 되고, 부울식이 False일 때 전체 복합 부울식은 True가 됩니다. not 연산자의 진리표는 다음과 같습니다.

부울식	not 부울식
False	True
True	False

다음 식을 살펴봅시다.

not age > 5

이 식은 변수 age가 5보다 작은 값을 저장하고 있다면 True입니다. 예를 들어, 만약 변수 age가 6을 기억하고 있으면 전체 복합 부울식은 False가 됩니다.

💡 기억하기

논리 연산자 not은 부울식의 결과를 반대로 출력합니다.

12-4 파이썬의 멤버십 연산자

파이썬에서는 특정 시퀀스에 어떤 값이 존재하는 여부를 판단하기 위해 멤버십 연산자를 사용합니다. 파이썬에는 [표 12-4-1]과 같이 2개의 멤버십 연산자가 있습니다.

멤버십 연산자	기능
in	특정 시퀀스 내에 지정된 값이 있으면 True를 반환합니다. 아니면 False를 반환합니다.
not in	특정 시퀀스 내에 지정된 값이 없으면 True를 반환합니다. 아니면 False를 반환합니다.

[표 12-4-1] 파이썬의 멤버십 연산자

다음은 멤버십 연산자를 사용하는 부울식의 예입니다.

- x in [3, 5, 9] : 이 식은 'x가 3이나 5나 9인가?'라고 읽을 수 있습니다. 이 식은 또한 다음과 같이 기술할 수도 있습니다.

$$x == 3 \text{ or } x == 5 \text{ or } x == 9$$

- x in "ab" : 이 식은 'x가 문자 a 또는 문자 b 또는 문자 ab와 같은가?'라고 읽을 수 있습니다. 이 식은 또한 다음과 같이 기술할 수도 있습니다.

$$x == "a" \text{ or } x == "b" \text{ or } x == "ab"$$

- x in ["a", "b"] : 이 식은 'x가 문자 a 또는 문자 b와 같은가?'라고 읽을 수 있습니다. 이 식은 또한 다음과 같이 기술할 수 있습니다.

$$x == "a" \text{ or } x == "b"$$

- x not in ["a", "b"] : 이 식은 'x가 문자 a와 같지 않거나 문자 b와 같지 않은가?'라고 읽을 수 있습니다. 또한 이 식은 다음과 같이 기술할 수 있습니다.

$$not(x == "a" \text{ or } x == "b")$$

12-5 논리 연산자의 우선순위

좀 더 복잡한 부울식은 다음과 같이 여러 개의 부울식을 사용할 수 있습니다.

name == "Peter" or age > 10 and not name == "Maria"

이 경우 어떤 논리 연산자가 먼저 실행될지 연산의 우선순위를 알아야 합니다. 파이썬의 논리 연산자는 대부분의 다른 프로그래밍 언어들과 동일한 우선순위를 따릅니다. 연산의 우선순위는 다음과 같습니다. not 연산자가 가장 먼저 실행되고 그 다음에 and 연산자가 실행되며, or 연산자가 가장 마지막에 실행됩니다.

높은 우선순위 ⬆ 낮은 우선순위	논리 연산자
	not
	and
	or

💡 **기억하기**

괄호를 사용하여 연산의 우선순위를 변경할 수 있습니다.

12-6 산술, 비교, 논리 연산자의 우선순위

하나의 식은 대부분 여러 가지 다른 형식의 연산자로 구성됩니다. 다음의 예를 살펴봅시다.

a * b + 2 > 21 or not(c == b / 2) and c > 13

다음 표에서 보듯이 산술 연산이 가장 먼저 실행되고, 그 다음에 비교 연산이 실행된 후 마지막에 논리 연산이 실행됩니다.

높은 우선순위 ⬆ 낮은 우선순위		
	산술 연산자	**
		*, /
		+, -
	비교와 멤버십 연산자	<, <=, >, >=, ==, !=, in, not in
	논리 연산자	not
		and
		or

예제 12.6.1
표 채우기

변수 a, b, c의 값에 따라 다음 테이블에 True나 False를 기술하세요.

a	b	c	a > 2 or c > b and c > 2	not(a > 2 or c > b and c > 2)
1	-5	7		
-4	-2	-9		

해설

복합 부울식의 연산 결과를 계산하기 위해서 다음과 같은 그림을 사용할 수 있습니다.

여기서는 a = 1, b = -5, c = 7로 가정합니다.

→ 최종 결과는 True입니다.

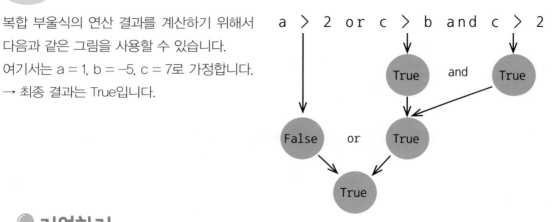

기억하기

and 연산자는 or 연산자 보다 연산의 우선순위가 높으므로 먼저 실행됩니다.

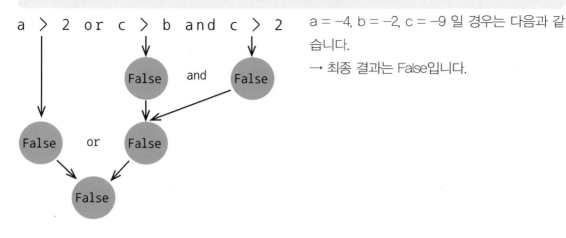

a = -4, b = -2, c = -9 일 경우는 다음과 같습니다.

→ 최종 결과는 False입니다.

not 연산자가 있다는 차이점만 있을 뿐, 표의 4번째 열과 5번째 열의 부울식이 같기 때문에 4번째 열의 결과를 알면 5번째 열의 결과를 쉽게 알 수 있습니다. 따라서 다섯 번째 열은 네 번째 열의 결과의 반대 값을 기술하면 됩니다.

최종 결과 진리표는 다음과 같습니다.

a	b	c	a > 2 or c > b and c > 2	not(a > 2 or c > b and c > 2)
1	-5	7	True	False
-4	-2	-9	False	True

12-7 문장을 부울식으로 변환하기

일상적인 문장을 부울식으로 변환시켜 봅니다. 예를 들어, 선생님이 자신이 말한 문장에 해당되는 나이의 학생들에게 손을 들도록 했습니다. 선생님이 말한 문장은 다음과 같습니다.

- 9살에서 12살인 학생
- 8살이 안 되었거나 11살이 넘은 학생
- 8살, 10살, 12살인 학생
- 6살에서 8살 사이와 10살에서 12살 사이인 학생
- 10살이나 12살이 아닌 학생

위 조건에 맞는 부울식을 만들기 위해서 'age'라는 변수를 사용합시다.

- 9살에서 12살인 학생

  '9살에서 12살'이라는 문장을 다음과 같이 그림으로 표현할 수 있습니다.

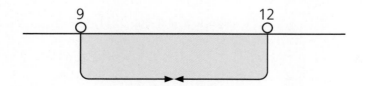

이때, 한 가지 조심할 것은 수학에서는 9 ≤ age ≤ 12와 같이 기술하지만 파이썬에서는 아래와 같은 방식으로 기술합니다.

$$9 <= age <= 12$$

하지만 대부분의 프로그래밍 언어에서 위의 부울식은 올바른 것이 아닙니다. 다음과 같이 부울식을 2개 나누어 기술합니다.

$$age >= 9 \ and \ age <= 12$$

파이썬을 포함하여 대부분의 프로그래밍 언어에서는 위와 같이 기술하는 것이 가장 올바른 예입니다. 예를 들어, 변수 age의 값이 7, 8, 13, 17이면 결과는 False가 됩니다. 반면에 변수 age의 값이 9, 10, 11, 12이면 결과는 True가 됩니다.

■ 8살이 안 되었거나 11살이 넘은 학생

'8살이 안 되었거나 11살이 넘은'이라는 문장은 다음과 같이 그림으로 표현할 수 있습니다.

 이전 풀이와 다르게 이 그림에는 2개의 작은 원이 없습니다. 이것은 해당 값은 범위에 포함되지 않는다는 것을 의미합니다.

'8살이 안 되었거나 11살이 넘은'이라는 문장을 조심해야 합니다. 다음과 같이 잘못 기술할 수 있습니다.

$$age < 8 \ and \ age > 11$$

이 지구상에 8살이 안되었으면서 동시에 11살이 넘은 사람은 아무도 없습니다! 함정은 '되었거나'라는 단어에 있습니다. 올바른 부울식은 다음과 같습니다.

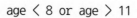

$$age < 8 \text{ or } age > 11$$

예를 들어, 변수 age의 값이 8, 9, 10, 11이면 결과는 False이고 반면에 변수 age의 값이 6, 7, 12, 15이면 결과는 True가 됩니다. 잘못하면 다음과 같이 기술할 수도 있습니다.

$$8 > age > 11$$

이 식도 2개의 부울식으로, 기술하면 다음과 같습니다.

$$age < 8 \text{ and } age > 11$$

우리는 이미 이 식이 잘못된 식이라는 것을 잘 알고 있습니다.

■ 8살, 10살, 12살인 학생

'8살, 10살, 12살인' 문장은 다음과 같이 and 연산자로 기술하면 안됩니다.

$$age == 8 \text{ and } age == 10 \text{ and } age == 12$$

나이가 8살이면서 동시에 10살이기도 하고 12살이기도 한 사람은 없습니다. 이 문장은 다음과 같이 or 연산자를 사용해서 올바르게 표현할 수 있습니다.

$$age == 8 \text{ or } age == 10 \text{ or } age == 12$$

예를 들어, 변수 age의 값이 7, 9, 11, 13이면 결과는 False가 됩니다. 반면에 변수 age의 값이 8, 10, 12이면 결과는 True가 됩니다. 파이썬에서는 이 식을 다음과 같이 기술해도 됩니다.

$$age \text{ in } [8, 10, 12]$$

■ 6살에서 8살 사이와 10살에서 12살 사이인 학생

'6살에서 8살 사이와 10살에서 12살 사이'라는 문장을 그림으로 표현하면 다음과 같습니다.

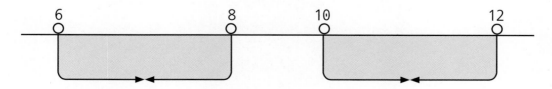

이 문장의 부울식은 다음과 같습니다.

age >= 6 and age <= 8 or age >= 10 and age <= 12

예를 들어, 변수 age의 값이 5, 9, 13, 16이면 결과는 False입니다. 그러나 변수 age의 값이 6, 7, 8, 10, 11, 12이면 결과는 True입니다.
파이썬에서는 이 부울식을 다음과 같이 기술할 수도 있습니다.

6 <= age <= 8 or 10 <= age <= 12

■ 10살이나 12살이 아닌 학생

다음과 같이 '10살이나 12살이 아닌'을 부울식으로 기술할 수 있습니다.

age != 10 and age != 12

파이썬에서는 이 부울식을 다음과 같이 기술해도 됩니다.

age not in [10, 12]

 기억하기

그림에서 범위를 표시하는 화살표의 방향이 서로 마주보면 and 연산자를 사용해야 하고 서로 다른 방향을 가리키면 or 연산자를 사용해야 합니다.

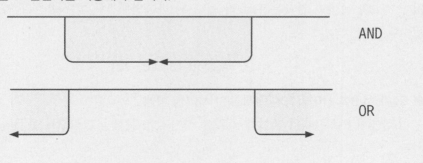

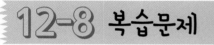

12-8 복습문제 |

다음 문장을 읽고 맞으면 O, 틀리면 X로 표시하세요.

1. 부울식은 항상 결과값이 2개의 값 중 하나입니다. (   )

2. 부울식은 최소한 1개의 논리 연산자를 포함합니다. (   )

3. 파이썬에서 x = 5은 변수 x가 5와 같은가를 검사합니다. (   )

4. a = b == c은 올바른 파이썬의 식이 아닙니다. (   )

5. 부울식 b < 5은 변수 b가 5이거나 5보다 작은가를 검사합니다. (   )

6. 서로 다른 값을 가진 2개의 부울식이 or 연산자로 결합되면 결과는 항상 True입니다. (   )

7. 부울식 c == 3 and d > 7은 복합 부울식입니다. (   )

8. 부울식의 2개 피연산자가 True일 때 or 연산자의 결과는 True입니다. (   )

9. 변수 x가 5 이외의 값을 가지고 있으면 not(x == 5)의 결과는 True입니다. (   )

10. not 연산자는 논리 연산자 중에서 연산의 우선순위가 가장 높습니다. (   )

11. or 연산자는 논리 연산자 중에서 연산의 우선순위가 가장 낮습니다. (   )

12. 부울식 x > y or x == 5 and x <= z에서 and 연산은 or 연산 보다 먼저 실행됩니다. (   )

13. 부울식 a * b + c > 21 or c == b / 2에서 변수 c가 21보다 큰지를 가장 먼저 검사합니다. (   )

14. 나이가 8살보다 적고 11살보다 많은 학생을 찾으려면 부울식은 8 > a > 11을 사용해야 합니다. (   )

15. 부울식 x < 0 and x > 100은 x의 모든 값에 대해 False가 됩니다. (   )

16. 부울식 x > 0 or x < 100은 모든 x 값에 대해 True입니다. (   )

17. 부울식 x > 5은 not(x < 5)와 동일합니다. (   )

18. 햄릿은 "To be, or not to be: that is the question:..."이라 말합니다. 이를 부울식으로 기술하면 다음과 같습니다.

     to_be or not to_be

   이 대사를 표현한 다음 코드는 항상 True입니다. (   )

```
to_be = 1 > 0
result = to_be or not to_be
```

19. 부울식 not(not(x > 5))은 x > 5과 동일한 의미입니다. (   )

다음 질문에 알맞은 답을 선택하세요.

1. 비교 연산자가 아닌 것을 고르시오.

   ① >=

   ② =

   ③ <

   ④ 모두 비교 연산자임

2. 파이썬 논리 연산자가 아닌 것을 고르시오.

   ① nor

   ② not

   ③ 모두 논리 연산자임

   ④ 정답 없음

3. 변수 x의 값이 5이면 y = x > 1은 변수 y에 어떤 값을 할당하는지 고르시오.

   ① True

   ② False

   ③ 정답 없음

4. 변수 x의 값이 5이면 y = x < 2 or x == 5은 변수 y에 어떤 값을 할당하는지 고르시오.

   ① True

   ② False

   ③ 정답 없음

5. 연구실의 온도는 화씨 50도와 80도 사이여야 합니다. 이 조건을 올바르게 표현한 부울식을 고르시오.

   ① t >= 50 or t <= 80

   ② 50 < t < 80

   ③ t >= 50 and t <= 80

   ④ t > 50 or t < 80

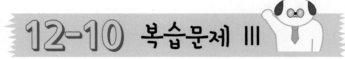

다음 문제를 해결하세요.

1. 연관 있는 단어끼리 서로 연결하세요.

연산자	기호
1. 논리 연산자	a. +=
2. 산술 연산자	b. and
3. 비교 연산자	c. ==
4. 할당 연산자	d. or
	e. >=
	f. not
	g. =
	h. *=
	i. /

2. 변수 a, b, c의 값에 따라 표에 True나 False를 기술하세요.

a	b	c	a != 1	b > a	c / 2 > 2 * a
3	-5	8			
1	10	20			
-4	-2	-9			

3. 2개의 부울식에 따라 표에 True나 False를 기술하세요.

부울식1	부울식1	식1 or 식2	식1 and 식2	not(식2)
False	False			
False	True			
True	False			
True	True			

4. 변수 a, b, c의 값에 따라 표에 True나 False를 기술하세요.

a	b	c	a > 3 or c > b and c > 1	a > 3 and c > b or c > 1
4	-6	2		
-3	2	-4		

5. x = 4, y = -2, flag = True일 때 표에 알맞은 값을 기술하세요.

식	값
(x + y) ** 3	
(x + y) / (x ** 2 - 14)	
(x - 1) == y + 5	
x > 2 and y == 1	
x == 1 or not(flag == False)	

6. 변수 age를 사용해서 다음 내용을 부울식으로 표현하세요.

① 12살보다 어린 학생들 중 8살은 제외

② 6~9살 사이의 학생과 11살인 학생

③ 7살이 넘는 학생들 중 10살과 12살은 제외

④ 6살, 9살, 11살인 학생

⑤ 6~12살 사이의 학생들 중 8살은 제외

⑥ 7살도 아니고 10살도 아닌 학생

다음 질문에 알맞은 답을 적어 보세요.

1. 부울식이란 무엇인가요?

2. 파이썬이 제공하는 비교 연산자는 무엇이 있나요?

3. 논리 연산자 and는 언제 'True'을 반환하나요?

4. 논리 연산자 or는 언제 True 값을 반환하나요?

5. 논리 연산자의 연산의 우선순위를 기술하세요.

6. 산술, 비교, 멤버십, 논리 연산자의 연산의 우선순위를 기술하세요.

13 질문하기 – if 구조

13-1 if 구조

다음은 간단한 선택 구조입니다. True일 때, 1개의 명령문 또는 명령문 블록이 존재합니다.

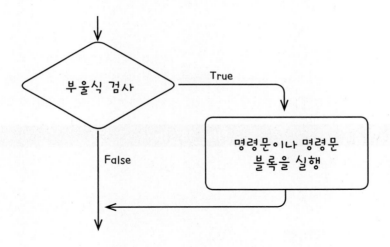

부울식의 결과가 True면 이 구조 내의 명령문이나 명령문 블록이 실행됩니다. True가 아니면 명령문을 건너뜁니다. 이 파이썬 명령문의 일반적인 형식은 다음과 같습니다.

```
if 부울식 :

    # 여기에
    # 1개의 명령문이나 명령문 블록을 기술
```

다음 예에서 'You are underage!(당신은 미성년자입니다!)'라는 메시지는 18보다 적은 나이를 입력했을 때만 출력됩니다. 그러나 18 이상의 나이를 입력하면 아무것도 출력하지 않습니다.

file_13_1a

```
age = int(input("Enter your age "))


if age < 18:
    print("You are underage!")
```

 참고 print( ) 문은 오른쪽으로 4칸 들여쓰기 된다는 점을 유의하세요.

다음 예에서는 18보다 적은 나이를 입력했을 때 'You are underage!(당신은 미성년자입니다!)' 와 'You have to wait for a few more years.(몇 년 더 기다려야 해요.)'라는 메시지를 출력합니다. 앞 프로그램과 마찬가지로 18 이상의 나이를 입력하면 아무것도 출력되지 않습니다.

file_13_1b

```
age = int(input("Enter your age: "))

if age < 18:
    print("You are underage!")
    print("You have to wait for a few more years.")
```

다음 예에서 'You are the King of the Gods!(당신은 신들의 왕입니다!)'라는 메시지는 사용자 가 'Zeus'이라고 입력했을 때만 출력됩니다. 'You live on Mount Olympus.(당신은 올림푸스 산 에 삽니다.)'라는 메시지는 무엇을 입력 받아도 항상 출력됩니다.

file_13_1c

```
name = input("Enter the name of an Olympian: ")
```

```
if name == "Zeus":
    print("You are the King of the Gods!")

print("You live on Mount Olympus.")
```

참고

One
초보 프로그래머가 자주 저지르는 실수 중의 하나가 할당 연산자인 '='와 등가 연산자인 '=='을 혼돈하는 것입니다. 예를 들어, if name == "Zeus"라고 입력해야 하는데 if name = "Zeus"로 입력하는 실수를 합니다.

Two
마지막 print( ) 문은 들여쓰기 하지 않았습니다. 즉, if 구조 블록에 속하지 않습니다.

Three
파이썬은 강제로 들여쓰기를 하는 첫 번째 프로그래밍 언어 중 하나입니다. 파이썬은 들여쓰기를 통해 명령문들이 특정 그룹에 속한다는 것을 표시합니다. 들여쓰기가 된 그 그룹을 명령문 블록 또는 코드 블록이라고 합니다. 다른 언어와 달리 파이썬에서는 들여쓰기가 필수입니다. 특정 블록에 속하는 명령문은 반드시 들여쓰기가 되어야 합니다. 예를 들어 if 구조 내에 나타나는 모든 명령문은 반드시 왼쪽에 동일한 개수의 공백이 있어야 합니다. 그렇지 않으면 그 명령문은 if 구조 블록의 일부가 아닌 것으로 간주되며 오류가 발생할 수 있습니다. if 구조 블록은 다음과 같은 간단한 2개의 문법이 있습니다.

· if 구조 블록의 첫 번째 라인은 항상 콜론(:)으로 끝나야 한다.
· 첫 번째 라인 아래의 코드들은 들여쓰기가 되어야 한다.

Four
파이썬 공식 웹 사이트는 4개의 공백을 들여쓰기에 사용할 것을 권합니다. 더 많은 정보를 원하면 다음 주소를 방문하세요!

https://www.python.org/dev/peps/pep-0008

예제 13.1.1

무엇이 출력되는지 맞추기

다음 파이썬 프로그램을 실행할 때마다 다른 값을 입력하였을 때, 각 단계에서 변수 값을 확인해 보세요. 또한 화면에 출력되는 내용을 기술하세요. 첫 번째 실행할 때 입력 값은 6 이고, 두 번째 실행할 때 입력 값은 4입니다.

file_13_1_1

```python
x = int(input())


y = 5
if x * 2 > 10:
    y = x * 3
    x = x * 2


print(y, x)
```

해설

첫 번째 실행 : 입력 값이 6

   1. 변수 x에 6이 할당됩니다.

   2. 변수 y에 5가 할당됩니다.

3. 부울식 x * 2 > 10가 True가 됩니다.

4. if 구조 내에 있는 2개의 명령문이 실행됩니다.

5. 화면에 18과 12가 출력됩니다.

두 번째 실행 : 입력 값이 4

1. 변수 x에 4가 할당됩니다.

2. 변수 y에 5가 할당됩니다.

3. 부울식 x * 2 > 10이 False가 됩니다. 따라서 if 구조 내에 있는 2개의 명령문이 실행되지 않습니다.

4. 화면에 5와 4가 출력됩니다.

예제 13.1.2
운전 면허 취득이 가능한지 판단하기

사용자의 나이를 입력 받아 나이가 15세 이상이면 'You can drive a car in Kansas (USA) (당신은 미국 캔자스 주에서 운전할 수 있습니다.)'라는 메시지를 출력하는 파이썬 프로그램을 작성하세요.

해설

이 예제의 프로그램은 반드시 사용자에게 자신의 나이(소수점이 없는 정수)를 입력 받아야 하며 나이를 검사해서 메시지를 출력할지 여부를 판단해야 합니다. 이 문제의 프로그램은 다음과 같습니다.

file_13_1_2

```
age = int(input("Enter your age: "))


if age >= 15:
    print("You can drive a car in Kansas (USA)")
```

예제 13.1.3
if 구조을 사용하여 최솟값과 최댓값을 출력하기

4명의 몸무게를 입력 받아 그 중 가장 가벼운 사람의 몸무게를 화면에 출력하는 파이썬 프로그램을 작성하세요.

해설

4명 중에서 가장 가벼운 사람의 몸무게를 알아내고자 합니다. 첫 번째 사람부터 몸무게를 입력합니다. 첫 번째 사람의 몸무게를 저장합니다. 두 번째 사람의 몸무게를 입력 받아 첫 번째 사람의 몸무게와 비교합니다. 두 번째 사람의 몸무게가 더 무겁다면 무시하고 더 가볍다면 첫 번째 사람의 몸무게를 대신 두 번째 사람의 몸무게를 저장합니다. 모든 사람을 처리할 때까지 이 과정을 계속할 것입니다. 이때, 사람들은 임의의 순서로 처리할 것입니다.

알고리즘의 이해를 쉽게하기 위해서 165, 170, 160, 180파운드를 예로 들어봅시다.

처리 절차	메모되어 있는 값
첫 번째 사람의 몸무게는 165파운드입니다. 이 몸무게를 변수 minimum에 저장합니다.	minimum = 165
두 번째 사람의 몸무게는 170파운드입니다. 이 몸무게는 첫 번째 사람의 몸무게보다 무거우므로 변수에 저장된 값은 변함이 없습니다.	minimum = 165
세 번째 사람의 몸무게는 160파운드입니다. 이 몸무게는 첫 번째 사람의 몸무게보다 가벼우므로 변수 minimum에 저장합니다.	minimum = 160
네 번째 사람의 몸무게는 180파운드입니다. 이 몸무게는 세 번째 사람의 몸무게보다 무거우므로 변수에 저장된 값은 변함이 없습니다.	minimum = 160

이제 이 처리 과정이 끝나면 변수 minimum에는 가장 가벼운 사람의 몸무게가 저장됩니다.

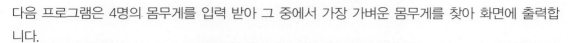

다음 프로그램은 4명의 몸무게를 입력 받아 그 중에서 가장 가벼운 몸무게를 찾아 화면에 출력합니다.

```
file_13_1_3a
w1 = int(input("Enter the weight of the 1st person: "))
w2 = int(input("Enter the weight of the 2nd person: "))
w3 = int(input("Enter the weight of the 3rd person: "))
w4 = int(input("Enter the weight of the 4th person: "))

#첫 번째 사람의 몸무게를 저장
minimum = w1

#두 번째 사람이 더 가벼우면
#이전 것을 지우고 이 몸무게를 저장
if w2 < minimum:
    minimum = w2

#세 번째 사람이 더 가벼우면
#이전 것을 지우고 이 몸무게를 저장
if w3 < minimum:
    minimum = w3

#네 번째 사람이 더 가벼우면
#이전 것을 지우고 이 몸무게를 저장
if w4 < minimum:
    minimum = w4

print(minimum)
```

참고

One

이 프로그램의 부울식에서 '〈' 연산자를 '〉' 연산자로 바꾸기만 하면 가장 무거운 몸무게를 찾을 수 있습니다.

Two

이 프로그램은 가장 작은 값을 찾고 있으나 가장 작은 값을 가지고 있는 변수를 찾는 것은 아닙니다.

하지만 다음과 같이 min( ) 함수를 사용하는 것이 더 파이썬다운 코드입니다.

```
                        file_13_1_3b
w1 = int(input("Enter the weight of the 1st person: "))

w2 = int(input("Enter the weight of the 2nd person: "))

w3 = int(input("Enter the weight of the 3rd person: "))

w4 = int(input("Enter the weight of the 4th person: "))


print(min(w1, w2, w3, w4))
```

예제 13.1.4

가장 몸무게가 무거운 사람의 이름 찾기

3명의 몸무게와 이름을 입력 받아 가장 무거운 사람의 몸무게와 이름을 출력하는 프로그램을 작성하세요.

해설

이 문제를 출기 위해서는 가장 무거운 사람의 몸무게와 이름을 저장할 변수를 추가로 사용해야 합니다. 프로그램은 다음과 같습니다.

```
file_13_1_4
w1 = int(input("Enter the weight of the 1st person: "))
n1 = input("Enter the name of the 1st person: ")

w2 = int(input("Enter the weight of the 2nd person: "))
n2 = input("Enter the name of the 2nd person: ")

w3 = int(input("Enter the weight of the 3rd person: "))
n3 = input("Enter the name of the 3rd person: ")


maximum = w1
m_name = n1          #몸무게가 가장 무거운 사람의 이름을 저장하는 변수

if w2 > maximum:
    maximum = w2
    m_name = n2      #더 무거운 사람이 있으면 그 사람 이름을 저장

if w3 > maximum:
    maximum = w3
    m_name = n3      #더 무거운 사람이 있으면 그 사람 이름을 저장

print("The heaviest person is", m_name)
print("His or her weight is", maximum)
```

 참고 만일 가장 무거운 사람이 2명이라면 먼저 처리된 사람의 이름과 몸무게가 출력됩니다.

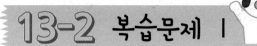
다음 문장을 읽고 맞으면 O, 틀리면 X로 표시하세요.

1. 일련의 명령문이 반드시 실행되어야 할 때 if 구조을 사용합니다. (   )

2. 다른 프로그래머가 자신의 프로그램을 더 쉽게 이해하게 하기 위해 if 구조을 사용합니다. (   )

3. if 구조 내의 명령문이 전혀 실행되지 않을 수도 있습니다. (   )

4. 다음 코드는 틀린 곳이 없습니다. (   )

```
if = 5
x = if + 5
print(x)
```

13-3 복습문제 Ⅱ

다음 질문에 알맞은 답을 선택하세요.

1. if 구조는 언제 사용되는지 고르시오.
   ① 명령문이 차례로 실행되어야 할 때
   ② 명령문이 실행되기 전에 선택이 필요할 때
   ③ 정답 없음
   ④ ①, ② 모두 정답

2. 다음 두 프로그램을 비교한 결과를 고르시오.
   ① 동일한 결과를 출력합니다.
   ② 동일한 결과를 출력하지 않습니다.

```
a = int(input())
if a > 40:
    print(a * 2)
if a > 40:
    print(a * 3)
```

```
a = int(input())
if a > 40:
    print(a * 2)
    print(a * 3)
```

3. 다음 프로그램에서 y += 1 문은 어떻게 실행되는지 고르시오.

```
if x == 3:
    x = 5
y += 1
```

① 변수 x의 값이 3일 때만 실행됩니다.
② 변수 x의 값이 5일 때만 실행됩니다.
③ 변수 x의 값이 3이 아닐 때만 실행됩니다.
④ 항상 실행됩니다.

4. 다음 코드에서 y += 1 문은 몇 번 실행되는지 고르시오.

```
x = y
if x != y:
    y += 1
```

① 항상 실행됩니다.
② 가끔 실행됩니다.
③ 실행되지 않습니다.

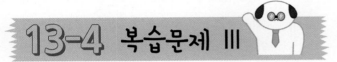

13-4 복습문제 Ⅲ

다음 문제를 해결하세요.

1. 다음 파이썬 프로그램에서 5개의 구문 오류를 찾아보세요.

```
x = float(input())

5 = y
if x * y / 2 > 20
    y =* 2
    x = 4 * x²

print(x  y)
```

2. 3을 입력하였을 때와 2를 입력하였을 때 각 단계의 변수 값과 출력 내용을 알아보세요.

```
x = int(input())


y = 2
if x * y > 7:
    y -= 1
    x -= 4


if x > 2:
    y += 10
    x = x ** 2


print(x, y)
```

3. 사용자에게 숫자를 입력 받아 그 숫자가 양수이면 'Positive(양수)' 라고 메시지를 출력하는 파이썬 프로그램을 작성하세요.

4. 사용자에게 2개의 숫자를 입력 받아 2개의 숫자가 모두 양수이면 'Positives(양수들)' 라는 메시지를 출력하는 파이썬 프로그램을 작성하세요.

5. 사용자에게 문자열을 입력 받아 문자열이 대문자만으로 구성된 경우에만 'Uppercase(대문자)'라는 메시지를 출력하는 파이썬 프로그램을 작성하세요.(이때, upper( ) 메서드를 사용하세요.)

6. 사용자에게 문자열을 입력 받아 문자열이 20개를 넘는 문자로 구성된 경우 'Many characters(문자가 많아요)'라는 메시지를 출력하는 파이썬 프로그램을 작성하세요. (이때, len( ) 메서드를 사용하세요.)

7. 사용자에게 3개의 숫자를 입력 받아 그 중 하나가 음수이면 'Among the given numbers, there is a negative one!(숫자들 중 음수가 하나 있어요!)'라는 메시지를 출력하는 프로그램을 작성하세요.

8. 도시의 3군데 장소에서 측정된 온도를 사용자에게 입력 받아 평균 온도가 화씨 60도를 넘으면 'Heat Wave(열풍)'이라는 메시지를 출력하는 파이썬 프로그램을 작성하세요.

9. 사용자에게 4명의 몸무게를 입력 받아 그 중 가장 무거운 몸무게를 찾아 화면에 출력하는 파이썬 프로그램을 작성하세요.

10. 사용자에게 4명의 나이와 이름을 입력 받아 그 중에서 가장 어린 사람의 이름을 화면에 출력하는 파이썬 프로그램을 작성하세요.

11. 사용자에게 3명의 나이를 입력하게 한 후, 그 중에서 가운데(중간) 나이를 화면에 출력하는 파이썬 프로그램을 작성하세요.

13-5 복습문제 IV

다음 질문에 알맞은 답을 적어 보세요.

1. 언제 들여쓰기를 해야 하나요?

2. 일반적인 형식의 if 구조를 사용하는 파이썬 명령문을 기술하고 이 구조가 실행되는 과정을 설명하세요.

14 질문하기 – if-else 구조

14-1 if-else 구조

이 구조는 또 하나의 선택 구조입니다. if 구조과는 다르게 True인 경우와 False인 경우 각각 1개 이상의 명령문 또는 명령문 블록을 가지고 있습니다.

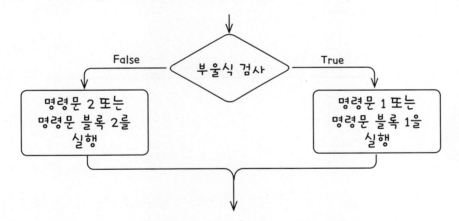

부울식이 True면 명령문 1 또는 명령문 블록 1이 실행됩니다. 그렇지 않으면 명령문 2 또는 명령문 블록 2가 실행됩니다.

일반적인 사용 형식은 다음과 같습니다.

```
if Boolean_Expression:
    #여기에
    #명령문 1 또는 명령문 블록 1이 기술됩니다.
```

```
else:
    #여기에
    #명령문 2 또는 명령문 블록 2가 기술됩니다.
```

다음 예에서 'You are adult!(당신은 성인입니다!)'라는 메시지는 사용자가 18 이상의 나이를 입력할 때 출력됩니다. 그렇지 않으면 'You are underage!(당신은 미성년자입니다!)'라는 메시지가 출력됩니다.

file_14_1

```
age = int(input("Enter your age: "))

if age >= 18:
    print("You are an adult!")
else:
    print("You are underage!")
```

 예제 14.1.1
출력 메시지 맞추기

다음 파이썬 프로그램이 3개의 다른 값을 입력 받아 실행시켰을 때 출력하는 메시지를 기술하세요. 이때, 3개의 입력 값은 3, −3, 0입니다.

```
a = int(input())
if a > 0:
    print("양수")
else:
    print("음수")
```

해설

1. 사용자가 3을 입력하면 부울식은 True가 되어 메시지 '양수'가 출력됩니다.
2. 사용자가 −3을 입력하면 부울식은 False가 되어 메시지 '음수'가 출력됩니다.
3. 사용자가 0을 입력하면 부울식은 False가 되고 메시지 '음수'가 출력됩니다.

참고 ▷ 이 프로그램에는 정확하지 않은 부분이 있습니다. 0은 음수가 아니지만 그렇다고 양수도 아닙니다. 이후에 우리는 '이 숫자는 0입니다'라는 세 번째 메시지를 출력하는 방법을 배울 것입니다.

예제 14.1.2
더 큰 값 찾기

사용자에게 두 수를 입력 받아 두 수 중 큰 값을 출력하는 파이썬 프로그램을 작성하세요. 이때, 두 수는 서로 다른 값을 입력 받습니다.

해설

이 문제는 if 구조이나 if-else 구조을 활용해서 풀 수 있습니다. 또한 더 파이썬다운 세 번째 해결 방법도 있습니다.

첫 번째 방법 : if-else 구조 활용하기
이 방법은 두 번째 숫자가 첫 번째 숫자보다 큰가를 검사해서 두 번째 숫자가 큰 값이면 두 번째 숫자를 출력하고 아니면 첫 번째 숫자를 출력합니다.

```
                          file_14_1_2a
a = float(input("Enter number A: "))
b = float(input("Enter number B: "))


if b > a:
    maximum = b
else:
    maximum = a


print("Greatest value:", maximum)
```

두 번째 방법 : if 구조 활용하기

이 방법은 먼저 첫 번째 숫자를 가장 큰 값으로 간주하여 변수 a의 값을 변수 maximum에 할당합니다. 만약 두 번째 숫자가 첫 번째 숫자보다 크다면 변수 maximum에 변수 b 값이 할당됩니다. 어떤 경우에도 변수 maximum에는 두 수 중 가장 큰 값이 저장됩니다.

```
                          file_14_1_2b
a = float(input())
b = float(input())


maximum = a
if b > a:
    maximum = b


print("Greatest Value:", maximum)
```

세 번째 방법 : 파이썬다운 방법

이 방법이 가장 간단하며 선택 구조를 사용하지 않습니다. 다음과 같이 파이썬이 제공하는 max( ) 함수를 사용합니다.

```
                        file_14_1_2c

a = float(input())
b = float(input())


maximum = max(a, b)
print("Greatest Value:", maximum)
```

예제 14.1.3
갤런과 리터 변환하기

다음과 같은 조건을 출력하면 사용자가 선택하는 파이썬 프로그램을 작성하세요.

1. 갤런을 리터로 변환하세요.
2. 리터를 갤런으로 변환하세요.

이 프로그램에서는 사용자에게 조건 1 또는 2를 선택하게 하고 그 다음 양을 입력 받습니다. 조건에 따라 값을 값을 계산해서 출력해야 합니다. 이때, 1 갤런은 3.785 리터입니다.

해설

파이썬 프로그램은 다음과 같습니다.

```
                        file_14_1_3

COEFFICIENT = 3.785


print("1: Gallons to liters")
print("2: Liters to gallons")
choice = int(input("Enter choice: "))
```

```
quantity = float(input("Enter quantity: "))

if choice == 1:
    result = quantity * COEFFICIENT
    print(quantity, "gallons =", result, "liters")
else:
    result = quantity / COEFFICIENT
    print(quantity, "liters =", result, "gallons")
```

 14-2 복습문제 |

다음 문장을 읽고 맞으면 O, 틀리면 X로 표시하세요.

1. if-else 구조 내의 명령문이 전혀 실행되지 않을 수도 있습니다. ( )

2. if-else 구조는 반드시 최소한 2개의 명령문을 가져야 합니다. ( )

3. 다음 명령문은 문법적으로 올바릅니다. ( )

```
else = 2
```

4. if-else 구조에서 부울식은 2개 이상의 값을 반환할 수 있습니다. ( )

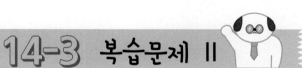

14-3 복습문제 II

다음 질문에 알맞은 답을 선택하세요.

1. 다음 2개 프로그램은 어떤 결과를 출력하는지 고르시오.

```python
a = int(input())
if a > 40:
    a += 1
    print(a * 2)
else:
    a += 1
    print(a * 3)
```

```python
a = int(input())
a += 1
if a > 40:
    print(a * 2)
else:
    print(a * 3)
```

① 동일한 결과를 출력합니다.
② 동일한 결과를 출력하지 않습니다.

2. 다음 2개 프로그램은 어떤 결과를 출력하는지 고르시오.

```python
a = int(input())

if a > 40:
    print(a * 2)
else:
    print(a * 3)
```

```python
a = int(input())

if a > 40:
    print(a * 2)
if a <= 40:
    print(a * 3)
```

① 동일한 결과를 출력합니다.
② 동일한 결과를 출력하지 않습니다.
③ 정답 없음

3. 다음 프로그램에서 x=0은 언제 실행되는지 고르시오.

```python
if x > 5:
    x = 0
else:
    x += 1
```

① 변수 x가 5보다 클 때
② 변수 x가 5보다 크거나 같을 때
③ 변수 x가 5보다 작을 때
④ 정답 없음

4. 다음 프로그램에서 x+=1은 언제 실행되는지 고르시오.

```python
if x > 0:
    x = 0
else:
    x += 1
```

① 변수 x가 음수일 때
② 변수 x가 0일 때
③ 변수 x가 0보다 작을 때
④ 모두 정답

5. 다음 프로그램에서 y+=1을 언제 실행되는지 고르시오.

```
if x == 3:
    x = 5
else:
    x = 7
y += 1
```

① 변수 x가 3일 때
② 변수 x가 3이 아닌 값을 가지고 있을 때
③ 모두 정답

14-4 복습문제 Ⅲ

다음 문제를 해결하세요.

1. 0을 입력하였을 때와 1.5를 입력하였을 때 각 단계의 변수 값과 출력 내용을 알아보세요.

```
a = float(input())
if a >= 1:
    a = 5
else:
    a = 1
print(a)
```

2. 3을 입력하였을 때와 0.5를 입력하였을 때 각 단계의 변수 값과 출력 내용을 알아보세요.

```
a = float(input())
z = a * 3 - 2
if z >= 1:
    y = 6 * a
else:
    z += 1
    y = 6 * a + z
print(z, y)
```

3. if−else를 활용해서 파이썬 프로그램을 작성하세요. 이 프로그램은 사용자에게 숫자를 입력받아 그 숫자가 100을 넘으면 그 사실을 알리는 메시지를 출력해야 합니다.

4. if−else를 활용해서 파이썬 프로그램을 작성하세요. 이 프로그램은 사용자에게 숫자를 입력받아 그 숫자가 0에서 100 사이의 값이면 그 사실을 알리는 메시지를 출력해야 합니다.

5. if−else를 활용해서 파이썬 프로그램을 작성하세요. 이 프로그램은 사용자에게 숫자를 입력받아 그 숫자가 4자리로 구성되었으면 그 사실을 알리는 메시지를 출력해야 합니다. (이때, 4자리 숫자는 1000~9999입니다.)

6. if−else를 활용해서 파이썬 프로그램을 작성하세요. 이 프로그램은 사용자에게 2개의 숫자를 입력 받아 그 중 더 작은 값을 찾아 화면에 출

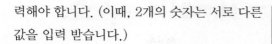

력해야 합니다. (이때, 2개의 숫자는 서로 다른 값을 입력 받습니다.)

7. 2004년 아테네 올림픽에서 육상 선수들이 3개 종목의 멀리 뛰기 예선에 참여했습니다. 출전 자격을 얻기 위해서는 평균 최소한 8미터를 멀리 뛰어야 합니다. 사용자가 선수별로 3번의 멀리 뛰기 기록을 입력하여 그 평균값이 8미터와 같거나 크면 'Qualified(통과)'라는 메시지를 그렇지 않으면 'Disqualified(탈락)'을 화면에 출력하는 파이썬 프로그램을 작성하세요.

15 질문하기 - if-elif 구조

15-1 if-elif 구조

if-elif 구조는 다음과 같이 선택의 개수가 많을 때 사용합니다.

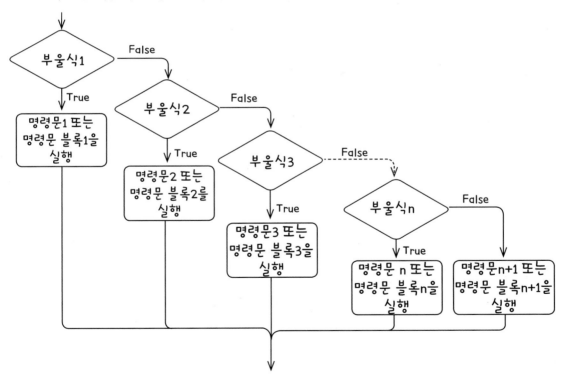

if-elif 구조가 시작되면 부울식 1이 실행됩니다. 부울식 1이 True면 그에 속한 명령문1 또는 명령문 블록1이 실행되고 나머지 명령문들은 건너뜁니다. 즉, 실행의 흐름은 if-elif 구조 뒤에 있는 명령문들로 이어집니다. 그러나 부울식 1이 False면 실행의 흐름은 부울식 2로 이동합니다. 부울식 2가 True면 그에 속한 명령문2 또는 명령문 블록2가 실행되고 나머지 명령문들을 건너 뜁니다. 이런 작업은 부울식이 True로 가거나 더 이상 실행할 부울식이 없을 때까지 계속됩니다. 가장 마지막의 명령문n+1 또는 명령문 블록n+1은 이전 부울식이 전부 True가 아닐 때만 실행됩니다. 또한 가장 마지막의 n+1번 명령문n+1 또는 명령문 블록n+1은 생략될 수도 있습니다. 어떤 알고리즘을 사용하는가에 따라 달라집니다.

일반적인 형식은 다음과 같습니다.

```
if Boolean_Expression_1:
    #명령문1 또는 명령문 블록1을 기술
elif Boolean_Expression_2:
    #명령문2 또는 명령문 블록2을 기술
elif Boolean_Expression_3:
    #명령문3 또는 명령문 블록3을 기술
    .
    .
    .
elif Boolean_Expression_N:
    #명령문n 또는 명령문 블록n을 기술
else:
    #명령문n+1 또는 명령문 블록n+1을 기술
```

 참고 elif는 'else if'의 약자입니다.

다음 예를 살펴봅시다.

file_15_1

```
name = input("What is your name?")

if name == "John":
    print("You are my cousin!")
elif name == "Aphrodite":
    print("You are my sister!")
```

```
elif name == "Loukia":
    print("You are my mom!")
else:
    print("Sorry, I don't know you.")
```

예제 15.1.1
화면에 출력되는 내용 기술하기

다음 파이썬 프로그램을 다른 입력 값으로 3번 실행해 보세요. 첫 번째 입력 값은 5와 8, 두 번째 입력 값은 2와 0 그리고 세 번째 입력 값은 1과 −1입니다. 실행할 때마다 각 단계의 변수 값과 출력 내용을 알아보세요.

file_15_1_1

```
a = int(input())
b = int(input())

if a > 3:
    print("Message #1")
elif a > 1 and b <= 10:
    print("Message #2")
    print("Message #3")
elif b == 0:
    print("Message #4")
else:
    print("Message #5")


print("The End!")
```

해설

첫 번째 실행 : 5와 8을 입력했을 때

　　1. 변수 a에 5, 변수 b에 80이 할당됩니다.

　　2. 첫 번째 부울식인 a > 3은 True가 됩니다.

　　3. 'Message #1'이 화면에 출력됩니다. 첫 번째 부울식이 True이므로 두 번째 부울식 a > 1 and b
　　　 <= 10은 실행되지 않습니다.

　　4. 'The End!'이 화면에 출력됩니다.

두 번째 실행 : 2와 0을 입력했을 때

　　1. 변수 a에 2, 변수 b에 0이 할당됩니다.

　　2. 첫 번째 부울식 a > 3은 False입니다.

　　3. 실행이 계속되어 두 번째 부울식 a > 1 and b <= 10이 실행되어 True가 됩니다.

　　4. 'Message #2'와 'Message #3'이 출력됩니다.

　　5. 'The End!'이 출력됩니다.

 세 번째 부울식인 b == 0은 True가 될 것입니다. 그러나 그 부울식은 절대로 실행
되지 않습니다.

세 번째 실행 : 1과 −1을 입력했을 때

　　1. 변수 a에는 1, 변수 b에는 −1이 할당됩니다.

　　2. 어떤 부울식도 True가 아닙니다. 그래서 'Message #5'가 출력됩니다.

　　3. 'The End!'이 출력됩니다.

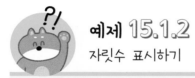

예제 15.1.2
자릿수 표시하기

사용자에게 0에서 999 사이의 숫자를 입력 받아 입력된 숫자의 자릿수를 출력하는 프로그램을 작성하세요. 이 프로그램은 'You entered a N-digit number(당신은 n자릿수 숫자를 입력했습니다)'라는 메시지를 출력합니다. 예를 들어 87을 입력 받았다면, 'You entered a 2-digit number(당신은 2자릿수 숫자를 입력했습니다)'라는 메시지를 출력합니다.

해설

다음 파이썬 프로그램은 사용자에게 0에서 999 사이의 숫자만 입력 받습니다. 따라서 데이터 입력의 오류를 검사하지 않습니다. 이 문제의 프로그램은 다음과 같습니다.

```
                          file_ 15_ 1_ 2a
x = int(input("Enter an integer (0 - 999): "))

if x <= 9:
    count = 1
elif x <= 99:
    count = 2
else:
    count = 3

print("You entered a ", count, "-digit number", sep = "")
```

프로그램을 더 발전시켜서 사용자가 0에서 999 사이의 숫자를 입력하지 않았을 때 오류 메시지를 출력하도록 수정해 봅시다.

```
                          file_15_1_2b
x = int(input("Enter an integer (0 - 999): "))

if x < 0 or x > 999:
    print("Wrong number!")
elif x <= 9:
    print("You entered a 1-digit number")
elif x <= 99:
    print("You entered a 2-digit number")
else:
    print("You entered a 3-digit number")
```

예제 15.1.3
요일 출력하기

사용자에게 1에서 7까지의 숫자를 입력 받아 그 숫자에 해당하는 요일을 출력하는 파이썬 프로그램을 작성하세요. 예를 들어 3를 입력 받았다면, 'Tuesday'가 출력됩니다.

해설

파이썬 프로그램은 다음과 같습니다.

```
                          file_15_1_3
day = int(input("Enter a number between 1 and 7: "))

if day == 1:
    print("Sunday")
```

```
elif day == 2:
    print("Monday")
elif day == 3:
    print("Tuesday")
elif day == 4:
    print("Wednesday")
elif day == 5:
    print("Thursday")
elif day == 6:
    print("Friday")
elif day == 7:
    print("Saturday")
else:
    print("Invalid Number")
```

 예제 15.1.4
통행료 징수인은 어디있을까?

사용자에게 차종(M: 오토바이, C: 승용차, T: 트럭)을 입력 받아 차종에 맞는 통행료를 낼 수 있도록 파이썬 프로그램을 작성하세요.

차종	통행료
오토바이(M)	$1
승용차(C)	$2
트럭(T)	$4

해설

사용자가 M, C, T 외의 문자를 입력하면 오류 메시지가 출력되어야 합니다.

```
                              file_15_1_4
v = input("Enter the type of vehicle (M, C, or T): ")


if v == "M":
    print("You need to pay $1")
elif v == "C":
    print("You need to pay $2")
elif v == "T":
    print("You need to pay $4")
else:
    print("Invalid vehicle")
```

15-2 복습문제 Ⅰ

다음 문장을 읽고 맞으면 O, 틀리면 X로 표시하세요.

1. if-elif 구조는 선택의 횟수를 확장시켜 줍니다. (　　)

2. if-elif 구조는 최대 3번까지 작성할 수 있습니다. (　　)

3. if-elif 구조에서 어떤 부울식이 True가 되면 그 다음 부울식도 실행됩니다. (　　)

4. if-elif 구조에서 명령문n+1 또는 명령문 블록 n+1(else 키워드 뒤에 오는 명령문)은 항상 실행됩니다. (　　)

5. if-elif 구조에서 명령문n+1 또는 명령문 블록 n+1(else 키워드 뒤에 오는 명령문)은 이전의 부울식 중 최소한 하나가 True이어야 실행됩니다. (　　)

6. if-elif 구조에서 명령문n+1 또는 명령문 블록n+1 그리고 else까지 생략될 수 있습니다. (　　)

7. 다음 프로그램에서 y += 1은 변수 w가 1, 2, 3일 때만 실행됩니다. (　　)

```
if w == 1:
    x = x + 5
elif w == 2:
    x = x - 2
elif w == 3:
    x = x - 9
else:
    x = x + 3
    y += 1
```

15-3 복습문제 Ⅱ

다음 문제를 해결하세요.

1.. 다음 프로그램을 각각 다른 4개의 값으로 실행시켰을 때 각 단계의 변수들의 값을 추적하고 화면에 출력되는 내용을 기술하세요. 이때, 4개의 값은 5, 100, 250, -1입니다.

```
q = int(input())
if 0 < q <= 50:
    b = 1
elif 50 < q <= 100:
    b = 2
elif 100 < q <= 200:
    b = 3
```

```
else:
    b = 4
print(b)
```

2. 다음 프로그램을 각각 다른 3개의 값으로 실행시켰을 때 각 단계의 변수들의 값을 추적하고 화면에 출력되는 내용을 기술하세요. 이때, 3개의 값은 5, 100, 200입니다.

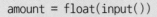

```
amount = float(input())

if amount < 20:
    discount = 0
elif 20 <= amount < 100:
    discount = 5
elif 100 <= amount < 150:
    discount = 10
else:
    discount = 20
payment = amount - amount * discount /
100
print(discount, payment)
```

3. 사용자에게 −9999에서 9999 사이의 숫자를 입력 받아 그 입력된 숫자의 자릿수를 세어 'You entered a N-digit number(당신은 n 자리의 숫자를 입력했습니다)'와 같은 메시지를 화면에 출력하는 파이썬 프로그램을 작성하세요.

4. 사용자에게 1에서 12 사이의 숫자를 입력 받아 다음과 같이 그 숫자에 해당하는 계절 이름을 출력하는 파이썬 프로그램을 작성하세요.

   - Winter : 12, 1, 2
   - Spring : 3, 4, 5
   - Summer : 6, 7, 8
   - Fall(Autumn) : 9, 10, 11

5. 사용자에게 A에서 F까지 학점(문자열)을 입력 받아 다음 표에 따라 그에 해당하는 백분율을 출력하는 파이썬 프로그램을 작성하세요.

등급	백분율
A	90 − 100
B	80 − 89
C	70 − 79
D	60 − 69
E/ F	0 − 59

6. 사용자에게 월(月)의 이름을 입력 받아 해당되는 숫자를 출력하는 파이썬 프로그램을 작성하세요.(예를 들어, 1: January, 2: February) 잘못된 데이터가 입력되면 오류 메시지를 출력하세요.

7. 로마식 숫자 표기는 다음 표와 같습니다.

숫자	로마식 숫자 표기
1	I
2	II
3	III
4	IV
5	V
6	VI
7	VII
8	VIII
9	IX
10	X

사용자에게 로마식 숫자(Ⅰ~Ⅹ)를 입력 받아 대응하는 숫자를 출력하는 파이썬 프로그램을 작성하세요. 입력된 데이터가 잘못되었으면 오류 메시지를 출력해야 합니다.

8. 온라인 CD 샵에서 매월 오디오 CD 구매 개수에 따라 고객들은 포인트를 받을 수 있습니다. 포인트는 다음과 같은 기준으로 부여됩니다.

- CD 1개 구매 : 3포인트
- CD 2개 구매 : 10포인트
- CD 3개 구매 : 20포인트
- CD 4개 구매 : 45포인트

사용자에게 사용자가 이번 달에 구입한 CD 개수를 입력 받아 그에 해당하는 포인트를 출력하는 파이썬 프로그램을 작성하세요. 사용자는 반드시 0보다 큰 값을 입력해야 합니다.

9. 사용자에게 'zero', 'one', 'two', 'three'와 같은 영단어를 입력 받아 숫자 0, 1, 2, 3으로 출력하는 파이썬 프로그램을 작성하세요. 이때, 수의 범위는 0부터 3까지로 제한합니다. 그 외의 숫자를 입력 받으면 'I don't know this number!(알 수 없는 숫자입니다!)' 메시지를 출력합니다.

10. 보퍼트 풍력 등급은 육상과 해상의 풍속을 경험적으로 측정한 것으로, 사용자에게 보퍼트 숫자를 입력 받아 그에 대응하는 설명(표 참고)을 출력하는 파이썬 프로그램을 작성하세요. 숫자가 잘못 입력되면 오류 메시지를 출력합니다.

보퍼트 숫자	설명
0	Calm
1	Light air
2	Light breeze
3	Gentle breeze
4	Moderate breeze
5	Fresh breeze
6	Strong breeze
7	Moderate gale
8	Gale
9	Strong gale
10	Storm
11	Violent storm
12	Hurricane force

11. 사용자에게 풍속을 입력 받아 대응하는 보퍼트 숫자와 설명을 다음 표를 참고하여 출력하는 파이썬 프로그램을 작성하세요. 숫자가 잘못 입력되면 오류 메시지를 출력합니다.

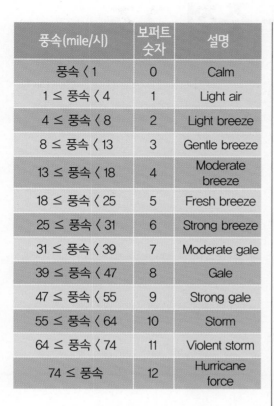

풍속(mile/시)	보퍼트 숫자	설명
풍속 〈 1	0	Calm
1 ≤ 풍속 〈 4	1	Light air
4 ≤ 풍속 〈 8	2	Light breeze
8 ≤ 풍속 〈 13	3	Gentle breeze
13 ≤ 풍속 〈 18	4	Moderate breeze
18 ≤ 풍속 〈 25	5	Fresh breeze
25 ≤ 풍속 〈 31	6	Strong breeze
31 ≤ 풍속 〈 39	7	Moderate gale
39 ≤ 풍속 〈 47	8	Gale
47 ≤ 풍속 〈 55	9	Strong gale
55 ≤ 풍속 〈 64	10	Storm
64 ≤ 풍속 〈 74	11	Violent storm
74 ≤ 풍속	12	Hurricane force

- Fahrenheit(화씨) = 1.8 × Kelvin − 459.67
- Kelvin(켈빈) = (Fahrenheit + 459.67) / 1.8
- Fahrenheit(화씨) = (9/5) × Celsius + 32
- Celsius(섭씨) = (5/9) X (Fahrenheit − 32)

12. 다음과 같이 메뉴를 표시하는 파이썬 프로그램을 작성하세요.

1. Convert Kelvin to Fahrenheit(켈빈을 화씨로)

2. Convert Fahrenheit to Kelvin(화씨를 켈빈으로)

3. Convert Fahrenheit to Celsius(화씨를 섭씨로)

4. Convert Celsius to Fahrenheit(섭씨를 화씨로)

사용자는 위 메뉴(1~4) 중 하나를 선택한 후, 온도를 입력합니다. 그러면 프로그램은 온도를 메뉴대로 변환하여 출력합니다. 이때, 사용자가 1~4 외에 다른 숫자(메뉴)를 입력하면 오류 메시지가 출력됩니다. 온도 변환 공식은 다음과 같습니다.

16 질문하기 - 중첩 구조

16-1 중첩 선택 구조

선택 구조 안에 또 다른 선택 구조가 기술된 것을 중첩 구조라고 합니다. 즉, 선택 구조가 또 다른 선택 구조를 둘러쌀 수 있다(중첩될 수 있다)는 의미입니다. 이런 중첩 구조는 또 다른 중첩 구조를 둘러싸 중첩이 반복될 수 있습니다.

다음은 중첩 선택 구조의 예입니다.

```
if x < 30:
    if x < 15:          ##
        y = y + 2       # 이것은
    else:               # 중첩된 if-else 구조임
        y -= 1          ##
else:
    y += 1
```

중첩의 반복에 대한 실질적인 제한은 없습니다. 문법에 위배되지 않는 한 원하는 만큼 중첩을 반복할 수 있습니다. 그러나 3번, 4번 중첩을 반복하면 전체적인 구조가 복잡해지고 이해하기 어려워집니다. 따라서 커다란 중첩 구조를 작은 구조로 쪼개서 가능한 한 코드를 간단하게 해야 합니다. 자신이 문맥적으로나 논리적으로 올바르게 파악하고 있다면 다른 어떤 구조도 중첩시킬 수 있습니다.

다음은 if-elif 구조가 다른 if-else 구조에 중첩된 예를 보여줍니다.

```
                          file__16__1
x = int(input("Enter a number: "))

if x < 1 or x > 3:
    print("Invalid Number")
else:
    print("Valid Number")

    if x == 1:                          #중첩 if-elif 구조
        print("1st choice selected")
    elif x == 2:
        print("2nd choice selected")
    else:
        print("3rd choice selected")
```

예제 16.1.1
출력되는 내용 추적하기

다음 프로그램에 각각 3개의 입력 값으로 실행시켰을 때 각 단계에서의 변수 값을 추적하고 화면에 출력되는 내용을 기술하세요. 3개의 입력 값은 13, 18, 30입니다.

```
                          file__16__1__1
x = int(input())
y = 10

if x < 30:
    if x < 15:
```

```
            y = y + 2
        else:
            y -= 1
    else:
        y += 1


print(y)
```

해설

첫 번째 실행 : 입력 값이 13

    1. 변수 x에 13이 할당됩니다.

    2. 변수 y에 10이 할당됩니다.

    3. 첫 번째 부울식(x < 30)가 True입니다.

    4. 두 번째 부울식(x < 15)가 True입니다.

    5. y = y + 2이 실행됩니다. 변수 y가 12가 됩니다.

    6. 화면에 12를 출력합니다.

두 번째 실행 : 입력 값이 18

    1. 변수 x에 18이 할당됩니다.

    2. 변수 y에 10이 할당됩니다.

    3. 첫 번째 부울식(x < 30)가True입니다.

    4. 두 번째 부울식(x < 15)가 False입니다.

    5. y -= 1 문이 실행됩니다. 변수 y가 9가 됩니다.

    6. 화면에 9를 출력입니다.

세 번째 실행 : 입력 값이 30

    1. 변수 x에 30이 할당됩니다.

    2. 변수 y에 10이 할당됩니다.

    3. 첫 번째 부울식(x < 30)이 False입니다.

4. y += 1 문이 실행됩니다. 변수 y가 11이 됩니다.

5. 화면에 11을 출력합니다.

예제 16.1.2
양수, 음수 또는 0 구분하기

사용자에게 숫자를 입력 받아 그 숫자가 0보다 큰지, 0보다 작은지 아니면 0인지를 판별
하여 '양수', '음수', '0'과 같은 메시지를 출력하는 파이썬 프로그램을 작성하세요.

해설

이 프로그램은 if-else 구조 내에 또 다른 if-else 구조를 중첩해서 해결할 수도 있고, if-elif 구조를 활
용할 수도 있습니다. 이 두 가지 방법으로 프로그램을 작성해 봅시다.

첫 번째 방법 : 중첩된 if-else 구조 사용하기

```
file_16_1_2a
a = float(input("Enter a number: "))

if a > 0:
    print("Positive")
else:
    if a < 0:
        print("Negative")
    else:
        print("Zero")
```

두 번째 방법 : if—elif 구조 사용하기

```
file__16__1__2b
a = float(input("Enter a number: "))


if a > 0:
    print("Positive")
elif a < 0:
    print("Negative")
else:
    print("Zero")
```

예제 16.1.3
세상에서 가장 과학적인 계산기 만들기

사용자에게 숫자 하나, 산술 연산자(+, −, *, /), 또 다른 숫자를 차례로 입력 받습니다. 입력 받은 숫자와 연산자로 계산하는 파이썬 프로그램을 작성하세요.

해설

이 예제에서 주의해야 할 점은 나눗셈의 분모(여기서는 두 번째로 입력 받는 숫자)로 0을 입력 받지 않아야 한다는 점입니다. 수학에서 배웠듯이 어떤 수를 0으로 나눌 수 없습니다. 다음 프로그램에서는 if—elif 구조를 사용합니다.

```
file__16__1__3
a = float(input("Enter 1st number: "))
op = input("Enter type of operation: ")       #변수 op는 문자열임
b = float(input("Enter 2nd number: "))
```

```python
if op == "+":
    print(a + b)
elif op == "-":
    print(a - b)
elif op == "*":
    print(a * b)
elif op == "/":
    if b == 0:
        print("Error: Division by zero")
    else:
        print(a / b)
```

16-2 복습문제 I

다음 문장을 읽고 맞으면 O, 틀리면 X로 표시하세요.

1. 선택 구조의 중첩은 하나의 선택 구조가 다른 선택 구조에 둘러싸여 있는 상태를 의미합니다. (   )

2. 중첩 구조는 프로그래머가 원하는 만큼 얼마든지 반복될 수 있습니다. (   )

3. if 구조 내에 if-elif 구조를 중첩하는 것은 가능하지만 그 반대는 불가능합니다. (   )

16-3 복습문제 II

다음 문제를 해결하세요.

1. 다음 프로그램에 각각 다른 값으로 세 번 실행시켰을 때 각 단계의 변수들의 값을 추적하고 화면에 출력되는 내용을 기술하세요. ⅰ) 20, 3 ⅱ) 12, 8 ⅲ) 50, 1

```
x = int(input())
y = int(input())


if x < 30:
    if y == 1:
        x = x * 3
        y = 5
    elif y == 2:
        x = x * 2
        y = 2
    elif y == 3:
        x = x + 5
        y += 3
    else:
        x -= 2
        y += 1
else:
    y += 1
    print(x, y)
```

2. 사용자에게 기온과 풍속을 의미하는 2개의 값을 입력 받는 파이썬 프로그램을 작성하세요. 이때, 기온이 화씨 75도를 넘으면 더운 것이며 그렇지 않으면 추운 것이고, 풍속이 시간당 12mile/h을 넘으면 바람이 부는 것이며 그렇지 않으면 바람이 불지 않는 것으로 판단합니다. 프로그램은 입력된 2개의 값을 한 줄의 메시지로 출력해야 합니다. 예를 들어, 기온이 60이고 풍속이 10이면 'The day is cold and not windy(춥고 바람은 불지 않음)'이라는 메시지를 출력하는 파이썬 프로그램을 작성하세요.

3. 비만도를 측정하기 위해 신체 질량 지수(Body Mass Index; BMI)는 다음과 같이 계산합니다.

$$BMI = \frac{몸무게(파운드) \times 703}{키(인치)^2}$$

사용자에게 자신의 나이와 몸무게(파운드), 키(인치)를 입력 받아 계산된 BMI에 해당하는 설명을 출력하는 파이썬 프로그램을 작성하세요. 이때, 나이가 18세 미만으로 입력되면 'Invalid age(유효하지 않은 나이)'라는 메시지를 출력합니다.

BMI	설명
BMI < 15	Very severely underweight
15.0 ≤ BMI < 16.0	Severely underweight
16.0 ≤ BMI < 18.5	Underweight
18.5 ≤ BMI < 25	Normal
25.0 ≤ BMI < 30.0	Overweight
30.0 ≤ BMI < 35.0	Severely overweight
35.0 ≤ BMI	Very severely overweight

16-4 복습문제 Ⅲ

다음 질문에 알맞은 답을 적어 보세요.

1. 선택 구조의 중첩이 무엇을 의미하는지 기술하세요.

2. 선택 구조의 중첩은 몇 번까지 반복될 수 있나요? 실질적인 한계가 있나요?

17 반복하기

17-1 반복 구조란 무엇인가?

반복 구조(루프 구조)는 지정된 조건이 충족될 때까지 명령문이나 명령문 블록을 여러 번 실행되는 구조입니다. 다음과 같이 두 가지 유형의 반복 구조가 있습니다.

- **무한 반복 구조**

    반복되기 전에는 반복 횟수를 알 수 없으며, 반복 횟수는 조건에 따라 달라집니다. 예를 들어, 메시지를 출력하고 사용자에게 메시지 출력을 반복할지 여부를 묻는 반복 구조의 경우 사용자가 멈출 것을 결정하지 않는 한 계속 반복될 수 있습니다.

- **유한 반복 구조**

    반복이 시작되기 전에 반복 횟수를 알 수 있습니다. 예를 들어, '반복 구조가 좋아요!'와 같은 메시지를 100번을 반복해서 출력할 수 있습니다.

17-2 순차 구조에서 반복 구조로

다음에서는 사용자가 4개의 숫자를 입력하면 합계를 계산하여 출력합니다. 보시다시피 아직 반복 구조는 등장하지 않았습니다. 먼저, 우리에게 친숙한 순차 구조를 살펴봅시다.

```
x = float(input())
y = float(input())
z = float(input())
w = float(input())

total = x + y + z + w

print(total)
```

이 프로그램은 아주 짧습니다. 만약 사용자가 4개가 아닌 1000개의 숫자를 입력 받아 합계를 구한다고 생각해 봅시다. float(input( ))을 1000번을 기술하는 걸 상상할 수 있나요? 우리는 명령문을 한 번만 기술하고 컴퓨터가 그 명령문을 1000번 실행하도록 하는 것이 훨씬 쉽지 않을까요? 그렇게 하기 위해서 반복 구조를 필요합니다.

먼저 반복 구조를 사용하지 않고 변수 x와 total 두 개를 사용해서 위 프로그램을 재작성합시다. 이 프로그램은 4개의 주어진 숫자의 합을 계산하고 출력해야 하지만 두 개의 변수만으로 계산해야 합니다. 아마 지금 생각하고 있는 것은 이와 같을 것입니다.

"두 변수로 할 수 있는 유일한 일은 변수 x에 값을 읽어 들인 후, 그 값을 변수 total에 할당한다."

정확히 맞습니다. 이 내용을 다음과 같이 기술할 수 있습니다.

```
x = float(input())
total = x
```

또한 다음과 같이 기술할 수도 있습니다.

```
total = 0

x = float(input())
total = x
total = total + x
```

첫 번째 입력된 숫자는 변수 total에 저장되었으므로 변수 x를 다시 사용하여 다음과 같이 변수 total에 누적될 수 있는 두 번째 숫자를 저장합니다.

```
total = 0

x = float(input())
total = total + x

x = float(input())
total = total + x
```

참고 > total = total + x는 변수 x의 값을 변수 total에 계속 누적합니다. 예를 들어 변수 total에 5가 있고 변수 x의 값이 3이라면 total = total + x는 변수 total에 8을 할당합니다.

두 번째 숫자가 변수 total에 누적되었으므로 변수 x를 다시 사용할 수 있습니다. 물론 이 과정은 네 개의 숫자가 모두 읽어 변수 total에 누적될 때까지 반복될 수 있습니다. 최종 파이썬 프로그램은 다음과 같습니다. 이 프로그램은 아직 어떤 반복 구조도 등장하지 않았습니다.

```
total = 0

x = float(input())
total = total + x

x = float(input())
total = total + x

x = float(input())
total = total + x
```

```
x = float(input())
total = total + x


print(total)
```

 참고 이 프로그램은 똑같은 일련의 명령문을 반복해서 사용하고 있다는 점에서 앞서 작성한 초기 프로그램과 차이점을 보입니다.

물론 이 예를 사용하여 4개 이상의 숫자를 읽고 합계를 구할 수 있습니다. 그러나 이 한 쌍의 명령문을 계속 반복해서 기술하는 것이 얼마나 고통스러운지 깨닫게 될 것입니다. 또한 한 쌍의 명령문만 빼먹어도 잘못된 결과가 발생합니다. 이제 우리는 반복 구조를 사용해 한 쌍의 명령문을 기술하고 그 명령문을 4번(또는 원하는 경우 1000번)을 반복 실행할 것입니다.

다음 예를 살펴봅시다.

```
total = 0

execute_these_statements_4_times:
    x = float(input())
    total = total + x

print(total)
```

파이썬에는 execute_these_statements_4_times이라는 명령문은 없습니다. 이것은 단지 설명을 위한 문장일 뿐입니다. 이제 본격적으로 파이썬이 제공하는 반복 구조에 대한 모든 것을 배울 것입니다.

다음 문장을 읽고 맞으면 O, 틀리면 X로 표시하세요.

1. 반복 구조는 특정 조건이 만족될 때까지 하나의 명령문이나 명령문 블록을 반복해서 실행하는 구조입니다. (　)

2. 1000개의 숫자를 입력 받아 그 합을 구하는 순차 구조의 프로그램도 작성할 수 있습니다. (　)

3. 다음 프로그램은 10을 변수 total에 누적합니다. (　)

```
total = 10
a = 0
total = total + a
```

4. 다음 2개의 프로그램은 동일합니다. (　)

```
a = 5
total = a
```

```
total = 0
a = 5
total = total + a
```

 반복하기 – while 구조

 while 구조

while 구조는 하나의 명령문이나 명령문 블록을 여러 번 실행시킬 수 있는 구조입니다. 이 구조는 무한 또는 유한 반복 구조를 만들 수 있습니다.

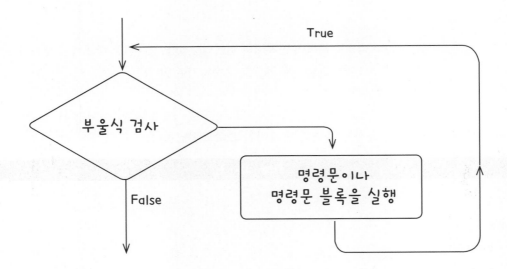

실행 흐름이 while 구조에 도달했을 때 어떤 일이 일어나는지 살펴봅시다. 부울식이 True면 while 구조의 명령문 또는 명령문 블록이 실행되고 다시 한 번 부울식을 검사합니다. 부울식이 True면 처리 과정이 반복됩니다. 반복을 거듭하다 부울식이 어느 시점에서 False면 루프를 벗어날 때 반복은 중단됩니다.

사용 형식은 다음과 같습니다.

```
while 부울식:
    # 여기에
    # 1개의 명령문이나 명령문 블록을 기술
```

One

while 구조에서는 먼저 부울식이 실행된 후, 명령문이나 명령문 블록이 실행됩니다.

Two

반복이 시작되기 전에 부울식이 실행되기 때문에 while 구조에서는 반복이 전혀 없을 수도 있고 여러 번 반복될 수도 있습니다.

Three

명령문이나 명령문 블록이 반복해서 실행되는 것을 컴퓨터 과학에서는 '루프가 반복된다' 또는 '루프가 반복 실행된다'고 표현하기도 합니다.

다음 예는 1에서 10까지의 숫자를 출력하는 파이썬 프로그램입니다.

file_18_1

```
i = 1
while i <= 10:
    print(i)
    i += 1
```

선택 구조와 마찬가지로 반복 구조에서도 구조 내 명령문을 들여쓰기 해야 합니다.

예제 18.1.1
반복 횟수 세기

이 파이썬 프로그램이 몇 번 반복되는지, 무엇이 출력되는지를 기술하세요.

```python
i = 1
while i < 4:
    print("Hello")
    i += 1

print("The End")
```

해설

이 프로그램은 다음과 같이 실행됩니다.

1. 변수 i에 1이 할당됩니다.
2. 부울식 i < 4가 검사됩니다. 이 식은 True이므로 while 구조 내의 2개이 명령문이 실행됩니다. 'Hello' 메시지가 출력되고 변수 i 는 2가 됩니다.
3. 부울식 i < 4가 검사되고 역시 True가 됩니다. 따라서 while 구조 내의 2개의 명령문이 한 번 더 실행됩니다. 'Hello' 메시지가 두 번째로 출력되고 변수 i는 3이 됩니다.
4. 부울식 i < 4가 검사되고 또 True가 됩니다. 따라서 while 구조 내의 2개의 명령문이 또 한 번 실행됩니다. 'Hello'가 세번째로 출력되고 변수 i는 4가 됩니다.
5. 부울식 i < 4가 검사됩니다. 이번에는 False가 됩니다. 따라서 실행 흐름은 루프를 빠져나가 'The End' 메시지가 출력됩니다.

예제 18.1.2
4개 숫자의 합 구하기

while 구조를 사용하여 사용자에게 4개의 숫자를 입력 받아 그 숫자들의 합을 구해서 표시하는 파이썬 프로그램을 작성하세요.

해설

〈17-2 순차 구조에서 반복 구조로〉에서 보았던 4개 숫자의 합을 구하는 예제를 기억하시나요? 우리는 다음과 같이 프로그램을 구상했었습니다.

```
total = 0

execute_these_statements_4_times:
    x = float(input())
    total = total + x

print(total)
```

자, 이제 앞서 보았던 execute_these_statements_4_times를 파이썬에서 사용할 수 있는 명령문으로 바꾸어야 합니다. while 구조를 사용하면 반복 횟수를 세기 위해서 변수를 하나 더 추가해야 합니다. 그리고 반복을 다 마치면 실행 흐름은 루프를 벗어나야 합니다. 다음은 total_number_of_iterations에 지정된 값만큼 반복을 하는 일반적인 코드입니다.

```
i = 1
while  i <= total_number_of_iterations:
    #여기에
    #1개의 명령문이나 명령문 블록을 기술
    i += 1
```

이때, total_number_of_iterations은 상수 또는 변수나 수식이 될 수도 있습니다.

참고 변수 i 대신 다른 변수를 사용해도 됩니다. counter나 count, k 등 원하는 이름의 변수를 사용할 수 있습니다.

이제 최종 프로그램을 완성해 봅시다.

file_18_1_2

```
total = 0

i = 1
while i <= 4:
    x = float(input("Enter number: "))
    total = total + x

    i += 1

print(total)
```

예제 18.1.3
양수의 합 구하기

사용자에게 20개의 숫자를 입력 받아 그 중 양수만을 더해서 그 결과를 표시하는 파이썬 프로그램을 작성하세요.

해설

이 문제는 비교적 쉽습니다. 프로그램의 루프 내에서 숫자가 양수인지를 검사하여 양수면 변수 total 에 누적시키고 0이나 음수이면 무시하고 더하지 않으면 됩니다.
파이썬 프로그램은 다음과 같습니다.

```
                        file_18_1_3
total = 0


i = 1
while i <= 20:
    x = float(input("Enter a number: "))
    if x > 0:
        total = total + x
    i += 1


print(total)
```

 예제 18.1.4

n개 숫자의 합 구하기

사용자에게 n개의 숫자를 입력 받아 n개 숫자들의 합을 출력하는 파이썬 프로그램을 작
성하세요. n의 값은 프로그램 실행 초반에 사용자가 입력합니다.

해설

이 예제에서 반복의 전체 횟수는 사용자가 입력하는 숫자에 의해 결정됩니다. 다음 코드는 사용자가
입력한 N번을 반복하는 일반적인 코드입니다.

```
n = int(input())


i = 1
while i <= n:
    #여기에
```

```
#1개의 명령문이나 명령문 블록이 기술됨
i += 1
```

이제 우리가 배운 것들을 동원하면 프로그램은 다음과 같습니다.

```
                        file_18_1_4
n = int(input("How many numbers are you going to enter? "))

total = 0

i = 1
while i <= n:
    x = float(input("Enter a number: "))
    total += x
    i += 1

print(total)
```

예제 18.1.5
임의 개수의 숫자의 합 구하기

−1이 입력될 때까지 사용자가 숫자를 입력할 수 있는 파이썬 프로그램을 작성하세요. 데이터 입력이 끝나면 그 동안 입력된 숫자들의 합이 출력되어야 합니다(이때, −1은 합계에 포함되지 않아야 합니다.).

해설

이 예제에서 입력되는 숫자의 개수는 정해지지 않았습니다. 선택 구조를 사용한다면 그 프로그램은 다음과 같을 것입니다.

```
total = 0

x = float(input())
    if x != -1:                      #x를 검사
        total = total + x            #실행
        x = float(input())
        if x != -1:                  #x를 검사
            total = total + x        #실행
            x = float(input())
            if x != -1:              #x를 검사
                total = total + x    #실행
                x = float(input())
                …
                …


print(total)
```

앞의 예제에서 보았듯이 다음이 계속 반복됩니다.

```
if x != -1:             #x를 검사
    total = total + x   #실행
    x = float(input())
```

따라서 if 구조 대신에 while 구조를 사용해서 프로그램을 다시 작성해 봅시다. 최종 프로그램은 다음과 같습니다. 실행 흐름을 따라가 보면 이전 예제와 유사하게 실행된다는 것을 알 수 있습니다.

```
total = 0

x = float(input())
while x != -1:            #x를 검사
```

```
    total = total + x    #실행
    x = float(input())

print(total)
```

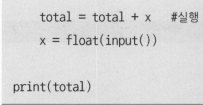

예제 18.1.6
5개 숫자의 곱을 구하기

사용자에게 5개의 숫자를 입력 받아 그 숫자들을 모두 곱한 결과를 출력하는 프로그램을 작성하세요.

 해설

순차 구조를 사용한다면 프로그램은 다음과 같습니다.

```
p = 1

x = float(input())
p = p * x

x = float(input())
p = p * x

x = float(input())
p = p * x

x = float(input())
p = p * x

x = float(input())
p = p * x
```

 참고 p = p * x 이 실행되기 위해 변수 p가 0이 아닌 1로 초기화되어야 합니다. 그렇지 않으면 최종 결과는 0이 됩니다.

최종 프로그램은 다음과 같습니다.

```
file_18_1_6

p = 1


i = 1
while i <= 5:
    x = float(input())
    p = p * x

    i += 1


print(p)
```

18-2 복습문제 |

다음 문장을 읽고 맞으면 O, 틀리면 X로 표시하세요.

1. while 구조는 전혀 반복을 하지 않을 수도 있습니다. (   )

2. while 구조의 명령문이나 명령문 블록은 최소한 한 번은 실행됩니다. (   )

3. while 구조는 부울식이 True면 반복을 멈춥니다. (   )

4. while 구조에서 명령문이나 명령문 블록이 n번 실행되면 부울식은 n-1번 실행됩니다. (   )

5. while 구조 안에 if 구조를 중첩해서 기술할 수 없습니다. (   )

6. 다음 프로그램은 'Hello'를 10번 출력합니다. (   )

```
i = 1
while i <= 10:
    print("Hello")
i += 1
```

7. 다음 프로그램은 'Hello'를 5번 출력합니다.
( )

```python
i = 1
while i != 10:
    print("Hello")
    i += 2
```

18-3 복습문제 ||

다음 질문에 알맞은 답을 선택하세요.

1. while 구조에서 명령문이나 명령문 블록은 언제 실행되는지 고르시오.
   ① 부울식이 실행되기 전에 실행됩니다.
   ② 부울식이 실행된 후에 실행됩니다.
   ③ 정답 없음

2. 다음 프로그램은 'Hello Hermes'를 몇 번 출력되는지 고르시오.

```python
i = 1
while i <= 10:
    print("Hello Hermes")
    i += 1
```

① 10번
② 9번
③ 1번
④ 0번
⑤ 정답 없음

3. 다음 프로그램은 'Hello Ares'를 몇 번 출력하는지 고르시오.

```python
i = 1
while i < 10:
    print("Hi!")
print("Hello Ares")
    i += 1
```

① 10번   ② 1번   ③ 0번   ④ 정답 없음

4. 다음 프로그램은 'Hello Aphrodite'를 몇 번 출력하는지 고르시오.

```python
i = 1
while i < 10:
    i += 1
print("Hi!")
print("Hello Aphrodite")
```

① 10번   ② 1번   ③ 0번   ④ 정답 없음

5. 다음 프로그램은 'Hello Apollo'를 몇 번 출력하는지 고르시오.

```
i = 1
while i >= 10:
    print("Hi!")
    print("Hello Apollo")
    i += 1
```

① 10번

② 1번

③ 0번

④ 정답 없음

6. 다음 프로그램은 어떤 수의 합을 계산하는지 고르시오.

```
n = int(input())
s = 0
i = 1
while i < n:
    a = float(input())
    s = s + a
    i += 1
print(s)
```

① 변수 n의 값만큼 여러 개의 숫자

② 수식 n −1의 값만큼 여러 개의 숫자

③ 변수 i의 값만큼 여러 개의 숫자

④ 정답 없음

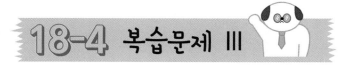

18-4 복습문제 III

다음 문제를 해결하세요.

1. 다음 파이썬 프로그램의 구문 오류를 기술하세요.

```
i = 30.0
while i > 5
    print(i)
    i =/ 2
print(The end)
```

2. 다음 파이썬 프로그램이 반복 실행하는 횟수를 기술하세요.

```
i = 3
x = 0
while i >= 0:
    i -= 1
    x += i
print(x)
```

3. 다음 파이썬 프로그램이 반복 실행하는 횟수를 기술하세요.

```python
i = -5
while i > 10:
    i -= 1
print(i)
```

4. 다음 프로그램의 각 단계의 변수 값을 추적하고 화면에 출력되는 내용을 기술하세요. 이 파이썬 프로그램의 반복 횟수는 얼마인가요?

```python
a = 2
while a <= 10:
    b = a + 1
    if b == 7:
        print(2 * b)
    elif b == 3:
        print(b - 1)
    elif b == 8:
        print(a, b)
    else:
        print(a - 4)
    a += 4
```

5. 각 프로그램의 빈칸을 채우세요. 각 프로그램은 모두 4회 반복 실행되어야 합니다.

i
```python
a = 3
while a > ____ :
    a -= 1
```

ii
```python
a = 5
while a < ____ :
    a += 1
```

iii
```python
a = 9
while a != 11:
    a = a + ____
```

iv
```python
a = 1
while a != ____ :
    a -= 2
```

v
```python
a = 2
while a < ____ :
    a = 2 * a
```

vi
```python
a = 1
while a < ____ :
    a = a + 0.1
```

6. 사용자에게 20개의 숫자를 입력 받아 그 중에서 양수들의 합을 구해 출력하는 파이썬 프로그램을 작성하세요.

7. 사용자에게 n개의 숫자를 입력 받아 그 숫자들 중에서 양수들만 곱한 결과를 출력하는 프로그램을 작성하세요. n 값은 프로그램의 실행 초기에 사용자가 입력합니다.

8. 사용자에게 10개의 정수를 입력 받아 그 숫자들 중 100부터 200 사이의 값들만 더한 결과를 출력하는 파이썬 프로그램을 작성하세요.

9. 사용자에게 20개의 정수를 입력 받아 그 숫자들 중 세 자릿수의 합을 구하여 화면에 출력하는 파이썬 프로그램을 작성하세요. 단, 세 자리 수는 100부터 999 사이의 값입니다.

10. 사용자가 0을 입력할 때까지 계속해서 숫자를 입력 받습니다. 데이터 입력이 끝나면 그 동안 입력된 숫자들을 곱한 결과를 화면에 출력하는 파이썬 프로그램을 작성하세요(마지막에 입력된 0은 곱셈에 사용되지 않아야 합니다.).

19 반복하기 – for 구조

 ## 19-1 for 구조

<18 반복하기 – while 구조>에서 우리는 while 구조를 사용하여 유한 반복 구조와 무한 반복 구조를 만들었습니다. 다시 말해서, 정해진 횟수만큼 반복할 수도 있지만, 반복 횟수 모른 채 반복할 수도 있습니다. 유한 반복 구조는 컴퓨터 프로그래밍에서 자주 사용되기 때문에 파이썬을 비롯한 거의 모든 프로그래밍 언어에 while 구조보다 훨씬 읽기 쉽고 편리한 특별한 명령문이 있습니다. 그것은 바로 for 구조입니다.

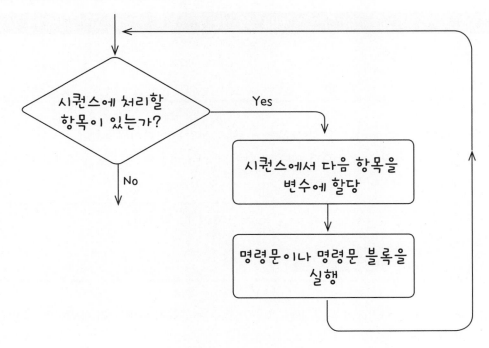

for 구조의 사용 형식은 다음과 같습니다.

```
for 제어변수 in 시퀀스:
    #여기에
    #1개의 명령문이나 명령문 블록을 기술
```

시퀀스에 있는 값들이 제어변수에 하나씩 할당되며 값이 할당될 때마다 명령문이나 명령문 블록이 실행됩니다.

다음 예는 화면에 1, 2, 3, 4, 5를 출력합니다.

```
file_19_1a
for i in [1, 2, 3, 4, 5]:
    print(i)
```

다음 예는 화면에 'H', 'e', 'l', 'l', 'o'를 출력합니다.

```
file_19_1b
for letter in "Hello":
    print(letter)
```

⟨10-2 유용한 함수(Function)와 메서드(Method)⟩에서 보았듯이 파이썬의 range( ) 함수는 정수 시퀀스를 만드는데 사용할 수 있습니다. 다음과 같이 이 range( ) 함수를 for 구조와 함께 사용하면 for 문의 효용성을 확장시킬 수 있습니다.

```
for 제어변수 in range([initial_value,] final_value [, step ]):
    #여기에
    #1개의 명령문이나 명령문 블록을 기술
```

■ initial_value는 시퀀스의 시작 값입니다. 이 인수는 생략될 수 있으며 생략하면 기본 값인 0이 됩니다.

- 시퀀스에는 final_value 바로 이전까지 값이 포함합니다.
- step은 시퀀스 내 각 값들의 간격입니다. 이 인수는 생략할 수 있으며 생략하면 기본값은 1입니다.

 기억하기

range( ) 함수의 인수인 initial_value, final_value , step은 모두 정수여야 합니다.

다음 예는 0에서 10까지 출력합니다.

file__19__1c

```python
for i in range(0, 11, 1):
    print(i)
```

물론 step이 1일 때는 생략할 수 있습니다. 그러므로 위의 코드는 다음과 같이 기술해도 됩니다.

file__19__1d

```python
for i in range(0, 11):
    print(i)
```

또한 initial_value가 0일 경우에는 이 인수도 생략할 수 있으므로 위의 코드는 다음과 같이 기술할 수도 있습니다.

file__19__1e

```python
for i in range(11):
    print(i)
```

다음 예는 2, 4, 6, 8, 10을 출력합니다.

file__19__1f

```python
for i in range(2, 12, 2):
    print(i)
```

숫자들을 역순으로 출력하고 싶다면 step에 음수를 사용하면 됩니다. 다음 프로그램은 1에서 11 까지 숫자를 역순으로 출력합니다.

file__19__1g

```
a = 11
b = 0
for i in range(a, b, -2):
    print(i)
```

예제 19.1.1
출력되는 내용 추측하기

다음 프로그램에서 입력 값이 1일 때 각 단계에서 변수 값을 추적하고 화면에 출력되는 내용을 기술하세요.

```
x = int(input())

for i in range(-3, 3, 2):
    x = x * 3

print(x)
```

해설

이 코드는 다음과 같은 순서로 실행됩니다.

1. 변수 x에 1이 할당됩니다.
2. range( ) 함수가 −3, −1, 1이 있는 시퀀스를 생성합니다. 이것은 3번 반복 실행된다는 의미입니다.

3. x = x * 3 문이 3번 실행됩니다.

4. 3번 반복 실행이 되고 나면 루프를 빠져 나와 화면에 27을 출력합니다.

예제 19.1.2
출력되는 내용 추측하기

다음 프로그램에서 입력 값이 3일 때 각 단계에서 변수 값을 추적하고 화면에 출력되는 내용을 기술하세요.

```python
x = int(input())


for i in range(6, x - 1, -1):
    print(i)
```

해설

입력 값이 3인 경우 다음과 같이 실행됩니다.

1. 변수 x에 3이 할당됩니다.

2. range( ) 함수가 6, 5, 4, 3이 있는 시퀀스를 만듭니다.

3. print(i) 문이 4번 실행되며 화면에 6, 5, 4, 3이 출력됩니다.

예제 19.1.3
4개 숫자의 합 구하기

사용자에게 4개의 숫자를 입력 받아 그 숫자들의 합을 구해서 출력하는 프로그램을 작성하세요.

예제 18.1.2에서는 다음과 같이 while 구조를 사용했습니다.

```
total = 0


i = 1
while i <= 4:
    x = float(input("Enter a number: "))
    total = total + x


    i += 1

print(total)
```

다음과 같이 for 구조를 사용하는 코드로 변환할 수 있습니다.

file_19_1_3

```
total = 0

for i in range(4):
    x = float(input("Enter a number: "))
    total = total + x

print(total)
```

예제 19.1.4
임의 개수 숫자의 평균 구하기

사용자에게 n개의 숫자를 입력 받아 그 숫자들의 평균을 계산해서 출력하는 파이썬 프로그램을 작성하세요. 프로그램 실행 초반에 사용자가 입력할 숫자의 개수를 입력 받습니다.

해설

완성된 프로그램은 다음과 같습니다.

```
                        file_19_1_4
n = int(input("How many numbers are you going to enter?"))

total = 0
for i in range(n):
    x = float(input("Enter number No" + str(i + 1) + ": "))
    total = total + x

if n > 0:
    average = total / n
    print("The average value is: ", average)
else:
    print("You didn't enter any number!")
```

 참고 사용자가 변수 n의 값으로 0을 입력할 수 있기 때문에 if n > 0이 필요합니다. 이 같은 코드를 작성하면 0으로 나누는 경우를 피할 수 있습니다. 이 뿐만 아니라 n에 음수 값이 할당되는 것도 피할 수 있어 엉뚱한 결과가 나오지 않도록 합니다.

19-2 복습문제 l

다음 문장을 읽고 맞으면 O, 틀리면 X로 표시하세요.

1. for 구조에서 반복될 때마다 제어변수에는 시퀀스 내의 값들이 연속로 할당됩니다. (   )

2. 반복 횟수를 안다면 유한 반복 구조를 사용할 수 있습니다. (   )

3. 유한 반복 구조에서 루프 내의 명령문이나 명령문 블록은 최소한 1번은 실행됩니다. (   )

4. range() 함수에서 initial_value의 값은 final_value의 값보다 클 수 없습니다. (   )

5. range() 함수에서 initial_value, final_value, step은 실수를 사용해도 됩니다. (   )

6. for 구조에서 제어변수는 루프 내의 명령문에 사용될 수 있습니다. (   )

7. 다음 프로그램은 'Hello'를 10번 출력합니다. (   )

```
for i in range(1, 10):
    print("Hello")
```

8. 다음 프로그램에서 'Hello'는 최소한 1번은 출력됩니다. (   )

```
b = int(input())
for i in range(b):
    print("Hello")
```

19-3 복습문제 ||

다음 질문에 알맞은 답을 선택하세요.

1. 다음 중 for 구조는 어떤 문제를 해결할 때 사용할 수 있는지 고르시오.
   ① 사용자는 −1이 입력될 때까지 숫자를 계속 입력합니다.
   ② 사용자는 final_value보다 큰 값을 입력할 때까지 숫자를 계속 입력할 수 있습니다.
   ③ ①, ② 모두 정답
   ④ 정답 없음

2. for 구조에서 initial_value, final_value, step은 어떤 값을 가질 수 있는지 고르시오.
   ① 상수
   ② 변수
   ③ 식
   ④ 모두 정답

3. for 구조에서 initial_value, final_value, step이 변수일 경우 어떤 값을 가질 수 있는지 고르시오.
   ① 실수일 수 있음
   ② 반드시 실수여야 함
   ③ 반드시 정수여야 함
   ④ 정답 없음

4. for 구조에서 initial_value로 가능한 값을 고르시오.
   ① 반드시 0이어야 합니다.
   ② 0일 수도 있습니다.
   ③ 음수는 불가능합니다.
   ④ 정답 없음

5. for 구조에서 제어변수는 언제 시퀀스의 값들이 차례대로 자동 할당하는지 고르시오.
   ① 반복이 시작될 때
   ② 반복이 끝날 때
   ③ 자동으로 할당되지 않음
   ④ 정답 없음

6. 다음 프로그램은 'Hello Hera'를 몇 번 출력하는지 고르시오.

```
i = 1
for i in range(5, 6):
    print("Hello Hera")
```

   ① 5번   ② 1번   ③ 0번   ④ 정답 없음

7. 다음 프로그램은 'Hello Dionysus'를 몇 번 출력하는지 고르시오.

```
for i in range(40, 51):
    print("Hello Dionysus")
```

   ① 1번   ② 2번   ③ 10번   ④ 11번

8. 이 프로그램이 출력하는 값을 고르시오.

```
k = 0
for i in range(1, 7, 2):
    k = k + i
print(i)
```

   ① 3   ② 6   ③ 9   ④ 정답 없음

9. 이 프로그램이 출력하는 값을 고르시오.

```
k = 0
for i in range(100, -105, -5):
    k = k + i
print(i)
```

   ① −95   ② −105   ③ −100   ④ 정답 없음

다음 문제를 해결하세요.

1. 다음 파이썬 프로그램의 각 단계에서 변수들 값을 추적하고 화면에 출력되는 내용을 기술하세요. 이 파이썬 프로그램은 몇 번 반복하나요?

```python
a = 0
b = 0
for j in range(0, 10, 2):
    if j < 5:
        b += 1
    else:
        a += j - 1
print(a, b)
```

2. 사용자가 입력 값으로 9를 입력했을 때 프로그램의 각 단계에서 변수들의 값을 추적하고 화면에 출력되는 내용을 기술하세요.

```python
a = int(input())
for j in range(2, a, 3):
    x = j * 3
    y = j * 2
    if x > 10:
        y *= 2
    x += 4
    print(x, y)
```

3. 각 프로그램의 빈칸을 채워 모두 5번씩 실행되도록 하세요.

i
```python
for a in range(5, ____ + 1):
    b += 1
```

ii
```python
for a in range(0, ____, 4):
    b += 1
```

iii
```python
for a in range(____, -17, -2):
    b += 1
```

iv
```python
for a in range(-11, -16, ____):
    b += 1
```

4. 20개의 숫자를 입력한 다음 그 숫자들을 곱한 값과 평균값을 계산하여 출력하는 파이썬 프로그램을 작성하세요.

5. 사용자에게 n개의 정수를 입력 받아 그 중 양수의 총 개수를 표시하는 파이썬 프로그램을 작성하세요. 사용자는 프로그램 실행 초반에 n값을 입력해야 합니다. 또한 주어진 모든 정수가 음수이면 'You entered no posivitve integers(양수를 입력하지 않았습니다)'라는 메시지가 출력하도록 합니다.

6. 사용자에게 50개의 정수를 입력 받아 양수의 평균 값과 음수의 평균 값을 계산하여 출력하는 파이썬 프로그램을 작성하세요.

7. 사용자에게 2개의 정수를 입력 받아 하나는 시작 값, 또 하나는 종료 값으로 사용하여 시작 값에서 종료 값까지의 정수들을 출력하는 파이썬 프로그램을 작성하세요.

8. 사용자에게 실수 하나와 정수 하나를 입력 받아 첫 번째 숫자를 두 번째 숫자만큼 거듭 제곱한 값을 출력하는 프로그램을 작성하세요. 이때, 제곱 연산자(**)를 사용하지 않아야 하며, 입력되는 값은 모두 0보다 커야 합니다.

9. 사용자에게 메시지를 입력 받아 그 메시지에 포함되어 있는 단어의 개수를 표시하는 파이썬 프로그램을 작성하세요. 예를 들어, 입력된 메시지가 'My name is Bill Bouras(내 이름은 Bill Bouras입니다)'라면 프로그램은 'The message entered contains 5 words (이 메시지는 5개의 단어를 가지고 있습니다)'와 같이 출력되어야 합니다. 이때, len( ) 함수를 사용하며, 각 단어는 한 개의 공백으로 구분되어야 합니다.

20 반복하기 - 중첩 구조

20-1 중첩 반복 구조

중첩 반복 구조는 반복 구조 안에 또 다른 반복 구조가 기술된 것으로, 다시 말해 외부 루프 안에 내부 루프가 존재하는 것을 의미합니다.

외부 루프는 내부 루프의 전체 반복 횟수를 제어합니다. 즉, 외부 루프의 첫 번째 반복은 내부 루프가 반복을 완전하게 끝내도록 합니다. 그런 다음 외부 루프의 두 번째 반복도 다시 내부 루프가 반복을 완전하게 끝내도록 합니다. 이 과정은 외부 루프가 모든 반복을 수행할 때까지 반복됩니다.

다음 파이썬 프로그램을 봅시다.

```
                          file_20_1

for i in range(1, 3):
    for j in range(1, 4):   #중첩 구조의 예
        print(i, j)
```

제어변수 i에 의해 제어되는 외부 루프는 전체 내부 루프의 반복이 몇 번 실행되는지를 제어합니다. 즉, 변수 i의 값이 1이면 내부 루프는 변수 j의 값을 1, 2, 3 차례로 할당 받으며 3번 반복됩니다. 내부 루프의 반복이 끝났지만 외부 루프는 변수 i의 값이 2가 되어 한 번 더 반복됩니다.

따라서 내부 루프도 다시 시작되어 변수 j의 값을 1, 2, 3 차례로 할당 받아 반복됩니다.

다음 예를 살펴봅시다.

```
i = 1                    #외부 루프에서 변수 i에 1을 할당
for j in range(1, 4):    #내부 루프는 3번 반복
    print(i, j)


i = 2                    #외부 루프에서 변수 i에 2를 할당
for j in range(1, 4):    #내부 루프가 시작
    print(i, j)          #다시 3번을 반복 실행
```

화면에 다음과 같이 출력됩니다.

```
1    1
1    2
1    3
2    1
2    2
2    3
```

 기억하기

문법에 위배되지 않는 한 우리는 원하는 만큼 반복 구조를 중첩시킬 수 있습니다. 그러나 현실적으로는 4~5번 중첩을 시키면 전체 반복 구조가 복잡해지고 이해하기가 어렵습니다. 경험상 3~4번의 중첩이 적당합니다.

 참고

내부 루프와 외부 루프가 동일한 형식일 필요는 없습니다. 예를 들어, for 구조 내에 while 구조가 있을 수 있으며 그 반대도 가능합니다.

예제 20.1.1
반복 횟수 구하기

다음 프로그램에서 'Hello Zeus' 메시지가 출력되는 횟수를 기술하세요.

```python
for i in range(3):
    for j in range(4):
        print("Hello Zeus")
```

 해설

변수 i와 j의 값은 다음과 같습니다.

- i = 0일 때 : 내부 루프는 j = 0, j = 1, j = 2, j = 3의 값으로 4번 반복되며 'Hello Zeus' 메시지가 4번 표시됩니다.
- i = 1일 때 : 내부 루프는 j = 0, j = 1, j = 2, j = 3의 값으로 4번 반복되며 'Hello Zeus' 메시지가 4번 표시됩니다.
- i = 2일 때 : 내부 루프는 j = 0, j = 1, j = 2, j = 3의 값으로 4번 반복되며 'Hello Zeus' 메시지가 4번 표시됩니다.

따라서 'Hello Zeus' 메시지는 총 3 × 4 = 12번 표시됩니다.

💡 기억하기

외부 루프에 의해 내부 루프의 실행 횟수가 결정됩니다.

참고 ⇨ 외부 루프와 내부 루프는 동일한 제어변수를 사용해서는 안됩니다.

예제 20.1.2
출력되는 내용 기술하기

다음 프로그램을 보고 변수 x에 최종적으로 저장되는 값이 무엇인지 기술하세요.

```python
x = 1
i = 5
while i <= 7:
    for j in range(1, 5, 2):
        x = x * 2
    i += 1


print(x)
```

해설

변수 x에 최종적으로 저장되는 값을 알기 위해서는 먼저 x = x * 2의 반복 실행 횟수를 알아야 합니다. 외부 루프는 i = 5, i = 6, i = 7의 값으로 3번 반복되는데 내부 루프는 j = 1, j = 3의 값으로 2번 반복됩니다. 따라서 x = x * 2은 3 × 2 = 6번 실행됩니다. 변수 x의 초깃값은 1입니다. x = x * 2이 6번 실행되기 때문에 화면에 출력되는 마지막 값은 64가 됩니다.

왜 64일까요? 아마 6 × 2 = 12라고 생각하는 사람들이 많을 것입니다. 하지만 답은 64입니다.

처음에는 변수 x의 값이 1입니다.

- x = x * 2이 1번째 실행되면 변수 x의 값은 2가 됩니다.
- x = x * 2이 2번째 실행되면 변수 x는 4가 됩니다.
- x = x * 2가 3번째 실행되면 변수 x는 8이 됩니다.
- 4번째 실행되면 변수 x는 16이 됩니다.
- 5번째 실행되면 변수 x는 32가 됩니다.
- 마지막으로 x = x * 2가 6번째 실행되면 x는 64가 됩니다.

20-2 복습문제 I

다음 문장을 읽고 맞으면 O, 틀리면 X로 표시하세요.

1. 중첩 루프는 외부 루프 내에 있는 내부 루프입니다. (　　)

2. 루프 내에 중첩은 최대 4번까지 허용됩니다. (　　)

3. 2개의 루프가 중첩 관계일 때 이 루프들은 동일한 제어변수를 사용해야 합니다. (　　)

4. 다음 프로그램은 단어 'Hello'를 4번 표시합니다. (　　)

```python
for i in range(1, 4):
    for j in range(1, 4):
        print("Hello")
```

5. 다음 프로그램은 단어 'Hello'를 12번 출력합니다. (　　)

```python
for i in range(2):
    for j in range(1, 4):
        for k in range(1, 5, 2):
            print("Hello")
```

6. 다음 프로그램은 단어 'Hello'를 무한 반복 출력합니다. (　　)

```python
i = 1
while i <= 4:
    for i in range(3, 0, -1):
        print("Hello")
    i += 1
```

20-3 복습문제 Ⅱ

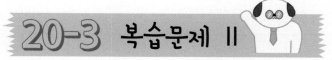

다음 질문에 알맞은 답을 선택하세요.

1. 다음 프로그램에서 변수 i와 j의 값은 어떻게 변하는지 고르시오.

```python
for i in range(1, 3):
    for j in range(1, 3):
        print("Hello")
```

① j = 1, i = 1, j = 1, i = 2, j = 2, i = 1, j = 2, i = 2

② i = 1, j = 1, i = 1, j = 2, i = 2, j = 1, i = 2, j = 2

③ i = 1, j = 1, i = 2, j = 2

④ j = 1, i = 1, j = 2, i = 2

2. 다음 프로그램은 'Hello Artemis'를 몇 번 출력하는지 고르시오.

```python
x = 1
while x != 5:
    for i in range(3):
        print("Hello Artemis")
    x += 2
```

① 무한 반복

② 15번

③ 6번

④ 정답 없음

3. 다음 프로그램은 'Hello Hera'를 몇 번 출력하는지 고르시오.

```python
x = 1
while x == 5:
    for i in range(4):
        print("Hello Hera")
    x += 1
```

① 무한 반복

② 20번

③ 15번

④ 정답 없음

4. 다음 프로그램은 'Hello Zeus'를 몇 번 출력하는지 고르시오.

```python
x = 2
while x != 5:
    for i in range(500):
        print("Hello Zeus")
    x += 2
```

① 무한 반복

② 1000번

③ 1500번

④ 정답 없음

5. 다음 프로그램이 출력하는 내용으로 맞는 것을 고르시오.

```
for i in range(1, 4):
    for j in range(1, 3):
        print(i, ", ", j, ", ", sep = "", end = "")
print("The End!" , end = "")
```

① 1, 1, 1, 2, The End!2, 1, 2, 2, The End!3, 1, 3, 2, The End!

② 1, 1, 1, 2, 2, 1, 2, 2, 3, 1, 3, 2, The End!

③ 1, 1, 2, 1, 3, 1, 1, 2, 2, 2, 3, 2, The End!

④ 정답 없음

20-4 복습문제 Ⅲ

다음 문제를 해결하세요.

1. 다음 프로그램들이 모두 'Hello Hephaesus'를 100번씩 출력하도록 빈칸을 채우세요.

i
```
for a in range(6, ____):
    for b in range(25):
        print("Hello Hephaesus")
```

ii
```
for a in range(0, ____, 5):
    for b in range(10, 20):
        print("Hello Hephaesus")
```

iii
```
for a in range(____, -17, -2):
    for b in range(150, 50, -5):
        print("Hello Hephaesus")
```

iv
```
for a in range(-11, -16, -1):
    for b in range(100, ____ + 2, 2):
        print("Hello Hephaesus")
```

2. 다음과 같은 형식으로 시와 분을 표시하는 파이썬 프로그램을 작성하세요. 이때, 출력되는 내용 사이의 간격이 일정하다는 것에 유의하세요.

0	0
0	1
0	2
0	3
...	
0	59
1	0
1	1
1	2
1	3
...	
23	59

3. 중첩 반복 구조를 사용해서 다음과 같이 출력하는 파이썬 프로그램을 작성하세요.

```
5 5 5 5 5
4 4 4 4
3 3 3
2 2
1
```

4. 중첩 반복 구조를 사용해서 다음과 같이 출력하는 파이썬 프로그램을 작성하세요.

```
0
0 1
0 1 2
0 1 2 3
0 1 2 3 4
0 1 2 3 4 5
```

5. 중첩 반복 구조를 사용해서 다음과 같이 직사각형을 출력하는 파이썬 프로그램을 작성하세요.

```
* * * * * * * *
* * * * * * * *
* * * * * * * *
```

6. 사용자에게 3에서 20 사이의 임의의 정수를 입력 받아 그 정수 크기만큼의 정사각형을 출력하는 파이썬 프로그램을 작성하세요. 예를 들어, 사용자가 4를 입력한 경우 표시되는 내용은 다음과 같습니다.

```
* * * *
* * * *
* * * *
* * * *
```

7. 중첩 반복 구조를 사용해서 다음과 같은 삼각형을 출력하는 파이썬 프로그램을 작성하세요.

```
*
* *
* * *
* * * *
* * * * *
```

8. 중첩 반복 구조를 사용해서 다음과 같은 삼각형을 출력하는 파이썬 프로그램을 작성하세요.

```
*
* *
* * *
* * * *
* * * * *
* * * *
* * *
* *
*
```

21 반복 구조를 사용하는 유용한 정보

21-1 시작하기

이 장에서는 '더 좋은' 코드를 작성하는데 도움이 되는 팁과 요령을 설명할 것입니다. 이 내용들을 파이썬 프로그램을 작성할 때 항상 명심해야 합니다!

이러한 팁과 요령은 코드의 가독성을 높이고 주어진 문제에 어떤 루프 구조를 사용하는 것이 더 좋으며, 코드를 더 짧게 작성하거나 더 빠르게 작성하는데 도움이 됩니다. 경우에 따라 유용하게 사용되는 팁과 요령이 다르므로 모든 코드에 적용되는 한 가지 방법이란 없습니다. 코드를 최적화하는 능력은 프로그래밍 경험이 많을수록 향상됩니다.

 기억하기

동일한 문제를 해결하는데 코드가 짧을수록 더 좋은 것은 아닙니다. 문제를 해결하기 위해 짧은 알고리즘을 사용해서 프로그램을 작성했으나 CPU 시간이 더 소모되는 경우도 있고, 반대로 긴 프로그램을 작성했으나 훨씬 빠르게 결과를 얻는 경우도 있습니다.

21-2 반복 구조 선택하기

다음 다이어그램은 반복 횟수에 따라 주어진 문제에 어떤 반복 구조를 사용하는 것이 더 나은 지를 알려줍니다.

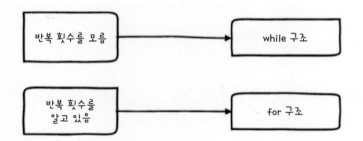

> 이 다이어그램은 최선의 선택을 보여주는 것일 뿐 유일한 선택을 보여주는 것은 아닙니다. 예를 들어, 반복 횟수를 알고 있을 때 while 구조를 사용하는 것이 잘못된 것은 아닙니다. 단지 for 구조가 더 편리하다는 것을 의미할 뿐입니다.

21-3 '궁극적인' 규칙

while 구조를 사용할 때 한 가지 의문점은 루프 내부에는 어떤 명령문을 써야 하는지, 또 외부에는 어떤 명령문을 써야 하는지 그리고 순서는 어떻게 되는지에 관한 것입니다.

이와 관련해 단순하지만 '궁극적인' 규칙이 있습니다! 이를 따르면 논리 오류를 만들 가능성이 0으로 줄어 듭니다!

'궁극적인' 규칙은 다음과 같습니다.

- 루프의 부울식에 사용되는 변수는 루프에 들어가기 전에 초기화 되어야 합니다.
- 루프의 부울식에 사용되는 변수 값은 루프 내에서 변경되어야 합니다. 특히, 이러한 변경을 실행하는 명령문은 루프의 마지막 명령문 중 하나이어야 합니다.

예를 들어, 변수 var가 루프의 부울식에 사용되는 변수라면 while 구조는 항상 다음과 같은 형식이어야 합니다.

```
var 초기화
while 부울식(var) :
    #여기에
    #1개의 명령문이나 명령문 블록이 기술됨

    var을 변경
```

- '*var 초기화*'는 변수 var에 초기값을 할당하는 명령문입니다. 이 명령문은 var = input("Enter a value: ")와 같은 입력문일 수도 있고 할당 연산자(=)를 사용하는 일반 할당문일 수도 있습니다.
- '*부울식(var)*'은 변수 var에 따라 간단한 부울식일 수도 있고 복잡한 부울식일 수도 있습니다.
- 마지막의 '*var을 변경*'은 변수 var은 input 문이나 할당 연산자(=)를 사용하는 할당문과 같이 var의 값을 변경하는 명령문이 기술될 수 있습니다. 이 명령문은 부울식이 실행되기 바로 전에 위치해야 합니다. 그러면 이 명령문이 루프의 마지막 명령문이 되는 것입니다.

이 궁극적인 규칙을 적용한 다음 코드를 살펴봅시다.

Example 1

```
a = int(input())        #a를 초기화
while a > 0:             #a 값에 따라 결정됨
    print(a)
    a = a - 1           #a의 값을 변경
```

Example 2

```
total = 0               #total을 초기화
while total < 1000:     #total 값에 따라 결정됨
    y = int(input())
    total += y          #total의 값을 변경
```

Example 3

```
a = int(input())          #a를 초기화
b = int(input())          #b를 초기화
while a + b > 0:          #a와 b 값에 따라 부울식이 결정됨
    print(a, b)
    a = int(input())     #a의 값을 변경
    b = int(input())     #b의 값을 변경
```

이제 왜 '궁극적인 규칙'을 따라야 하는지를 알게 되었을 것입니다. 이번에는 사용자에게 5개의 양수가 입력될 때까지 숫자를 계속 입력 받는 파이썬 프로그램을 작성하는 문제가 있다고 가정해 봅시다. 이 문제를 한 학생이 다음과 같이 해결하였습니다.

```
positives_given = 0

x = float(input("Enter a number: "))
while positives_given != 5:
    if x > 0:
        positives_given += 1
    x = float(input("Enter a number: "))

print("Positives given:", positives_given)
```

얼핏 보기에는 프로그램이 올바르게 보입니다. 사용자에게 숫자를 입력하라는 메시지를 표시하고, 루프로 진입해서 입력된 숫자가 양수인지 여부를 확인하고, 두 번째 숫자를 입력하라는 메시지를 표시합니다. 그러나 이 프로그램에는 논리 오류가 포함되어 까다로운 오류가 발생하였습니다. 무엇인지 알아챘나요?

실행의 흐름을 따라가보면 프로그램이 원활하게 실행되지만 양수 값 5개를 모두 입력하려고 할 때 문제가 발생합니다. 사용자가 이미 네 개의 양수 값을 입력했다고 가정합니다. 이것은 변수 positives_given의 값이 4임을 의미합니다. 사용자가 5번째 양수 값을 입력하면 이것을 세지 않

고 while 구조의 부울식을 검사합니다. 변수 positives_given의 값은 여전히 4이므로 실행 흐름이 루프로 진입해서 다시 번호를 묻는 메시지가 표시됩니다. 물론 이것은 잘못된 것입니다! 그렇다면 어떻게 작성해야 올바른 프로그램이 되는지 살펴봅시다.

while 구조의 부울식은 변수 positives_given의 값에 따라 달라지므로 이 변수는 루프 외부에서 초기화해야 합니다. 그리고 이 변수는 반드시 루프 내에서 업데이트되거나 변경되어야 합니다. 업데이트 또는 변경을 수행하는 명령문은 다음과 같이 루프 내의 마지막 명령문이어야 합니다.

```python
positives_given = 0            #positives_given의 초기화
while positives_given != 5:     # positives_given에 따르는 부울식
    #여기에
    #1개의 명령문이나 명령문 블록을 기술
    if x > 0:
        positives_given += 1   #positives_give을 변경
```

이제 프로그램을 완성하는데 필요한 명령문들을 추가할 수 있습니다. 여기서 누락된 유일한 명령문은 사용자에게 숫자를 입력하라는 메시지(루프 내에서 수행해야 함)와 결과를 표시하는 명령문(루프가 모든 반복을 완료할 때 완료되어야 함)입니다. 따라서 최종 프로그램은 다음과 같습니다.

```python
positives_given = 0
while positives_given != 5:
    x = float(input("Enter a number: "))
    if x > 0:
        positives_given += 1

print("Positives given:", positives_given)
```

21-4 반복에서 벗어나기

루프는 아주 많은 CPU 시간을 소비할 수 있으므로 매우 신중하게 사용해야 합니다. 어떤 조건이 충족되어 모든 반복을 완료하기 전에 루프를 중단하거나 종료해야 하는 경우가 있습니다. 다음은 문장에 있는 알파벳을 검색하기 위한 for 구조를 사용한 프로그램입니다.

```python
text = "I have a dream"

letter = input("Enter a letter to search: ")

found = False
for x in text:
    if x == letter:
        found = True

if found == True:
    print("Letter", letter, "found!")
```

이제 사용자가 알파벳 'h'를 입력했다고 가정합니다. for 구조는 특정 횟수만큼 반복되며 알파벳이 실제로 검색되는지 여부는 신경 쓰지 않으므로 알파벳 'h'가 변수 text의 두 번째 위치함에도 루프가 끝나질 않고 문장 내 알파벳을 모두 검색합니다. 끝날 때까지 루프가 계속 반복되며 CPU 시간이 낭비됩니다.

변수 text에는 겨우 14개의 문자로 구성되어 있으므로 대수롭지 않게 여겨질 수 있지만, 이는 실제 프로그래밍에서는 아주 큰 문제입니다. 대규모 데이터 처리에서는 매우 중요합니다. 루프 구조, 특히 많은 횟수로 반복하는 루프 구조를 사용할 때는 주의해야 합니다.

따라서 위와 같은 프로그램은 지정된 조건이 충족될 때 루프를 벗어나게 해야 하며 이때 조건은 주어진 문자가 발견될 때입니다.

파이썬에서는 break 문을 사용하여 반복 작업을 완료하기 전에 루프에서 빠져 나올 수 있습니다. 다음 파이썬 프로그램을 살펴봅시다. 변수 text 내에서 주어진 문자를 찾으면 실행 흐름이 for 구조를 즉시 벗어납니다.

```
                              file_21_4
text = "I have a dream"
letter = input("Enter a letter to search: ")

found = False
for x in text:
    if x == letter:
        found = True
        break

if found == True:
    print("Letter", letter, "found!")
```

21-5 무한루프를 피하는 방법

모든 루프 구조에는 루프 내에서 무한 반복을 막을 수 있는 방법이 포함되어야 합니다. 즉, 루프 내부에 무언가가 있어야 루프를 빠져 나갈 수 있습니다. 다음 예는 무한 루프를 포함하고 있습니다. 이 프로그램은 프로그래머가 루프 내에서 변수 i를 증가시키는 것을 잊은 채 작성하였습니다. 그 때문에 변수 i는 절대로 10에 도달할 수 없습니다.

```
i = 1
while i != 10:
    print("안녕!")
```

반복은 영원히 계속되며 반복을 멈추는 유일한 방법은 강제 종료뿐입니다. 예를 들어, 윈도 운영 체제에서 응용 프로그램이 걸려버리면(실행 흐름이 무한 루프를 입력했기 때문에) 이때 사용자는 Alt + Ctrl + Del 키를 눌러 응용 프로그램을 강제 종료해야 합니다.

참고 ▷ IDLE에서는 무한 루프에 빠진 경우 Ctrl + C 키를 누르면 즉시 어떤 작업도 중단이 됩니다. 이클립스의 경우는 'Terminate' 툴바 아이콘을 클릭해서 멈출 수 있습니다.

따라서 실행 흐름이 루프를 벗어나게 하려면 적어도 하나 이상의 명령문을 포함해야 합니다. 그러나 이것도 충분한 것은 아닙니다! 다음 프로그램을 살펴봅시다.

```
i = 1
while i != 10:
    print("안녕!")
    i += 2
```

루프 내에 변수 i를 증가시키는 명령문 i += 2이 포함되어 있지만 10이 변수 i에 할당되지 않으므로 루프가 종료되지 않습니다.

이러한 실수를 피하기 위한 방법은 == 및 != 비교 연산자를 사용하여 카운터 변수(여기서는 변수 i)를 확인하지 않는 것입니다. 특히 카운터 변수가 1이 아닌 다른 값으로 증가 또는 감소하는 경우 <, <=, > 및 >= 비교 연산자를 사용할 수 있습니다. 그러면 카운터 변수가 종료 값을 초과할 때 실행 흐름이 루프를 빠져나갈 수 있습니다. 위 예에서 !=를 < 나 <= 비교 연산자로 바꿔봅시다.

```
i = 1
while i < 10:
    print("안녕!")
    i += 2
```

21-6 '내부에서 외부로' 방법

이 책은 '내부에서 외부로'라는 방법을 제안하여 알고리즘적 사고를 배울 수 있도록 도와줍니다. 이 방법은 먼저 내부(중첩된) 구조를 조작하고 디자인한 다음 프로그램이 개발되면서 점점 더 많은 구조가 추가되고 중첩됩니다. 다음 예를 살펴봅시다.

아래와 같이 구구단을 출력하는 파이썬 프로그램을 작성하세요.

1x1=1	1x2=2	1x3=3	1x4=4	1x5=5	1x6=6	1x7=7	1x8=8	1x9=9
2x1=2	2x2=4	2x3=6	2x4=8	2x5=10	2x6=12	2x7=14	2x8=16	2x9=18
3x1=3	3x2=6	3x3=9	3x4=12	3x5=15	3x6=18	3x7=21	3x8=24	3x9=27
4x1=4	4x2=8	4x3=12	4x4=16	4x5=20	4x6=24	4x7=28	4x8=32	4x9=36
5x1=5	5x2=10	5x3=15	5x4=20	5x5=25	5x6=30	5x7=35	5x8=40	5x9=45
6x1=6	6x2=12	6x3=18	6x4=24	6x5=30	6x6=36	6x7=42	6x8=48	6x9=54
7x1=7	7x2=14	7x3=21	7x4=28	7x5=35	7x6=42	7x7=49	7x8=56	7x9=63
8x1=8	8x2=16	8x3=24	8x4=32	8x5=40	8x6=48	8x7=56	8x8=64	8x9=72
9x1=9	9x2=18	9x3=27	9x4=36	9x5=45	9x6=54	9x7=63	9x8=72	9x9=81

'내부에서 외부로' 방법을 따르면 내부 루프 구조를 작성한 다음 외부 루프 구조를 추가합니다. 먼저 구구단의 첫 번째 행만 표시해 봅시다. 이 라인을 살펴보면 각 곱셈에서 곱해지는 수가 항상 1임을 알 수 있습니다. 변수 i가 1을 기억한다면 구구단의 첫 번째 행만 표시하는 루프 구조는 다음과 같습니다.

```
for j in range(1, 10):
    print(i, "x", j, "=", i * j, end = "\t")
```

이 코드를 실행하면 다음과 같이 출력될 것입니다.

1x1=1 1x2=2 1x3=3 1x4=4 1x5=5 1x6=6 1x7=7 1x8=8 1x9=9

기억하기

특수문자 '₩t'는 반복될 때마다 일정한 공백이 출력되도록 합니다. 구구단이 출력될 때 간격을 맞추기 위해 사용되었습니다.

내부(중첩) 루프 구조가 준비되었습니다. 이제는 이 구조를 9번 실행하는 방법이 필요하지만 변수마다 1에서 9까지 다른 값을 가져야 합니다. 이 내용을 코드로 작성해 봅시다.

```python
for i in range(1, 10):
    #여기에 기술되는 코드가
    #구구단의 1개 라인을 표시함
print()
```

참고   라인과 라인 사이에 빈 라인을 삽입하기 위해 print() 문이 사용되었습니다.

이제 첫 번째 코드를 두 번째 코드에 중첩시켜 봅시다.
최종 파이썬 프로그램은 다음과 같습니다.

file_21_6

```python
for i in range(1, 10):
    for j in range(1, 10):
        print(i, "x", j, "=", i * j, end = "\t")
    print()
```

21-7 복습문제 I

다음 문장을 읽고 맞으면 O, 틀리면 X로 표시하세요.

1. 반복 횟수를 모를 때, 유한 루프 구조를 사용할 수 있습니다. (　　)

2. 반복 횟수를 안다면 while 구조를 사용할 수 없습니다. (　　)

3. '궁극적인 규칙'에 따르면 while 구조에서는 루프의 부울식에 참여하는 변수의 초기화는 루프 내부에서 수행되어야 합니다. (　　)

4. '궁극적인 규칙'에 따르면 while 구조에서 루프의 부울식에 관여하는 변수 값을 변경하는 명령문은 루프 내의 마지막 문에 작성해야 합니다. (　　)

5. 파이썬에서는 모든 반복을 완료하기 전에 break 문을 사용하여 루프에서 빠져 나올 수 있습니다. (　　)

6. '같지 않음(!=)' 비교 연산자가 while 구조의 부울식에 사용되면 루프는 항상 끝없이 반복됩니다. (　　)

21-8 복습문제 II

다음 질문에 알맞은 답을 선택하세요.

1. 반복 횟수를 모를 때 사용할 수 있는 구조를 고르시오.

　① for 구조　　② while 구조　　③ 모두 정답

2. 반복 횟수를 알 때 사용할 수 있는 구조를 고르시오.

　① for 구조　　② while 구조　　③ 모두 정답

3. '궁극적인 규칙'에 따라 while 구조에서 루프의 부울식에 관여하는 변수의 초기화는 어디서 실행되어야 하는지 고르시오.

　① 루프 내　　② 루프 밖　　③ 모두 정답

4. '궁극적인 규칙'에 따르면 while 구조에서는 루프의 부울식에 관여하는 변수 값을 변경하는 명령은 어디서 실행되어야 하는지 고르시오.

　① 루프 내　　② 루프 밖　　③ 모두 정답

5. while 구조의 부울식에서 어떤 비교 연산자를 사용하면 루프가 영원히 반복되는지 고르시오.

　① ==　　　　　② <=

　③ >=　　　　　④ 부울식에 따라 다름

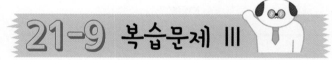

21-9 복습문제 Ⅲ

다음 문제를 해결하세요.

1. 다음 프로그램은 단어 'STOP'이 입력될 때까지 사용자가 이름을 반복해서 입력하도록 합니다. 입력된 이름의 총 개수와 'John'이 아닌 이름의 개수를 표시해야 합니다. 그러나 이 프로그램은 잘못된 결과를 표시합니다. '궁극적인 규칙'을 사용하여 올바른 결과를 표시하도록 프로그램을 수정하세요.

```python
count_not_johns = 0
count_names = 0
name = ""
while name != "STOP":
    name = input("Enter a name: ")
    count_names += 1
    if name != "John":
        count_not_johns += 1

print("Names other than John entered: ", count_not_johns, "times")
print(count_names, "names entered")
```

2. 사용자에게 문장을 입력 받는 파이썬 프로그램을 작성하세요. 문장은 한 단어 또는 두 단어 이상의 문장일 수도 있습니다. 이 프로그램은 입력 받은 텍스트가 한 단어인지 두 개 이상의 단어로 이루어진 문장인지를 알려주는 메시지를 출력합니다. 이때 공백 문자를 찾는 명령을 사용해 사용자가 문장을 입력했음을 알고 더 이상의 검색을 중지하도록 합니다.

3. 사용자에게 문장을 입력 받는 파이썬 프로그램을 작성하세요. 문장에 적어도 하나의 숫자가 포함되어 있다면 'The sentence contains a number(문장에 숫자가 포함되어 있습니다)'라는 메시지가 표시됩니다. 한 개의 숫자가 발견되면 프로그램은 검색을 중단해야 합니다.

4. 다음 프로그램이 무한 반복되지 않도록 수정하세요.

```
print("Printing all integers from 1 to 100")
i = 1
while i < 101:
    print(i)
```

5. 다음 while 구조의 부울식을 수정해서 무한 반복되지 않도록 수정하세요.

```
print("Printing odd integers from 1 to 99")
i = 1
while not(i == 100):
    print(i)
    i += 2
```

6. 다음과 같이 1에서 4 사이의 정수 중 2개의 수를 조합하여 만들 수 있는 모든 곱셈과 그 결과를 출력하는 파이썬 프로그램을 작성하세요.

$1 \times 1 = 1$

$1 \times 2 = 2$

$1 \times 3 = 3$

$1 \times 4 = 4$

$2 \times 1 = 2$

$2 \times 2 = 4$

$2 \times 3 = 6$

$2 \times 4 = 8$

...

$4 \times 1 = 4$

$4 \times 2 = 8$

$4 \times 3 = 12$

$4 \times 4 = 16$

7. 다음과 같이 1에서 12 사이의 정수 중 2개의 수를 조합하여 만든 구구단을 출력하는 파이썬 프로그램을 작성하세요. 단, 출력 형태는 아래와 같은 표가 아닌 탭으로 정렬되어 있습니다.

	1	2	3	4	5	6	7	8	9	10	11	12
1	1	2	3	4	5	6	7	8	9	10	11	12
2	2	4	6	8	10	12	14	16	18	20	22	24
3	3	6	9	12	15	18	21	24	27	30	33	36
…	…	…	…	…	…	…	…	…	…	…	…	…
11	11	22	33	44	55	66	77	88	99	110	121	132
12	12	24	36	48	60	72	84	96	108	120	132	144

22 반복 구조 연습하기

22-1 일반적인 반복 구조 연습

예제 22.1.1

I + 2 + 3 + ⋯ + 100 계산하기

다음과 같이 합계를 계산하여 결과를 출력하는 파이썬 프로그램을 작성하세요.

$$S = 1 + 2 + 3 + \cdots + 100$$

 해설

이 문제는 시퀀스 구조를 사용하여 해결할 수 있습니다. 최선의 선택은 아니지만 여러 방법들 중 하나입니다. 변수는 1에서 100까지 증가하면서 변수 s에 누적됩니다.

```
s = 0
i = 1


s = s + i     #이 명령문 쌍이 100번 기술되어야 합니다.
i = i + 1
```

```
s = s + i
i = i + 1

...
...

s = s + i
i = i + 1

print(s)
```

변수 i를 1에서 100까지 증가시키는 명령을 while 구조를 사용하여 처리할 수 있습니다. 반복될 때마다 변수 i의 값은 변수 s에 누적됩니다.

```
s = 0
i = 1

while i <= 100:
    s = s + i
    i = i + 1

print(s)
```

또한 다음과 같이 for 구조를 사용할 수도 있습니다.

```
s = 0
for i in range(1, 101):
    s = s + i

print(s)
```

예제 22.1.2
2 × 4 × 6 × 8 × 10 계산하기

다음과 같이 계산하여 결과를 출력하는 파이썬 프로그램을 작성하세요.

$$P = 2 \times 4 \times 6 \times 8 \times 1$$

해설

이번에도 역시 시퀀스 구조를 사용해서 해결할 수 있습니다.

```
p = 1
i = 2

p = p * i
i = i + 2

p = p * i
i = i + 2

p = p * i
i = i + 2

p = p * i
i = i + 2

p = p * i
i = i + 2

print(p)
```

또한 변수 i를 2부터 10까지 2씩 증가시키는 명령을 while 구조를 사용하여 처리할 수 있습니다.

```
                          file_22_1_2a

p = 1


i = 2
while i <= 10:
    p = p * i
    i += 2


print(p)
```

또는 다음과 같이 for 구조를 사용할 수도 있습니다.

```
                          file_22_1_2b

p = 1


for i in range(2, 12, 2):
    p = p * i


print(p)
```

예제 22.1.3
양수의 평균 구하기

사용자에게 100개의 숫자를 입력 받아, 그 중 양수의 평균값을 계산하고 표시하는 파이썬 프로그램을 작성하세요.

해설

총 반복 횟수를 알고 있으므로 for 구조를 사용할 수 있습니다. 그러나 루프 내부에서는 if 구조를 사용하여 입력된 숫자가 양수인지 확인해야 합니다. 양수이면 숫자를 변수 total에 누적해야 합니다. 루프를 빠져 나가면 평균 값을 계산합니다. 파이썬 프로그램은 다음과 같습니다.

```
file_22_1_3a
total = 0
count = 0

for i in range(100):
    x = float(input("Enter a number: "))
    if x > 0:
        total += x
        count += 1

if count != 0:
    print(total / count)
else:
    print("No positives entered!")
```

 참고   사용자가 음수만 계속해서 입력할 수도 있기 때문에 if count != 0 문이 필요합니다. 이 명령문이 있기 때문에 0으로 나누는 오류를 방지할 수 있습니다.

 예제 22.1.4
더 큰 숫자의 개수 세기

사용자에게 10쌍의 숫자를 입력 받아 입력된 숫자 쌍 중 첫 번째 숫자가 두 번째 숫자보다 큰 횟수를 계산하고, 반대로 두 번째 숫자가 첫 번째 숫자보다 더 큰 횟수를 계산해서 그 결과를 출력하는 파이썬 프로그램을 작성하세요.

해설

역시 for 구조를 사용할 수 있습니다. 다음 프로그램을 살펴봅시다.

```
                          file_22_1_4b
count_a = 0
count_b = 0

for i in range(10):
    a = int(input("Enter number A: "))
    b = int(input("Enter number B: "))

    if a > b:
        count_a += 1
    elif b > a:
        count_b += 1

print(count_a, count_b)
```

if—elif 대신에 if—else 구조를 사용하지 않은 이유가 궁금할 수 있습니다.
다음과 같이 if—else 구조를 사용했다고 가정해 봅시다.

```
if a > b:
    count_a += 1
else:
    count_b += 1
```

이 구조에서는 변수 b가 변수 a보다 큰 경우와 변수 b가 변수 a와 같은 경우에도 변수 count_b가 증가합니다. 그러나 if—elif 구조를 사용하면 변수 b가 변수 a보다 큰 경우에만(2개 변수가 같은 경우는 제외) 변수 count_b가 증가합니다.

예제 22.1.5
자릿수 별로 숫자 세기

사용자에게 20개의 정수를 입력 받아 그 중 한 자리 수를 가진 정수는 몇 개인지, 두 자리 수를 가진 정수는 몇 개인지, 세 자리 수를 가진 정수는 몇 개인지를 출력합니다. 단, 사용자는 반드시 1부터 999 사이의 정수만을 입력해야 합니다.

해설

새로울 것이 없습니다. 내용에 따라 완성한 파이썬 프로그램은 다음과 같습니다.

```
                          file_22_1_5
count1 = 0
count2 = 0
count3 = 0

for i in range(20):
    a = int(input("Enter a number: "))

    if a <= 9:
        count1 += 1
    elif a <= 99:
        count2 += 1
    else:
        count3 += 1

print(count1, count2, count3)
```

예제 22.1.6
더해진 숫자 세기

입력 받은 숫자의 총합이 1000을 넘을 때까지 사용자에게 숫자를 반복적으로 입력 받는 파이썬 프로그램을 작성하세요.

해설

정확한 반복 횟수를 알 수 없으므로 for 구조를 사용할 수 없습니다. while 구조를 사용하되, 프로그램에 논리 오류가 없도록 하려면 앞서 설명한 '궁극적인 규칙'을 따라야 합니다. 이 규칙에 따라 문제를 해결하는 while 구조는 다음과 같습니다.

```
total = 0                    #total의 초기화
while total <= 1000:          #total을 사용하는 부울식
    #여기에 1개의 명령문이나 명령문 블록을 기술
    total += x               #total의 값을 변경
```

위 내용을 응용하여 사용자가 숫자를 입력하도록 하는 명령문과 입력된 숫자를 계산하는 명령문을 추가하여 작성한 최종 파이썬 프로그램은 다음과 같습니다.

```
file_22_1_6
count = 0


total = 0
while total <= 1000:
    x = float(input("Enter a number: "))
    count += 1

    total += x

print(count)
```

예제 22.1.7
사용자가 원하는 만큼 반복하기

사용자에게 2개의 숫자를 입력 받아 첫 번째 숫자를 A, 두 번째 숫자를 B로 정하여 A를 B 만큼 거듭제곱한 결과를 출력합니다. 이 프로그램은 사용자가 원하는 만큼 반복할 수 있어야 합니다. 대답이 'yes'면 프로그램을 반복해야 합니다. 그렇지 않으면 프로그램을 끝내야 합니다. 프로그램이 'yes', 'YES', 'Yes' 또는 심지어 'YeS'와 같은 모든 형태의 답을 받아들이도록 해야 합니다.

해설

'궁극적인 규칙' 따르면 다음과 같은 형식의 while 구조를 사용하게 됩니다.

```python
answer = "yes"    #answer의 초기화


while answer.upper() == "YES":
    #여기에
    #사용자에게 2개의 숫자를 입력하게 하고
    #그 숫자들로 거듭제곱을 계산해서
    #결과를 표시하는 코드를 기술


    #answer의 값을 변경
    answer = input("Would you like to repeat?")
```

참고 > upper() 메서드를 사용하면 사용자가 'yes', 'YES', 'Yes' 또는 'YeS'를 입력해도 프로그램이 올바르게 실행되게 할 수 있습니다.

이 문제를 해결하는 프로그램은 다음과 같습니다.

```
file_22_1_7
answer = "yes"    #answer 초기화

while answer.upper() == "YES":
    a = int(input("Enter number A: "))
    b = int(input("Enter number B: "))


    result = a ** b
    print("The result is:", result)


    answer = input("Would you like to repeat?")
```

예제 22.1.8
반복 구조를 사용해 최솟값 찾기

4명의 몸무게를 입력 받아 그 중 가장 가벼운 사람의 몸무게를 출력하는 파이썬 프로그램을 작성하세요.

해설

예제 13.1.3에서는 if 구조를 사용하여 4개의 값을 입력 받아 그 중 최솟값을 찾는 방법을 배웠습니다. 다음 프로그램도 그와 거의 동일하지만 사용자가 입력한 값을 기억하는 변수 w 하나만 사용합니다.

```
w = int(input("Enter a weight: "))      #첫 번째 몸무게 입력
minimum = w
```

```
w = int(input("Enter a weight: "))        #두 번째 몸무게 입력
if w < minimum:
    minimum = w


w = int(input("Enter a weight: "))        #세 번째 몸무게 입력
if w < minimum:
    minimum = w


w = int(input("Enter a weight: "))        #네 번째 몸무게 입력
if w < minimum:
    minimum = w
```

1~2번째 줄 명령문을 제외하고는 동일한 명령문 블록이 3번 반복됩니다. 그러므로 for 구조를 사용하여 다음과 같이 작성할 수 있습니다.

file_22_1_8

```
w = int(input("Enter a weight: "))        #첫 번째 몸무게 입력
minimum = w


for i in range(3):
    w = int(input("Enter a weight: "))  #두 번째, 세 번째, 네 번째 몸무게 입력
    if w < minimum:
        minimum = w
```

물론 사용자에게 더 많은 값을 입력 받으려면 단순히 for 구조의 final_value(현재 3)를 늘리면 됩니다.

참고 ▷ **One**

if 구조의 '<' 연산자를 '>' 연산자로 바꾸기만 하면 최댓값을 구할 수 있습니다.

Two

for 구조는 주어진 값의 총 수보다 하나 적게 반복해야 합니다.

예제 22.1.9
화씨 0~100도를 켈빈 온도로 변환하기

화씨 0도부터 100도까지의 온도를 켈빈 온도로 변환하여 출력하는 파이썬 프로그램을 작성하세요. 이때, 화씨 온도 값은 0, 0.5, 1, 1.5, …, 99, 99.5, 100으로 증가합니다. 변환 공식은 다음과 같습니다.

$$켈빈 = (화씨 + 459.67) / 1.8$$

해설

여기서 필요한 것은 fahrenheit이라는 변수와 변수 fahrenheit의 값을 0에서부터 0.5씩 100까지 증가시키는 while 구조입니다. 프로그램은 다음과 같습니다.

```
                          file_22_1_9

fahrenheit = 0
while fahrenheit <= 100:
    kelvin = (fahrenheit + 459.67) / 1.8
    print("Fahrenheit: ", fahrenheit, "Kelvin: ", kelvin)
    fahrenheit += 0.5
```

참고 이 문제를 해결하기 위해 여기서는 for 구조를 사용하는 것은 불가능합니다. range( ) 함수는 정수형의 증가값만을 사용할 수 있는데 이 문제에서는 증가 값은 0.5이기 때문입니다.

예제 22.1.10
체스판 위의 쌀알

체스를 발명한 사람에 대한 이야기가 있습니다. 체스가 발명되었을 때, 인도의 왕은 이 새로운 게임이 개발된 것이 너무나 기뻐 체스 발명가에게 그가 원하는 것을 무엇이든 주겠다고 제안했습니다. 가난했지만 현명했던 이 발명가는 왕에게 체스판의 첫 번째 칸에는 쌀 한 톨, 두 번째 칸에는 쌀 두 톨, 세 번째에는 쌀 네 톨과 같이 이전 칸보다 두 배씩 쌀알을 올려 체스판의 64칸에 올려진 모든 쌀알을 받기를 원했습니다. 왕은 이것을 겸손한 부탁으로 여겨 그의 하인들에게 쌀을 가져오라고 명령했습니다.

체스판에는 총 몇 개의 쌀알이 있는지를 계산하는 파이썬 프로그램을 작성하세요.

해설

먼저 2 × 2 = 4칸의 체스판이 있다 가정하고 변수 grains에 초깃값 1(이것은 첫 번째 칸의 쌀알 수)을 할당한다고 가정합니다. 다음 프로그램의 for 구조는 반복할 때마다 변수 grains 값을 두 배로 늘리게 됩니다.

```
grains = 1
for i in range(3):
    grains = 2 * grains
```

반복할 때 마다 변하는 변수 값은 다음과 같습니다.

반복 횟수	변수 grains의 값
1	2 × 1 = 2
2	2 × 2 = 4
3	2 × 4 = 8

3번째 반복하면 변수 grains는 8을 저장합니다. 그러나 변수 grains의 값은 체스판에 있는 쌀알의 총 개수가 아니라 4번째 정사각형의 쌀알 개수입니다. 체스판 위에 있는 총 쌀알 개수를 구하려면 1 + 2 + 4 + 8 = 15와 같이 모든 쌀알을 더해야 합니다.

실제 체스판은 8 × 8 = 64개의 사각형이 있으므로 for 구조를 사용해 총 63번 반복해야 합니다. 파이썬 프로그램은 다음과 같습니다.

```
                         file_22_1_10
grains = 1
total = 1
for i in range(63):
    grains = 2 * grains
    total = total + grains

print(total)
```

총 쌀알 개수가 얼마나 많은 양인지 궁금하다면 여기에 답이 있습니다. 체스판에는 총 18,446,744,073,709,551,615개의 쌀알이 있습니다!

예제 22.1.11
숨겨진 숫자 찾기

1에서 100 사이의 임의의 정수를 변수에 할당한 다음, 사용자에게 변수에 저장된 정수를 맞히도록 하는 파이썬 프로그램을 작성하세요. 입력 받는 정수가 변수보다 크다면, "Your guess is bigger than my secret number. Try again.(당신이 입력한 수보다 작은 수입니다.)" 메시지를 출력하고, 반대로 변수보다 작다면 "Your guess is smaller than my secret number. Try again.(당신이 입력한 수보다 큰 수입니다.)" 메시지를 출력합니다. 이와 같은 과정은 정답을 맞힐 때까지 반복해야 합니다. 만약 사용자가 정답을 입력했다면, 사용자가 몇 번만에 정답을 맞혔는지와 "You found it!(찾았습니다!)" 메시지를 출력합니다.

해설

'궁극적인 규칙'을 따르자면 while 구조는 다음과 같습니다.

```
guess = int(input("Enter a guess: "))      #guess의 초기화
while guess != secret_number:


    #여기에 나머지 명령문 기술


    #guess의 값을 변경
    guess = int(input("Enter a guess: "))
```

while 구조에 들어가는 나머지 명령문은 아주 간단합니다. 사용자가 입력한 값을 변수에 저장된 임의의 정수와 비교하는 명령문과 메시지를 출력하는 명령문이 기술되어야 합니다. 또한 사용자가 몇 번 시도를 하는지를 저장할 변수를 1씩 증가시켜야 합니다.

참고 ▷ 난수 정수를 생성하는 방법이 생각나지 않으면 〈10-2 유용한 함수(Function)과 메서드(Method)〉를 다시 읽어보기 바랍니다.

최종 프로그램은 다음과 같습니다.

```
                         file_22_1_11
import random


secret_number = random.randrange(1, 101)


attempts = 1


guess = int(input("Enter a guess: "))
while guess != secret_number:
    if guess > secret_number:
        print("Your guess is bigger than my secret number. Try again.")
```

```
    else:
        print("Your guess is smaller than my secret number. Try again.")

    attempts += 1

    guess = int(input("Enter a guess: "))

print("You found it!")
print("Attempts: ", attempts)
```

22-2 복습문제

다음 문제를 해결하세요.

1. 다음 식의 계산 결과를 출력하는 파이썬 프로그램을 작성하세요.

$$S = 1 + 3 + 5 + \cdots + 99$$

2. 사용자에게 N을 입력 받은 후, 다음 식의 계산 결과를 출력하는 파이썬 프로그램을 작성하세요.

$$S = 2 + 4 + 6 + \cdots + 2 * N$$

3. 선생님에게 총 학생 수와 학생들의 점수를 입력 받아 그 중 A 학점(90~100점에 해당)을 받은 학생들의 평균 점수를 계산하여 출력하는 파이썬 프로그램을 작성하세요.

4. 합계가 3000을 초과할 때까지 반복적으로 숫자를 입력 받는 파이썬 프로그램을 작성하세요. 만약 입력 받은 숫자 중 0이 있다면 입력 받은 0의 총 개수를 출력합니다.

5. 원의 넓이를 구하는 공식은 다음과 같습니다.

$$넓이 = \pi \cdot 반지름^2$$

원의 반지름을 입력 받아 원의 넓이를 계산하여 출력하는 프로그램을 작성하세요. 이 프로그램은 사용자가 원하는 만큼 반복할 수 있어야 합니다. 한 번의 실행이 끝난 후 또 다시 다른 원의 넓이를 계산할지를 묻습니다. 만약 대답이 'yes'면 프로그램을 반복해야 합니다. 그렇지 않으면 프로그램을 끝내야 합니다. 프로그램이 'yes', 'YES', 'Yes' 또는 심지어 'YeS'와 같은 모든 형태의 답을 받아들이도록 해야 합니다. 이때, π의 값은 약 3.141입니다.

6. 1, 2, 4, 8, 16, 32, 64, 128 등과 같이 1byte와 1GB 사이의 가능한 모든 RAM 크기를 출력하는 파이썬 프로그램을 작성하세요. 1GB는 2^{30} byte 또는 1073741824byte입니다.

7. 다음과 같이 숫자를 표시하는 파이썬 프로그램을 작성하세요.

   −1, 1, −2, 2, −3, 3, −4, 4, ⋯, −100, 100

8. 다음과 같은 규칙으로 숫자를 출력하는 파이썬 프로그램을 작성하세요.

   1, 11, 111, 1111, 11111, ⋯, 11111111

9. 사용자에게 8월 한 달동안 오후 12시에 측정된 기온을 입력 받는 파이썬 프로그램을 작성하세요. 또한 입력 받은 기온들의 평균 기온과 최고 기온을 출력합니다.

10. 과학자에게 1일 동안 매 시간 측정된 해수면 높이와 측정 시간을 입력 받아, 가장 높은 해수면의 높이와 가장 낮은 해수면의 높이 그리고 그 해수면의 높이가 기록된 시간을 출력하는 파이썬 프로그램을 작성하세요.

11. 예제 22.1.11을 응용하여 2명의 플레이어를 위한 게임 프로그램을 작성하세요. 보다 적은 횟수로 저장된 임의의 정수를 맞힌 플레이어가 승리하는 게임입니다.

12. 교사에게 총 학생 수, 성적 및 성별(남학생의 경우 M, 여학생의 경우 F)을 입력하라는 메시지를 출력한 다음, 다음과 같이 출력하는 파이썬 프로그램을 작성하세요.

   a. the average value of those who got an "A" (90–100)

   b. the average value of those who got a "B" (80–89)

   c. the average value of boys who got an "A" (90–100)

   d. the total number of girls that got less than "B"

   e. the average grade of the whole class

13. 다음 표와 같이 고객의 주문 금액을 기준으로 할인 금액을 출력하는 파이썬 프로그램을 작성하세요.

구매 비용	할인
$0 ⟨ amount ⟨ $20	0%
$20 ≤ amount ⟨ $50	3%
$50 ≤ amount ⟨ $100	5%
$100 ≤ amount	10%

각 할인 계산이 끝나면 프로그램은 사용자에게 다음 금액의 할인을 표시할지 묻습니다. 만약 대답이 'yes'면 프로그램을 반복해야 합니다. 그렇지 않으면 프로그램을 끝내야 합니다. 프로그램이 'yes', 'YES', 'Yes' 또는 심지어 'YeS'와 같은 모든 형태의 답을 받아들이도록 해야 합니다.

23 터틀 그래픽

23-1 시작하기

'터틀(Turtle)'은 창에 표시되는 거북이 모양의 그래픽을 가리키며, 원하는 모양을 그릴 수 있는 파이썬의 기능의 하나입니다.

터틀은 다음과 같이 3가지 속성을 가집니다.

- ■ 위치
- ■ 방향
- ■ 펜

터틀을 앞으로 또는 뒤로 이동시키거나, 왼쪽이나 오른쪽으로 회전시키거나, 펜을 위아래로 당기게 하는 등의 지시를 내릴 수 있습니다. 지금까지 배운 간단한 명령문들과 그 외 내용들을 활용하여 단순한 그림부터 복잡한 그림까지 다양한 그림들을 그릴 수 있습니다.

 터틀 그래픽을 지원하는 첫 번째 언어는 'LOGO'이었습니다.

23-2 x - y 평면

파이썬의 터틀에 대해 본격적으로 배우기 전에 터틀의 위치를 먼저 이해해야 합니다. 터틀은 2개의 좌표로 화면상의 위치가 결정됩니다. 'x 좌표'는 수평 위치를, 'y 좌표'는 수직 위치를 결정합니다. [그림 23-1]과 같이 터틀이 이동할 수 있는 창이 400픽셀(pixel)×300픽셀(pixel)의 사각형이라고 가정해 봅시다.

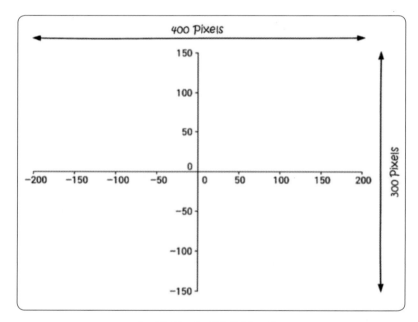

[그림 23-1] 터틀의 좌표계

- x 좌표 값은 −200에서 200까지 가능하며, −200은 터틀이 위치할 수 있는 가장 왼쪽이고 200은 가장 오른쪽입니다.
- y 좌표 값은 −150에서 150까지 가능하며, −150은 터틀이 위치할 수 있는 가장 아래쪽이고 150은 가장 위쪽입니다.

좌표는 우리가 알고 있듯이 값의 쌍으로 (x, y)와 같이 기술합니다. 창의 중심은 좌표 (0, 0)입니다. 예를 들어, [그림 23-2]에서 터틀은 좌표 (50, 100)에 있습니다.

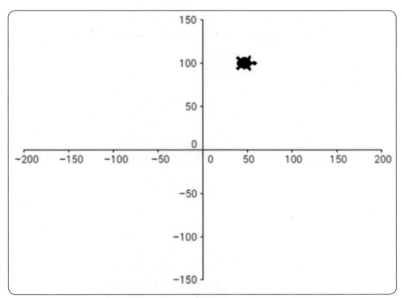

[그림 23-2] 좌표 (50, 100)에 위치한 터틀

23-3 터틀은 어디에 있나?

터틀을 다루기 위해서는 다음과 같은 4줄의 코드만 있으면 됩니다. 우리는 터틀을 'george(조지)'라고 부릅시다.

```
import turtle              #turtle 모듈을 임포트


wn = turtle.Screen()      #그래픽 윈도를 만듬
george = turtle.Turtle()  #새로운 터틀을 만듬 'george'라고 함


wn.exitonclick()          #사용자가 그래픽 윈도를 클릭하기를 기다림
```

이 4줄의 코드를 실행하면 [그림 23-3]과 같이 좌표 (0, 0)에 오른쪽을 향하고 있는 터틀이 생성됩니다.

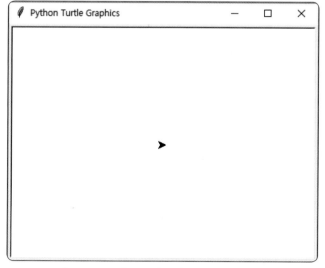

[그림 23-3] 좌표 (0, 0)에 위치한 터틀

참고 좌표 (0, 0)은 창의 중앙에 위치합니다.

여러분이 보고 있는 것처럼 '터틀(거북이)' 모양이 아니라 '화살표' 모양입니다.
다음과 같이 george.shape("turtle") 문을 사용해서 'george'의 기본 모양을 바꿀 수 있습니다.

```
import turtle

wn = turtle.Screen()
george = turtle.Turtle()
george.shape("turtle")   #George를 터틀 모양을 변경

wn.exitonclick()
```

이제 'george'는 [그림 23-4]와 같이 진짜 거북이처럼 보입니다.

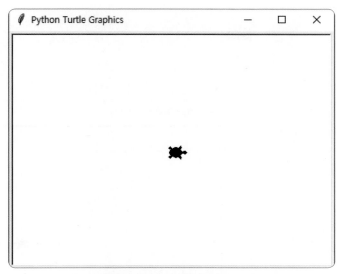

[그림 23-4] '진짜' 거북이 같은 George

참고 ▶ 터틀은 처음 표시될 때 항상 오른쪽으로 향한다는 것을 유의하세요!

23-4 앞뒤로 이동하기

터틀은 픽셀 단위로 지정된 거리만큼 앞이나 뒤로 이동할 수 있습니다. 다음 프로그램은 George
에게 50픽셀만큼 앞으로 이동할 것을 지시합니다. 실행 결과는 [그림 23-5]과 같습니다

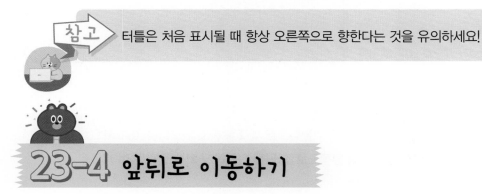

```
file_23_4a

import turtle


wn = turtle.Screen()
george = turtle.Turtle()
george.shape("turtle")
```

```
george.forward(50)   #앞으로 50픽셀 이동


wn.exitonclick()
```

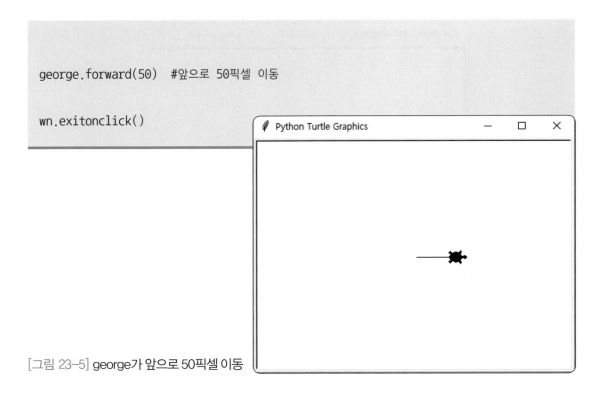

[그림 23-5] george가 앞으로 50픽셀 이동

💡 기억하기

터틀은 항상 바라보는 방향으로 움직입니다. 기본적으로 앞쪽을 향해 있습니다. 따라서 [그림 23-5]에서 보듯 george.forward(50)은 터틀을 앞쪽으로 50픽셀 이동하게 하는 명령문입니다.

마찬가지로 다음 프로그램은 터틀을 뒤로 100픽셀 이동하게 합니다. 실행 결과는 [그림 23-6]과 같습니다.

```
                            file__23__4b
import turtle


wn = turtle.Screen()
george = turtle.Turtle()
george.shape("turtle")
```

```
george.backward(100)    #뒤로 100픽셀 이동

wn.exitonclick()
```

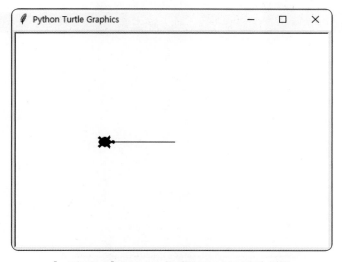

[그림 23-6] george가 뒤쪽으로 100픽셀 이동

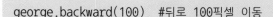

23-5 왼쪽과 오른쪽으로 회전하기

터틀은 앞뒤로도 움직일 수 있고 왼쪽이나 오른쪽으로도 회전할 수 있습니다. [그림 23-7]은 각도기와 오른쪽을 향한 터틀을 보여줍니다.

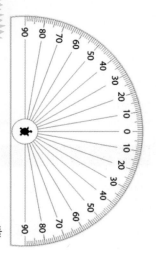

[그림 23-7] 각도기와 오른쪽을 향하고 있는 터틀

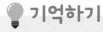

프로그램이 시작될 때 터틀은 항상 오른쪽으로 향해 있습니다.

다음 프로그램은 george에게 왼쪽으로 90도 회전(시계 반대 방향으로 90도 회전)하도록 지시합니다.

file__23__5a

```
import turtle

wn = turtle.Screen()
george = turtle.Turtle()
george.shape("turtle")

george.left(90)          #왼쪽으로 90도 회전

wn.exitonclick()
```

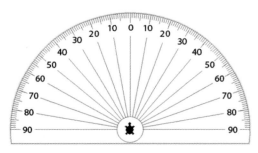

[그림 23-8] george가 왼쪽으로 90도 회전

이어서 george가 오른쪽으로 45도 회전(시계 방향으로 45도 회전)하도록 해봅시다.

file__23__5b

```
import turtle

wn = turtle.Screen()
```

```
george = turtle.Turtle()
george.shape("turtle")


george.left(90)          #왼쪽 방향으로 90도 회전
george.right(45)         #오른쪽 방향으로 45도 회전


wn.exitonclick()
```

실행 결과는 [그림 23-9]와 같습니다.

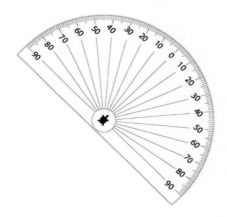

[그림 23-9] george가 왼쪽으로 90도 회전하고
다시 오른쪽으로 45도 회전

예제 23.5.1
사각형 그리기

200×100픽셀 크기의 사각형을 화면에 그리는 파이썬 프로그램을 작성하세요.

해설

이 작업은 생각보다 쉽습니다. 터틀에게 다음과 같이 지시하면 됩니다.

- 앞으로 200픽셀 이동
- 왼쪽으로 90도 회전
- 앞으로 100픽셀 이동

- 다시 왼쪽으로 90도 회전
- 앞으로 200픽셀 이동
- 왼쪽으로 90도 회전
- 앞으로 100픽셀 이동

이를 구현한 파이썬 프로그램은 다음과 같습니다.

```
file_23_5_1
import turtle

wn = turtle.Screen()
george = turtle.Turtle()
george.shape("turtle")


george.forward(200)
george.left(90)
george.forward(100)
george.left(90)
george.forward(200)
george.left(90)
george.forward(100)


wn.exitonclick()
```

실행 결과는 [그림 23-10]과 같습니다.

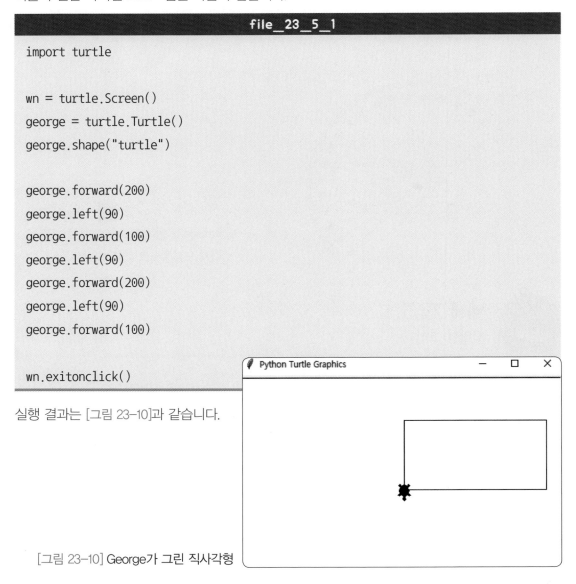

[그림 23-10] George가 그린 직사각형

기억하기

프로그램이 시작되면 터틀은 항상 오른쪽을 향하고 있다는 것을 잊지 마세요!

예제 23.5.2
원하는 크기로 사각형 그리기

사용자에게 밑변의 길이와 높이를 입력 받아 사각형을 그리는 파이썬 프로그램을 작성하세요.

해설

프로그램은 다음과 같습니다.

```
file_23_5_2

import turtle

x = int(input("Enter the length of the base: "))
y = int(input("Enter the length of the height: "))

wn = turtle.Screen()
george = turtle.Turtle()
george.shape("turtle")


george.forward(x)
george.left(90)
george.forward(y)
george.left(90)
george.forward(x)
george.left(90)
```

```
george.forward(y)

wn.exitonclick()
```

23-6 각도 조절하기

터틀의 마지막 머리 방향과 관계없이 터틀을 지정된 각도로 직접 회전해야 하는 경우가 있습니다. 원하는 각도는 [그림 23-11]에 표시된 각도기를 사용하여 찾으면 됩니다.

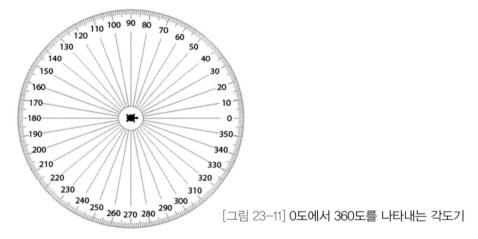

[그림 23-11] 0도에서 360도를 나타내는 각도기

다음 프로그램은 george가 특정 각도로 방향을 설정한 후, 직각삼각형을 그립니다.

```
file_23_6
import turtle

wn = turtle.Screen()
george = turtle.Turtle()
george.shape("turtle")
```

```
george.forward(100)
george.setheading(270)
george.forward(100)
george.setheading(135)
george.forward(141)

wn.exitonclick()
```

실행 결과는 [그림 23-12]와 같습니다.

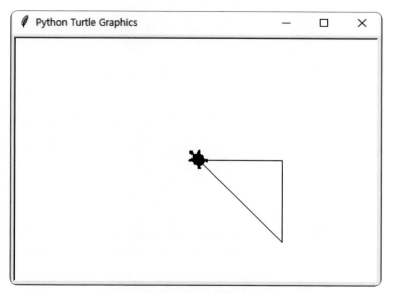

[그림 23-12] george가 그린 직각삼각형

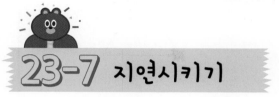

23-7 지연시키기

창에서 터틀이 움직이는 속도를 변경하려면 turtle.delay( ) 메서드를 사용할 수 있습니다. 다음 프로그램에서 터틀은 아주 천천히 삼각형을 그려 가며 움직이는 것을 볼 수 있습니다.

```
                    file_23_7

import turtle

wn = turtle.Screen()
george = turtle.Turtle()
george.shape("turtle")

#50밀리초 지연시킴
turtle.delay(50)

#정삼각형을 그림
george.forward(100)
george.left(120)
george.forward(100)
george.left(120)
george.forward(100)
george.left(120)

wn.exitonclick()
```

실행 결과는 [그림 23-13]과 같습니다.

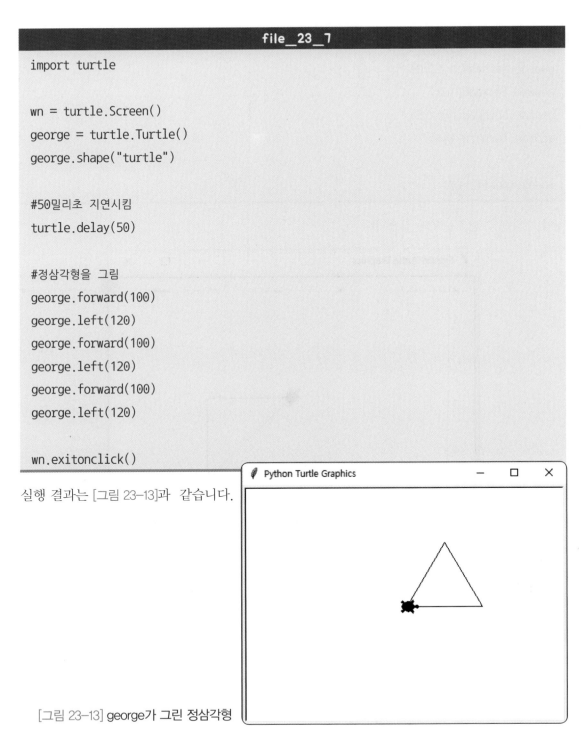

[그림 23-13] george가 그린 정삼각형

참고 ▷ 지연이 길어질수록 애니메이션이 느려집니다.

23-8 펜 색깔과 크기 바꾸기

다음 프로그램은 펜의 색을 파란색으로 바꿔서 그림을 그립니다.

file_23_8a

```python
import turtle

wn = turtle.Screen()
george = turtle.Turtle()
george.shape("turtle")

#펜을 파란색으로 변경
george.color("blue")

#파란색 라인을 그림
george.forward(100)

wn.exitonclick()
```

참고 ▷ 사용 가능한 색의 목록은 다음에서 찾아볼 수 있습니다.

http://www.tcl.tk/man/tcl8.4/TkCmd/colors.htm

펜의 색상을 변경하는 것은 물론 크기(너비)를 변경할 수도 있습니다. 다음 프로그램은 펜의 크기를 변경하여 두껍거나 가는 선을 그립니다.

```
file_ 23_ 8b

import turtle

wn = turtle.Screen()
george = turtle.Turtle()
george.shape("turtle")

#펜의 크기를 5로 설정
george.pensize(5)

#두꺼운 선을 그림
george.backward(100)

#펜의 크기를 다시 1로 환원함
george.pensize(1)

#가는 선을 그림
george.backward(100)

wn.exitonclick()
```

실행 결과는 다음과 같습니다.

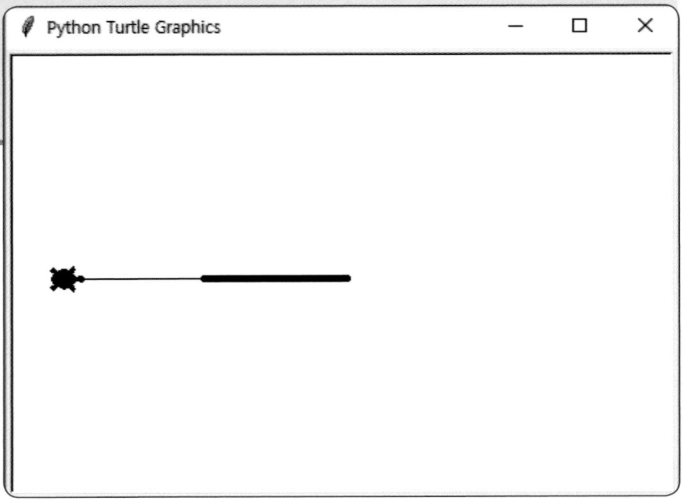

[그림 23-14] george가 그린 선

23-9 터틀의 펜 제어

선을 그리지 않고 터틀을 이동시켜야 할 때가 있습니다. 그러기 위해 터틀의 펜을 위로 들어올린 후, 원하는 위치로 이동시킨 다음 다시 펜을 내리면 됩니다. 다음 프로그램과 같이 실행할 수 있습니다. 실행 결과는 [그림 23-15]와 같습니다.

```
file_23_9

import turtle


wn = turtle.Screen()
george = turtle.Turtle()
george.shape("turtle")


george.forward(50)
george.penup()                    #펜 올리기
george.backward(200)
george.pendown()                  #펜 내리기
george.forward(50)


wn.exitonclick()
```

[그림 23-15] george의 펜을 들거나
내릴 수 있음

예제 23.9.1

집 그리기

터틀이 집을 화면에 그리는 파이썬 프로그램을 작성하세요. 직사각형에는 파란색을 사용하고 삼각형(지붕)에는 빨간색을 사용하세요. 필요한 정보는 다음과 같습니다.

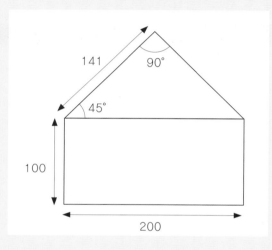

해설

예제 23.5.1에서 우리는 다음과 같은 직사각형을 그리는 방법을 배웠습니다.

과정이 끝나면 터틀이 아래를 향하게 됩니다. 지붕을 그리려면 선을 그리지 않고 왼쪽 위 모퉁이로 george가 이동해야 합니다. 그리고 다음과 같이 터틀은 45도 방향으로 설정되어야 합니다.

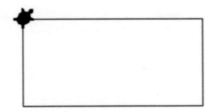

파이썬 프로그램은 다음과 같습니다.

```
                        file_23_9_1
import turtle

wn = turtle.Screen()
george = turtle.Turtle()
george.shape("turtle")

#파란색 직사격형 그리기
george.color("blue")
george.forward(200)
george.left(90)
george.forward(100)
george.left(90)
george.forward(200)
george.left(90)
george.forward(100)

#George를 직사각형의 왼쪽 위로 이동
george.penup()
george.backward(100)
george.pendown()

#삼각형(지붕) 그리기
george.setheading(45)
george.color("red")
```

```
george.forward(141)
george.right(90)
george.forward(141)

wn.exitonclick()
```

실행 결과는 오른쪽 그림과 같습니다.

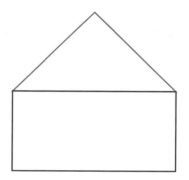

23-10 터틀을 특정 위치로 이동시키기

다음 프로그램에서 볼 수 있듯이 터틀을 지정된 x, y 좌표로 이동시킬 수 있습니다.

file_23_10a

```
import turtle

wn = turtle.Screen()
george = turtle.Turtle()
george.shape("turtle")

george.goto(-200, 100)

wn.exitonclick()
```

실행 결과는 [그림 23-16]과 같습니다.

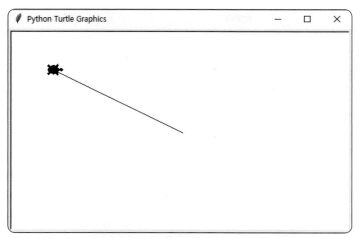

[그림 23-16] George가 특정 위치로 곧장 이동함

참고 george.goto(-200, 100) 문은 george를 특정 위치로 이동시키지만 방향을 바꾸지는 않습니다. 또한 펜을 내리고 있어 선이 그려집니다.

다음 프로그램은 화면에 X를 그립니다.

```
file_23_10b
import turtle

wn = turtle.Screen()
george = turtle.Turtle()
george.shape("turtle")

george.goto(-100, 200)
george.goto(0, 0)
george.goto(-100, -200)
george.goto(0, 0)
george.goto(100, -200)
george.goto(0, 0)
```

```
george.goto(100, 200)
george.goto(0, 0)

wn.exitonclick()
```

실행 결과는 [그림 23-17]과 같습니다.

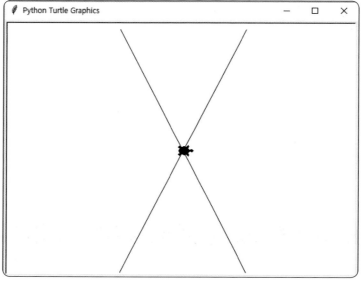

[그림 23-17] George가 그린 X

23-11 선택 구조와 반복 구조를 터틀에 응용하기

순차 구조에서 반복 구조에 이르기까지 배운 모든 것을 터틀과 함께 사용하면 훨씬 더 놀라운 그림을 만들 수 있습니다.

50 × 50픽셀 크기의 정사각형을 그리기를 원한다고 가정해 봅시다. 완벽하지는 않지만 다음의 코드가 해결책이 될 수 있습니다.

```
import turtle

wn = turtle.Screen()
george = turtle.Turtle()
george.shape("turtle")

george.forward(50)
george.left(90)
george.forward(50)
george.left(90)
george.forward(50)
george.left(90)
george.forward(50)
george.left(90)

wn.exitonclick()
```

그러나 다음의 코드가 4번 기술된 것을 알 수 있습니다.

```
george.forward(50)
george.left(90)
```

따라서 4번을 반복하는 for 구조를 사용하는 더 좋은 방법입니다.

```
file_23_11a

import turtle

wn = turtle.Screen()
george = turtle.Turtle()
george.shape("turtle")

for i in range(4):
    george.forward(50)
    george.left(90)

wn.exitonclick()
```

실행 결과는 [그림 23-18]과 같습니다.

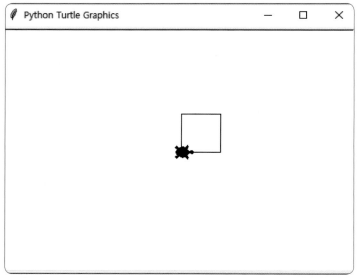

[그림 23-18] George가 for 구조를 사용해서 정사각형을 그림

이제 2개의 사각형을 나란히 그리려고 한다고 가정해 봅시다. 다음과 같이 첫 번째 사각형을 위해 한 번, 두 번째 사각형을 위해서 또 한 번, 총 2번 해당 코드를 작성해야 할 것입니다.

```python
import turtle

wn = turtle.Screen()
george = turtle.Turtle()
george.shape("turtle")

#터틀을 시작 위치로 이동
george.penup()
george.backward(200)
george.pendown()


########################################
# 첫 번째 사각형
########################################
for i in range(4):
    george.forward(50)
    george.left(90)

#터틀을 다음 사각형이 그려지는 위치로 이동
george.penup()
george.forward(100)
george.pendown() #첫번째 사각형의 끝


########################################
# 두 번째 사각형
########################################
for i in range(4):
```

```
        george.forward(50)
        george.left(90)


    #터틀을 다음 사각형이 그려지는 위치로 이동
    george.penup()
    george.forward(100)
    george.pendown()
    #두번째 사각형의 끝


wn.exitonclick()
```

물론 이 방법으로 10개 또는 100개의 사각형을 그리는 것은 매우 어려울 것입니다. 프로그램이 거대해질 수 있습니다.

for 구조는 항상 이러한 모든 문제에 대한 해답입니다. 이전 프로그램을 주의 깊게 살펴보면 동일한 명령문으로 구성된 그룹이 2개 있음을 알게 될 것입니다. 첫 번째 그룹은 첫 번째 사각형을 그리고, 두 번째 그룹은 두 번째 사각형을 그립니다.

다음 프로그램은 for 구조를 사용하여 동일한 두 개의 50×50 크기의 사각형을 그릴 수 있습니다.

file__23__11b

```
import turtle


wn = turtle.Screen()
george = turtle.Turtle()
george.shape("turtle")


#터틀을 시작 위치로 이동
george.penup()
george.backward(200)
george.pendown()
```

```
for square in range(2):
    #사각형을 그림
    for i in range(4):
        george.forward(50)
        george.left(90)

    #터틀을 다음 사각형이 그려질 위치로 이동
    george.penup()
    george.forward(100)
    george.pendown()

wn.exitonclick()
```

실행 결과는 [그림 23-19]와 같습니다.

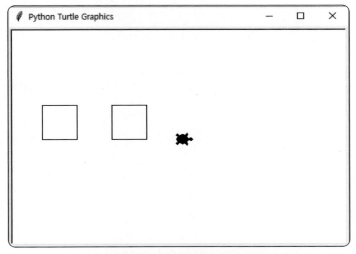

[그림 23-19] George가 2개의 정사각형을 그림

이 방법으로 5개 또는 심지어 10개의 정사각형을 쉽게 그릴 수 있습니다. 그릴 사각형의 개수에 따라 for 구조가 수행하는 반복 횟수를 변경해야 합니다. 한 번 시도해 보고 실행 결과를 확인해 봅시다.

예제 23.11.1
서로 다른 크기의 정사각형 그리기

서로 다른 크기의 세 개의 사각형을 나란히 그리는 파이썬 프로그램을 작성하세요. 두 번째 사각형은 첫 번째 사각형 크기의 두 배이고, 세 번째 사각형은 첫 번째 사각형 크기의 세 배입니다. 첫 번째 정사각형의 크기는 50×50픽셀입니다.

해설

첫 번째, 두 번째 및 세 번째 사각형의 변의 길이는 각각 50, 100 및 150픽셀이어야 합니다. 이 값은 50의 배수입니다. 배수와 for 구조를 사용하여 예제를 해결할 수 있습니다.

```
                    file_23_11_1
import turtle

wn = turtle.Screen()
george = turtle.Turtle()
george.shape("turtle")

#터틀을 시작 위치로 이동
george.penup()
george.backward(330)
george.pendown()

for multiplier in range(1, 4):
    #정사각형을 그림
    for i in range(4):
        george.forward(50 * multiplier)
        george.left(90)
```

```
    #george를 다음 사각형이 그려지는 위치로 이동
    george.penup()
    george.forward(50 * multiplier)
    george.forward(30)
    george.pendown()

wn.exitonclick()
```

실행 결과는 [그림 23-20]과 같습니다.

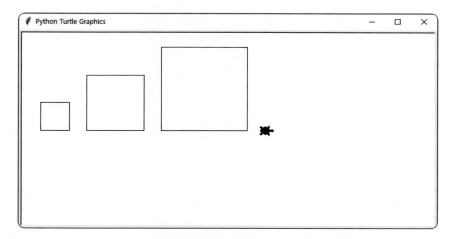

[그림 23-20] george가 3개의 다른 크기의 정사각형을 그림

예제 23.11.2
서로 다른 크기의 집 그리기

서로 다른 크기의 세 개의 집을 그리는 파이썬 프로그램을 작성하세요. 두 번째 집은 첫 번째 집의 두 배 크기이고, 세 번째 집은 첫 번째 집의 크기의 세 배가 됩니다. 필요한 정보는 다음과 같습니다.

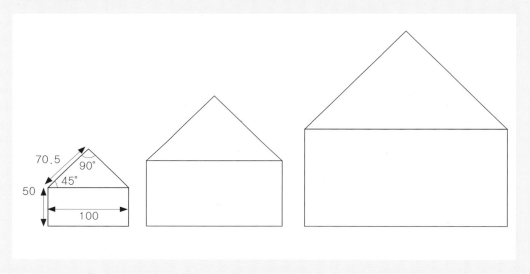

해설

예제 23.9.1에서 1개의 집을 그리는 법을 배웠습니다. 이번에는 for 구조와 배수를 함께 사용하여 이 문제를 해결할 수 있습니다. 터틀이 루프 내에서 한 집을 그리는 것을 끝내면 다음 집이 그려지는 위치로 이동해야 합니다. 예제 23.9.1을 참고하면 터틀은 사각형의 왼쪽 아래 모서리에서 집을 그리기 시작하고 [그림 23-21]에 표시된 위치에서 그리기를 마칩니다.

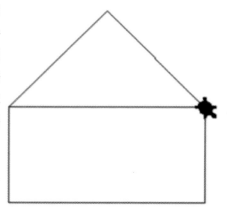

[그림 23-21] 터틀이 집 그리기를 마쳤을
때 터틀의 위치

터틀을 다음 집을 그릴 위치로 이동시키기 위해서는 프로그램에서 다음과 같이 작업해야 합니다.

- 펜을 들어올립니다.
- 직사각형의 오른쪽 아래로 터틀을 이동시킵니다.
- 터틀을 회전시켜 오른쪽으로 향하게 합니다.
- 앞으로 약간 이동합니다.
- 펜을 내립니다.

이 작업은 다음 프로그램의 마지막 6개 명령문으로 작성할 수 있습니다.

```
file_23_11_2

import turtle

wn = turtle.Screen()
george = turtle.Turtle()
george.shape("turtle")

#터틀을 시작 위치로 이동
george.penup()
george.backward(330)
george.pendown()

for multiplier in range(1, 4):
    #직사각형을 그림
    george.forward(100 * multiplier)
    george.left(90)
    george.forward(50 * multiplier)
    george.left(90)
    george.forward(100 * multiplier)
    george.left(90)
    george.forward(50 * multiplier)
```

```
#터틀을 직사각형의 왼쪽 위로 이동
george.penup()
george.backward(50 * multiplier)
george.pendown()

#지붕을 그림
george.setheading(45)
george.forward(70.5 * multiplier)
george.right(90)
george.forward(70.5 * multiplier)

#터틀을 다음 집을 그릴 위치로 이동
george.penup()
george.setheading(270)
george.forward(50 * multiplier)
george.setheading(0)
george.forward(30)
george.pendown()

wn.exitonclick()
```

예제 23.11.3
5각형 그리기

변의 길이는 100픽셀이고, 선의 두께는 2픽셀인 5각형을 그리는 파이썬 프로그램을 작성하세요. 만약 6각형 또는 7각형을 그린다면, 5각형을 그리는 프로그램에서 무엇을 변경하면 될까요?

해설

[그림 23-22]에서 볼 수 있듯이 5각형을 그릴 때는 오른쪽으로 360/5=72° 회전해야 합니다. 이것은
5각형의 외각입니다. 여기서 5는 5각형의 변의 개수입니다.

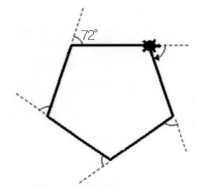

[그림 23-22] george는 72도를 회전해야 함

프로그램은 다음과 같습니다.

```
                        file_23_11_3
import turtle

wn = turtle.Screen()
george = turtle.Turtle()
george.shape("turtle")

george.pensize(2)

sides = 5

for i in range(sides):
    george.forward(100)
    george.right(360 / sides)

wn.exitonclick()
```

6각형이나 7각형을 그리기 위해 위 프로그램에서 무엇을 변경해야 하는지 알았나요? 변수 sides의 값을 변경하면 원하는 다각형을 그릴 수 있습니다.

예제 23.11.4
별 그리기

5개의 꼭짓점을 가지는 별을 그리는 파이썬 프로그램을 작성하세요. 이때, 변의 길이는 150픽셀이어야 하고 선의 두께는 3픽셀이어야 합니다.

해설

[그림 23-23]을 살펴보면 터틀이 선 끝에서 오른쪽으로 36 × 4 = 144° 회전해야 한다는 것을 쉽게 알 수 있습니다. 180°를 5로 나누면 36이라는 값이 어떻게 나왔는지 알 수 있습니다.

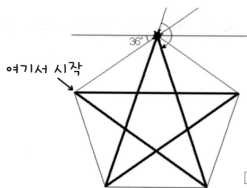

여기서 시작

[그림 23-23] George는 144도를 회전해야 함

5개의 꼭짓점을 가진 별을 그리는 프로그램은 다음과 같습니다.

```
file_23_11_4a
```

```
import turtle

wn = turtle.Screen()
george = turtle.Turtle()
george.shape("turtle")
```

```
  george.pensize(3)

for i in range(5):
    george.forward(150)
    george.right(180 / 5 * 4)      # 180 / 5 * 4 = 36 * 4 = 144

wn.exitonclick()
```

만약 7개의 꼭짓점을 가진 별을 그리고 싶다면 그 프로그램은 다음과 같습니다.

file_23_11_4b

```
import turtle

wn = turtle.Screen()
george = turtle.Turtle()
george.shape("turtle")

george.pensize(3)

points = 7

for i in range(points):
    george.forward(150)
    george.right(180 / points * (points - 1))

wn.exitonclick()
```

참고 이 프로그램을 이용하여 원하는 수만큼의 꼭짓점을 가진 별이라도 그릴 수 있습니다. 그러나 프로그램을 올바르게 실행되려면 꼭짓점의 개수가 5, 7, 9, 11, 13과 같이 반드시 홀수여야 한다는 것을 명심하세요!

예제 23.11.5
임의의 위치에 별 그리기

다양한 모양의 별 10개를 임의의 위치에 그리는 파이썬 프로그램을 작성하세요.

해설

다음 명령문으로 5에서 21 사이의 임의의 홀수를 만듭니다. 이 명령문은 꼭짓점의 개수를 임의로 정해 별을 그리기 위해 필요합니다.

```
points = random.randrange(5, 23, 2)
```

임의의 정수를 생성하는 방법을 잊었다면 〈10–2 유용한 함수(Function)과 메서드(Method)〉를 다시 읽어 봅시다. 이제 〈21–6 '내부에서 외부로' 방법〉의 내용을 응용하여 꼭짓점의 개수와 크기를 임의로 정해진 별 한 개를 임의의 위치에 그리는 프로그램을 작성해 봅시다.
프로그램은 다음과 같습니다.

```
#x, y 좌표 값을 난수로 정해 그 위치로 터틀 이동
x = random.randrange(-200, 200)
y = random.randrange(-200, 200)
george.penup()
george.goto(x, y)
george.pendown()


#꼭짓점의 개수를 난수로 정함
points = random.randrange(5, 23, 2)


#변의 길이를 난수로 정함
length = random.randrange(10, 100)
```

```
#별을 그림
for i in range(points):
    george.forward(length)
    george.right(180 / points * (points - 1))
```

이제 10개의 별을 그리기 위해 다음과 같이 for 구조를 사용해 코드를 중첩합니다.

file_23_11_5

```
import random
import turtle

wn = turtle.Screen()
george = turtle.Turtle()
george.shape("turtle")

#최대한 빠르게 별을 그림
turtle.delay(0)

for star in range(10):
    #x, y 좌표 값을 난수로 정해 그 위치로 터틀 이동
    x = random.randrange(-200, 200)
    y = random.randrange(-200, 200)
    george.penup()
    george.goto(x, y)
    george.pendown()

    #꼭짓점의 개수를 난수로 정함
    points = random.randrange(5, 23, 2)

    #변의 길이를 난수로 정함
    length = random.randrange(10, 100)
```

```
#별을 그림
for i in range(points):
    george.forward(length)
    george.right(180 / points * (points - 1))


wn.exitonclick()
```

[그림 23-24]는 프로그램 실행 결과의 한 예입니다.

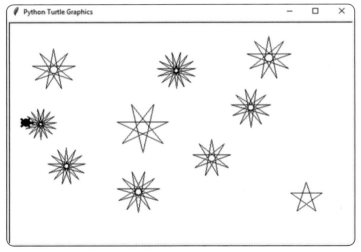

[그림 23-24] 프로그램 실행의 한 예

예제 23.11.6
구조를 사용해서 별 그리기

다음과 같은 별을 그리는 파이썬 프로그램을 작성하세요. 변의 길이와 선의 두께는 원하는 대로 설정하세요. 필요한 모든 각도는 아래 그림에 나와 있습니다.

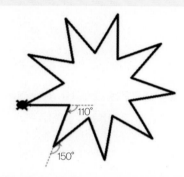

해설

위 도형을 그릴 때는 두 개의 각도가 필요합니다. 먼저, 터틀이 앞으로 이동한 후, 시계 반대 방향으로 110° 회전해야 합니다. 그 다음, 다시 앞으로 이동한 후 시계 반대 방향으로 150도 회전합니다. 이 과정은 18번 반복됩니다. 이 프로그램은 다음과 같습니다.

file__23__11__6

```python
import turtle

wn = turtle.Screen()
george = turtle.Turtle()
george.shape("turtle")

george.pensize(3)
```

```
flag = False
for x in range(18):
    george.forward(100)

    if flag == False:
        george.right(110)
    else:
        george.left(150)

    flag = not flag          #이 명령문은 플래그를 True에서 False
                             #그리고 그 반대로 설정합니다.


wn.exitonclick()
```

23-12 복습문제

다음 문제를 해결하세요.

1. 화살표를 그리는 파이썬 프로그램을 작성하세요. 이때, 크기와 각도는 임의로 지정합니다.

2. 평행사변형을 그리는 파이썬 프로그램을 작성하세요. 이때, 크기와 각도는 임의로 지정합니다.

3. 마름모를 그리는 파이썬 프로그램을 작성하세요. 이때, 크기와 각도는 임의로 지정합니다.

4. 사다리꼴을 그리는 파이썬 프로그램을 작성하세요. 이때, 크기와 각도는 임의로 지정합니다.

5. 다음과 같은 도형을 그리는 파이썬을 작성하세요. 이때, 크기는 임의로 지정합니다.

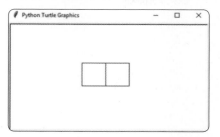

6. 다음과 같은 4개의 사각형을 그리는 파이썬 프로그램을 작성하세요. 이때, 크기는 임의로 지정합니다.

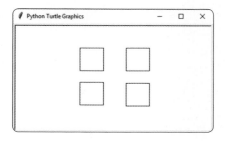

7. 펜의 굵기(크기), 밑변의 길이, 높이를 입력 받아 사각형을 그리는 프로그램을 작성하세요.

8. 사용자에게 변의 길이를 입력 받아 정삼각형을 그리는 파이썬 프로그램을 작성하세요. 단, 정삼각형의 각도는 60도입니다.

9. 다음과 같은 도형을 그리는 파이썬 프로그램을 작성하세요. 이때, 크기는 임의로 지정합니다.

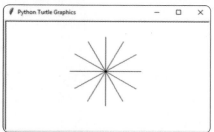

10. 다음과 같은 3개의 별을 다른 별의 내부에 그리는 파이썬 프로그램을 작성하세요. 이때, 크기는 임의로 지정합니다.

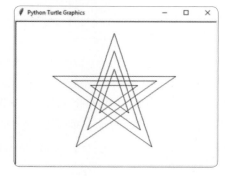

11. 다음과 같은 도형을 그리는 파이썬 프로그램을 작성하세요. 이때, 크기는 임의로 지정합니다.

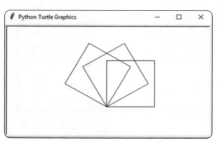

12. 이전 문제에서 완성한 프로그램을 수정하여 12개의 사각형을 그려 보세요.

13. 이전 문제에서 완성한 프로그램을 수정하여 다음과 같은 도형을 그려 보세요. 이때, 크기는 임의로 지정합니다.

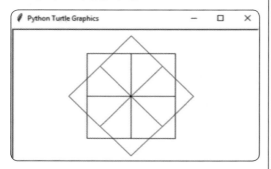

14. 다음과 같이 집을 그리는 파이썬 프로그램을 작성하세요. 이때, 벽에는 파란색, 지붕에는 빨간색, 창문과 문에는 갈색을 사용합니다. 필요한 정보는 다음과 같습니다.

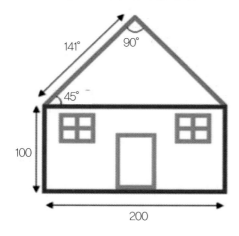

15. 이전 문제에서 완성한 프로그램을 수정하여 3개의 집을 나란히 그려 보세요.

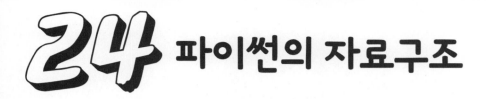 **파이썬의 자료구조**

 자료구조 시작하기

변수는 메모리에 값을 저장하기 위한 좋은 방법이지만 한 번에 하나의 값만 저장할 수 있는 한계가 있습니다.

예를 들어, 다음과 같은 문제를 살펴봅시다. 사용자에게 5명의 학생 이름을 입력 받는 파이썬 프로그램을 작성합니다. 이때, 입력된 순서와 정반대로 출력하고자 합니다.

```
for i in range(5):
    name = input("이름을 입력하세요 : ")
```

반복을 완료하면 변수 name에는 마지막으로 입력된 이름만 기억됩니다. 이전에 저장되었던 4개의 이름은 모두 사라졌습니다. 그리고 이 코드를 사용하면 입력된 순서의 반대로 출력할 수 없습니다.

문제 해결 방법 중 하나는 다음과 같이 5개의 변수를 사용하는 것입니다.

```
name1 = input("이름을 입력하세요 : ")
name2 = input("이름을 입력하세요 : ")
name3 = input("이름을 입력하세요 : ")
name4 = input("이름을 입력하세요 : ")
name5 = input("이름을 입력하세요 : ")

print(name5)
print(name4)
print(name3)
```

```
print(name2)
print(name1)
```

완벽한 해결책은 아니지만 원하는 대로 실행됩니다. 그러나 프로그램이 지금보다 더 많은 양의 데이터를 처리해야 하는 경우에는 어떻게 해야 할까요? 예를 들어 사용자에게 5개가 아닌 1,000개의 이름을 입력하도록 요청하면 어떻게 될까요? 이런 문제를 해결하기 위해 자료구조가 있습니다.

> **참고** 컴퓨터 과학에서 '자료구조'란 가장 효율적으로 처리할 수 있도록 구성된 데이터의 집합을 의미합니다.

리스트(List), 튜플(Tuple), 딕셔너리(Dictionary), 셋(Set), 프로즌셋(Frozenset), 문자열(String)과 같이 파이썬에서 사용할 수 있는 자료구조는 다양합니다. 문자열도 자료구조입니다. 문자열은 영숫자의 집합입니다.

리스트, 튜플, 딕셔너리는 파이썬에서 가장 일반적으로 사용되는 자료구조입니다. 이 세 가지 자료구조에 대해 알아봅시다.

24-2 리스트란 무엇인가?

리스트는 하나의 이름으로 여러 개의 값을 저장할 수 있는 자료구조입니다. 리스트는 항목 모음으로 생각할 수 있습니다. 리스트의 각 항목은 요소라고 하며 각 요소에는 인덱스 위치 또는 간단히 인덱스라는 고유 번호가 지정됩니다. 리스트는 수정할 수 있습니다. 즉, 요소의 값을 변경할 수 있으며 리스트에 새 요소를 추가하거나 제거할 수도 있습니다.

> **참고** 컴퓨터 과학에서 리스트는 수학에서 사용되는 행렬과 유사합니다. C나 C++과 같은 많은 컴퓨터 언어에는 리스트가 없습니다. 이 언어들에서는 배열이라는 다른 자료구조를 사용합니다. 그러나 리스트가 배열보다 더 효율적이고 강력합니다.

다음은 6명의 학생의 성적을 저장하고 있는 리스트를 보여줍니다. 리스트의 이름은 'grades'입니다. 편의를 위해 각 요소 위에 인덱스를 표시했습니다. 파이썬에서 인덱스 번호는 기본적으로 0부터 시작합니다.

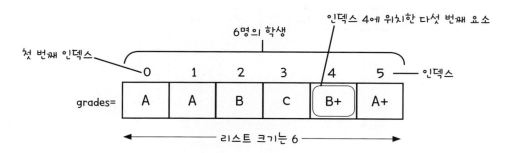

💡 기억하기

인덱스가 0번부터 시작하기 때문에 리스트의 마지막 인덱스 번호는 실제 요소의 개수보다 1이 작습니다. 리스트 grades에서 요소의 개수는 6이지만 마지막 인덱스는 5입니다.

리스트 grades를 6개의 개별적인 변수(grades0, grades1, grands2, …, grades5)처럼 생각할 수도 있습니다. 그렇게 되면 각 변수에 한 학생의 성적을 저장합니다. 그러나 리스트는 여러 개의 값을 하나의 공통된 이름으로 사용할 수 있어 좀 더 편리하게 활용할 수 있습니다.

예제 24.2.1
자료구조 디자인하기 I

8명의 나이를 저장할 수 있는 자료구조를 디자인하고 값을 저장해 보세요.

해설

8개의 요소(인덱스 0에서 7까지)로 리스트를 디자인하면 됩니다. 다음과 같이 하나의 행 또는 하나의 열이 있는 리스트가 사용될 수 있습니다.

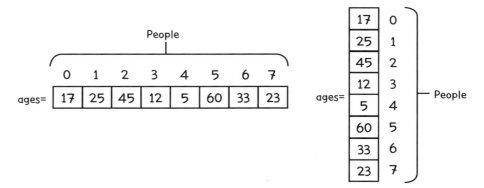

하지만 파이썬에는 하나의 행이나 열로 구성된 리스트는 없습니다. 이러한 개념은 수학의 행렬에는 존재할 수 있지만 파이썬에서는 존재하지 않습니다. 파이썬의 리스트는 단지 리스트일 뿐입니다. 하나의 행 또는 하나의 열로 시각화하는 것은 개인의 자유입니다.

예제 24.2.2
자료구조 디자인하기 2

7명의 이름과 나이를 저장할 수 있는 자료구조를 디자인하고 값을 저장해 보세요.

해설

이 문제는 2개의 리스트로 구현할 수 있습니다. 다음과 같이 2개의 열로 표현해 봅시다.

이미 눈치챘겠지만 두 리스트의 요소 사이에는 매우 밀접한 관계가 있습니다. 즉 리스트 names 요소의 인덱스 위치와 목록 ages 요소의 인덱스 위치가 1:1로 일치합니다. 리스트 ages의 인덱스 0에는 'John Thompson'이 있고, 리스트 ages의 같은 인덱스에는 John Thompson의 나이가 있습니다. 즉, John Thompson은 17세입니다. Chloe Brown은 25세, Ryan Miller는 45세 등입니다.

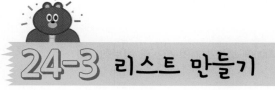

24-3 리스트 만들기

파이썬에는 리스트를 작성하고 값을 추가하는 방법이 여러 가지 있습니다. 주어진 문제에 따라 방법을 선택하여 사용할 수 있습니다.

가장 일반적인 방법을 사용하여 다음 리스트를 작성해 봅시다.

	0	1	2	3
ages=	12	25	9	11

첫 번째 방법

리스트를 생성하고 요소에 직접 값을 할당할 때는 다음과 같은 형식의 명령문을 사용합니다.

```
list_name = [ value0, value1, value2, …, valueM ]
```

이 형식을 사용해서 리스트 ages를 만들면 다음과 같습니다.

```
ages = [12, 25, 9, 11]
```

이 형식에서 인덱스는 자동으로 설정됩니다. 예를 들어, 12는 인덱스 0의 요소에 할당되고 25는 인덱스 1의 요소에 할당됩니다. 인덱스 번호는 기본적으로 0부터 시작합니다.

두 번째 방법

다음과 같은 형식을 사용하면 원하는 크기의 비어 있는 리스트를 만들 수 있습니다.

```
list_name = [None] * size
```

'size' 자리에는 양의 정수가 들어갈 수도 있고, 변수를 사용하여 양의 정수 값을 저장할 수도 있습니다.

다음은 4개의 빈 요소가 있는 리스트를 만듭니다.

```
ages = [None] * 4
```

참고 ages = [None] * 4는 주기억 장치(RAM)에 4개의 기억 장소를 확보합니다.

리스트의 요소 중 하나에 값을 할당하는 일반적인 형식은 다음과 같습니다.

```
list_name[index] = value
```

'index' 자리에는 값이 저장될 리스트의 인덱스 위치를 적습니다. 다음 프로그램은 리스트 ages를 만들고 그 리스트의 각 요소에 값을 할당합니다.

```
ages = [None] * 4

ages[0] = 12
ages[1] = 25
ages[2] = 9
ages[3] = 11
```

참고 **One**
리스트 ages의 크기는 4입니다.

Two
〈4-3 파이썬의 변수 이름 규칙〉에서 우리는 변수에 이름을 부여할 때 지켜야 하는 규칙을 배웠습니다. 리스트의 이름에도 변수 이름과 동일한 규칙을 적용합니다.

물론 다음과 같이 인덱스에 상수가 아닌 변수나 식을 사용할 수도 있습니다.

```
ages = [None] * 4

k = 0

ages[k] = 12
ages[k + 1] = 25
ages[k + 2] = 9
ages[k + 3] = 11
```

세 번째 방법

다음의 형식은 요소도, 값도 없는 완전히 빈 상태의 리스트를 만들고 append( ) 메서드를 사용해
요소와 값을 할당합니다.

```
list_name = []

list_name.append(value0)
list_name.append(value1)
list_name.append(value2)
    ...
list_name.append(valueM)
```

이 형식을 사용하는 파이썬 프로그램은 다음과 같습니다.

```
ages = []

ages.append(12)
ages.append(25)
ages.append(9)
ages.append(11)
```

참고 ➤ 이와 같은 경우에도 인덱스는 0으로 시작합니다.

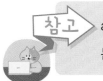

> **참고** ages = [ ] 문은 주기억 장치(RAM)에 기억 장소를 할당하지 않습니다. 단지 ages라
> 는 리스트가 준비되었다는 것을 알리기만 합니다.

24-4 튜플이란 무엇인가?

튜플(Tuple)은 리스트와 거의 동일합니다. 리스트와의 큰 차이점은 튜플은 변경이 불가능하다는
것입니다. 즉, 튜플은 요소의 값을 변경할 수 없으므로 새 요소를 추가하거나 기존 요소를 제거
할 수 없습니다.

24-5 튜플 만들기

튜플을 만들기 위해서는 다음과 같이 쉼표로 값을 구분하여 괄호 안에 작성해야 합니다.

```
tuple_name = (value0, value1, value2, …, valueM )
```

다음 명령문은 5개의 요소로 구성된 튜플을 만듭니다.

```
gods = ("Zeus", "Ares", "Hera", "Aphrodite", "Hermes")
```

인덱스는 자동으로 설정됩니다. 예를 들어, 'Zeus'는 인덱스 0의 요소에 할당되고, 'Ares'는 인덱
스 1의 요소에 할당됩니다.

다음 예는 두 개의 튜플을 생성합니다. 첫 번째 튜플은 3명의 학생 이름을 기억하고, 두 번째 튜
플은 3명이 나이를 기억합니다. 튜플 names의 각 요소의 인덱스 위치와 튜플 ages의 각 요소의
인덱스 위치는 1:1 대응됩니다. Maria는 12세, George는 11세, John은 13세입니다.

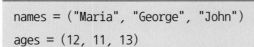

```
names = ("Maria", "George", "John")
ages = (12, 11, 13)
```

다른 유형의 요소를 혼합하여 튜플을 만들 수도 있습니다. 다음 예에서 튜플 students는 문자열과 정수로 구성됩니다.

```
students = ("Maria", 12, "George", 11, "John", 13)
```

24-6 리스트나 튜플에서 값 추출하기

리스트 또는 튜플에서 값을 가져오는 것은 특정 요소를 가리키는 것과 같습니다. 리스트나 튜플의 각 요소는 인덱스를 사용하여 구별할 수 있습니다. 다음은 리스트를 작성하고 'A+'를 화면에 출력합니다.

```
grades = ["B+", "A+", "A", "C-"]
print(grades[1])
```

물론 인덱스를 적어야 할 자리에 상수 값 대신 변수 또는 표현식을 작성할 수도 있습니다. 다음은 튜플을 생성하고 'Aphrodite and Hera'를 화면에 출력합니다.

```
gods = ("Zeus", "Ares", "Hera", "Aphrodite", "Hermes")
k = 3
print(gods[k], "and", gods[k - 1])
```

💡 기억하기

리스트를 만들 때는 [ ]를 사용하지만 튜플을 만들 때는 ( )를 사용합니다.

음수 인덱스는 리스트나 튜플의 마지막부터 요소에 접근합니다. 리스트 grades에서 음수 인덱스를 이용한 각 요소의 위치는 다음과 같습니다.

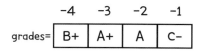

다음은 'C- and A+'를 화면에 출력합니다.

```
grades = ["B+", "A+", "A", "C-"]
print(grades[-1] , "and", grades[-3])
```

리스트 내의 모든 요소를 화면에 표시하려면 다음과 같이 작성합니다.

```
grades = ["B+", "A+", "A", "C-"]
print(grades)            #['B+', 'A+', 'A', 'C-']를 출력
```

튜플 내의 모든 요소를 화면에 표시하려면 다음과 같이 작성합니다.

```
names = ("George", "John", "Maria")
print(names)            #('George', 'John', 'Maria')를 출력
```

💡 기억하기

파이썬에서는 문자열을 작은따옴표나 큰따옴표 내에 기술합니다.

문자열과 마찬가지로 리스트와 튜플에서도 슬라이싱(Slicing)을 사용해서 요소의 일부를 추출할 수 있습니다.

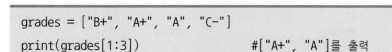

```
grades = ["B+", "A+", "A", "C-"]
print(grades[1:3])                    #["A+", "A"]를 출력
```

참고 ▷ 슬라이싱은 파이썬에서 리스트나 튜플(전체적으로 시퀀스)의 일정 범위의 요소들을
추출하는 방법입니다.

알고 있듯이 슬라이싱을 할 때 step에 해당하는 세 번째 인수를 사용할 수 있습니다.

```
grades = ["B+", "A+", "A", "C-", "A-", "B-", "C", "B", "C+"]
print(grades[1:7:2])            #['A+', 'C-', 'B-']를 표시
```

다음과 같이 step을 음수로 지정하면 역순으로 출력됩니다.

```
gods = ("Ares", "Hera", "Aphrodite", "Hermes")
print(gods[::-1])              #('Hermes', 'Aphrodite', 'Hera', 'Ares')를 표시
```

예제 24.6.1
출력 내용 기술하기

다음 프로그램을 실행하여 b의 값을 알아보세요.

```
b = [None] * 3

b[2] = 9
x = 0
b[x] = b[2] + 4
b[x + 1] = b[0] + 5

print(b)
```

이 프로그램은 다음과 같은 순서로 실행됩니다.

- 3개의 요소를 가진 빈 리스트가 만들어집니다.

0	1	2
None	None	None

- 9가 인덱스 2에 할당됩니다. 이제 현재는 다음과 같습니다.

0	1	2
None	None	9

- 변수 x에 0이 할당됩니다.
- 13이 인덱스 0에 할당됩니다. 현재 리스트는 다음과 같습니다.

0	1	2
13	None	9

- 18이 인덱스 1에 할당됩니다. 최종 리스트는 다음과 같습니다.

0	1	2
13	18	9

- [13, 18, 9]이 화면에 출력됩니다.

예제 24.6.2
리스트에 존재하지 않는 인덱스 참조하기

다음의 프로그램은 무엇이 잘못되었나요?

```
grades = ["B+", "A+", "A", "C-"]
print(grades[100])
```

해설

존재하지 않는 리스트의 요소를 참조해서는 안됩니다. 이 프로그램에서 인덱스 위치 100의 요소는 없습니다. 이 프로그램을 실행하면 파이썬은 [그림 24-1]과 같은 오류 메시지를 표시합니다.

```
Python 3.7.4 Shell                                                 —   □   ×
File  Edit  Shell  Debug  Options  Window  Help
Python 3.7.4 (tags/v3.7.4:e09359112e, Jul  8 2019, 19:29:22) [MSC v.1916 32 bit (Intel)
] on win32
Type "help", "copyright", "credits" or "license()" for more information.
>>>
================== RESTART: C:/Users/admin/Desktop/test.py ==================
Traceback (most recent call last):
  File "C:/Users/admin/Desktop/test.py", line 2, in <module>
    print(grades[100])
IndexError: list index out of range
>>>
```

[그림 24-1] 인덱스가 잘못 참조되었음을 알리는 오류 메시지

24-7 리스트 요소 수정하기

기존 리스트 요소의 값을 변경하려면 정확한 인덱스를 사용하고 해당 인덱스에 새로운 요소 값을 지정하기 만하면 됩니다. 다음 예를 살펴봅시다.

```python
#리스트를 생성
indian_tribes = [ "Navajo", "Cherokee", "Sioux" ]
print(indian_tribes)     #['Navajo', 'Cherokee', 'Sioux']를 출력

#기존 요소를 변경
indian_tribes[1] = "Apache"
print(indian_tribes)     #['Navajo', 'Apache', 'Sioux']를 출력
```

예제 24.7.1
오류 찾기

다음의 파이썬 프로그램은 무엇이 잘못되었나요?

```
names = ("George", "John", "Maria")
names[1] = "Johnathan"
print(names)
```

해설

이미 언급했듯이, 튜플은 변경이 불가능합니다. 즉, 튜플이 생성된 후 요소의 값을 변경할 수 없습니다. names는 튜플이기 때문에 프로그램이 실행되면 이 코드의 두 번째 줄에 오류가 발생합니다.

24-8 리스트나 튜플에 반복 구조 사용하기

프로그램은 반복 구조(보통 for 구조)를 사용하여 리스트나 튜플의 요소를 반복할 수 있습니다. 리스트를 반복하여 사용할 수 있는 두 가지 방법이 있습니다.

첫 번째 방법
이 방법은 리스트나 튜플의 각 요소를 인덱스를 사용해서 하나씩 접근하는 것입니다. 일반적인 사용 형식은 다음과 같습니다.

```
for index in range(size):
    process structure_name[index]
```

process(여기서는 명령문 또는 명령문 블록을 의미)로 structure_name(여기서는 리스트나 튜플의 이름을 의미)의 각 요소들을 처리합니다.

다음 파이썬 프로그램은 튜플 gods의 모든 요소들을 반복이 될 때마다 하나씩 화면에 출력합니다.

```
gods = ("Zeus", "Ares", "Hera", "Aphrodite", "Hermes")
for i in range(5):
    print(gods[i])
```

참고

One

변수 i 대신 얼마든지 다른 이름을 사용해도 됩니다. j나 index 등 원하는 다른 이름을 사용할 수 있습니다.

Two

튜플 gods가 5개의 요소를 가지고 있기 때문에 for 구조가 1에서 5가 아닌 0에서 4까지 반복합니다. 요소들의 인덱스 번호가 0, 1, 2, 3, 4이기 때문입니다.

리스트는 수정할 수 있기 때문에 반복 구조를 사용하여 요소들을 변경할 수 있습니다. 다음 프로그램은 리스트 b의 일부 요소의 값을 2배로 변경합니다.

```
b = [80, 65, 60, 72, 30, 40]
for i in range(3):
    b[i] = b[i] * 2
```

두 번째 방법

이 방법은 간단하기는 하지만 이전 방법 보다 유연하지는 않습니다. 이 방법을 사용할 수 없는 경우가 있습니다. 다음은 일반적인 사용 형식입니다.

```
for element in structure_name:
    process element
```

process(여기서는 명령문 또는 명령문 블록을 의미)로 structure_name(여기서는 리스트나 튜플의 이름을 의미)의 요소들을 하나씩 처리합니다.

다음 파이썬 프로그램은 반복될 때마다 리스트 grades의 요소들을 하나씩 화면에 출력합니다.

```
grades = ["B+", "A+", "A", "C-"]

for x in grades:
    print(x)
```

참고 ▶ 첫 번째 반복될 때 첫 번째 요소가 변수 x에 할당되고, 두 번째 반복될 때는 두 번째 요소가 변수 x에 할당되는 방식으로 실행됩니다.

다음 파이썬 프로그램은 반복될 때마다 튜플 gods의 모든 요소들을 하나씩 역순으로 출력합니다.

```
gods = ("Hera", "Zeus", "Ares", "Aphrodite", "Hermes")
for god in gods[::-1]:
    print(god)
```

하지만 이 방법은 리스트의 요소 값을 변경하는데는 사용할 수 없습니다. 예를 들어, 리스트 numbers의 모든 요소 값을 두 배로 만들기 위해 다음과 같은 코드를 사용할 수 없습니다.

```
numbers = [5, 10, 3, 2]

for number in numbers:
    number *= 2
```

참고 여기서 사용된 변수 number는 반복될 때마다 리스트의 각 요소들의 값이 할당됩니다. 그러나 반대로는 실행할 수 없습니다. 변수 number의 값이 각 요소에 다시 기록되지 않습니다.

 기억하기

리스트의 요소들을 변경하고 싶으면 첫 번째 방법을 사용하세요.

 예제 24.8.1
합계 구하기

다음 값들을 기억하는 튜플을 만들고 그 값들의 합계를 구하는 파이썬 프로그램으로 작성하세요.

56, 12, 33, 8, 3, 2, 98

해설

우리는 튜플 요소를 반복하는 두 가지 방법을 배웠습니다. 두 가지 방법을 모두 사용하고 차이점을 살펴 보겠습니다. 그리고 리스트나 튜플의 요소의 합을 계산하는 파이썬만의 세 번째 방법을 추가로 볼 것입니다.

첫 번째 방법

```
file_24_8_1a
values = (56, 12, 33, 8, 3, 2, 98)


total = 0
```

```
for i in range(7):
    total = total + values[i]

print(total)
```

두 번째 방법

```
                        file_24_8_1b
values = (56, 12, 33, 8, 3, 2, 98)

total = 0
for value in values:
    total = total + value

print(total)
```

세 번째 방법

이 방법은 반복 구조를 사용하지 않습니다. math 모듈의 fsum( ) 함수를 사용합니다.

```
                        file_24_8_1c
import math

values = (56, 12, 33, 8, 3, 2, 98)

total = math.fsum(values)

print(total)
```

참고 fsum( ) 함수에 대해 생각이 나지 않으면 〈10-2 유용한 함수(Function)와 메서드 (Method)〉을 다시 읽어보세요!

24-9 리스트에 사용자가 값을 입력하는 방법

다음 문제를 해결하기 위해 기존의 방법을 응용하여 봅시다. 값을 입력 받아 그 값을 변수가 아닌 리스트의 요소로 할당할 수 있습니다. 다음 프로그램은 사용자에게 세 사람의 이름을 입력하라는 메시지를 표시하고 입력 받은 값을 리스트 names의 인덱스 0, 1, 2에 할당합니다.

```python
names = [None] * 3      #3개의 저장 장소를 준비함


names[0] = input("Enter name No 1: ")
names[1] = input("Enter name No 2: ")
names[2] = input("Enter name No 3: ")
```

물론 다음 프로그램에서 볼 수 있듯이 append( ) 메서드를 대신 사용하여 위와 동일하게 처리할 수 있습니다.

```python
names = [ ]   #빈 리스트 생성


names.append(input("Enter name No 1: "))
names.append(input("Enter name No 2: "))
names.append(input("Enter name No 3: "))
```

예제 24.9.1
단어를 역순으로 표시하기

사용자가 20개의 단어를 입력할 수 있는 파이썬 프로그램을 작성하세요. 그 다음 이 프로그램은 입력된 순서의 역순으로 출력합니다.

이와 같은 문제는 리스트가 완벽한 해결책이 됩니다. 다음 프로그램을 살펴봅시다.

```
                              file_24_9_1a
words = [None] * 20

for i in range(20):
    words[i] = input()

for i in range(19, -1, -1):
    print(words[i])
```

💡 **기억하기**

리스트의 인덱스 번호는 0부터 시작하기 때문에 마지막 인덱스 번호는 실제 요소의 개수보다 1이 작습니다.

파이썬에서는 슬라이싱을 사용하여 리스트 요소를 역순으로 출력할 수 있으며, 이때 step에는 −1을 입력합니다. 다음 프로그램은 비어있는 리스트를 만든 다음, append( ) 메서드를 사용하여 요소를 리스트에 추가합니다. 마지막으로 슬라이싱을 사용하여 입력된 순서의 역순으로 표시하는데 출력합니다.

```
                              file_24_9_1b
words = []
for i in range(20):
    words.append(input())

for word in words[::-1]:
    print(word)
```

참고 가끔 예제를 설명하면서 자료구조의 사용에 대해 전혀 언급하지 않는 경우가 있습니다. 그렇다고 해서 자료구조를 사용할 필요가 없다는 뜻은 아닙니다. 필요하면 언제든지 리스트, 튜플, 딕셔너리 등을 사용하면 됩니다.

기억하기

append( ) 메서드를 사용하면 리스트의 제일 뒤에 요소를 추가할 수 있습니다.

 ## 예제 24.9.2
양수를 역순으로 표시하기

사용자에게 100개의 숫자를 입력 받아 입력된 순서의 역순으로 양수만 출력하는 파이썬 프로그램을 작성하세요.

해설

이 문제에서는 사용자가 입력한 모든 값을 리스트에 저장해야 합니다. 그러나 리스트 요소를 표시하기 위해 활용한 for 구조 내에 중첩된 선택 구조는 입력한 값이 양수만 확인하고 표시해야 합니다. 코드는 다음과 같습니다.

```
file_24_9_2
```
```
ELEMENTS = 100

values = []
for i in range(ELEMENTS):
    values.append(float(input()))
```

```
for value in values[::-1]:
    if value > 0:
        print(value)
```

예제 24.9.3

합계 구하기

사용자에게 리스트에 넣을 50개의 숫자를 입력 받아 합계를 출력하도록 하는 파이썬 프로그램을 작성하세요.

해설

완성된 프로그램은 다음과 같습니다.

```
                          file_24_9_3a

ELEMENTS = 50

values = [None] * ELEMENTS
for i in range(ELEMENTS):
    values[i] = float(input("Enter a value: "))

total = 0
for i in range(ELEMENTS):
    total = total + values[i]

print(total)
```

이 코드를 for 구조 하나만 사용하여 해결할 수 있습니다. 다음 프로그램을 살펴봅시다.

```
                        file_24_9_3b
ELEMENTS = 50

values = [None] * ELEMENTS

total = 0
for i in range(ELEMENTS):
    values[i] = float(input("Enter a value: "))
    total = total + values[i]

print(total)
```

비록 많은 프로세스가 하나의 for 구조 안에서 실행될 수 있지만, 각 프로세스를 별도의 for 구조로 실행하는 것이 더 간단합니다. 효율적이지는 않지만 초보 프로그래머에게는 프로세스별로 for 구조를 구현하는 것이 좋습니다. 나중에 경험이 쌓이고 파이썬 전문가가 되면 쉽게 많은 프로세스를 하나의 for 구조에 병합할 수 있을 것입니다.

이제 fsum( ) 함수를 사용하는 더 파이썬다운 코드를 봅시다.

```
                        file_24_9_3c
import math

ELEMENTS = 50

values = []
for i in range(ELEMENTS):
    values.append(float(input("Enter a value: ")))

total = math.fsum(values)

print(total)
```

예제 24.9.4

평균 구하기

사용자에게 리스트에 넣을 20개의 숫자를 입력 받아 평균을 계산하는 파이썬 프로그램을 작성하세요. 만약 평균이 10보다 작다면 메시지를 출력합니다.

해설

입력된 숫자의 평균값을 구하려면 먼저 합을 구해서 20으로 나누어야 합니다. 이전 문제에서와 같이 합계를 구하기 위해 입력된 숫자를 변수 total에 누적하거나 fsum( ) 함수를 사용합니다. 평균값을 구하면 프로그램은 메시지를 출력할지 여부를 판단해야 합니다.

첫 번째 방법

```
                          file_24_9_4a
ELEMENTS = 20

values = []
for i in range(ELEMENTS):
    values.append(float(input("Enter a value: ")))

#total에 값을 누적
total = 0
for i in range(ELEMENTS):
    total = total + values[i]

average = total / ELEMENTS

if average < 10:
    print("Average value is less than 10")
```

두 번째 방법

```
                            file_24_9_4b

import math


ELEMENTS = 20


values = []
for i in range(ELEMENTS):
    values.append(float(input("Enter a value: ")))


if math.fsum(values) / ELEMENTS < 10:
    print("Average value is less than 10")
```

예제 24.9.5
실수만 표시하기

사용자에게 리스트에 넣을 10개의 숫자를 입력 받는 파이썬 프로그램을 작성하세요. 입력 받은 숫자 중 실수가 있는 요소의 인덱스만 출력합니다.

해설

실수인지를 판단하기 위해서는 다음의 부울식을 사용합니다.

$$element\ !=\ int(element)$$

int( ) 함수는 실수의 정수 부분을 반환합니다. 따라서 요소에 7.5와 같은 실수가 있으면 이 부울식은 참입니다. 반면에 요소에 3과 같은 정수가 있다면 부울식이 False(거짓)로 평가됩니다.
프로그램은 다음과 같습니다.

```
                             file_24_9_5
ELEMENTS = 10

b = []
for i in range(ELEMENTS):
    b.append(float(input("Enter a value for element " + str(i) + ": ")))

for i in range(ELEMENTS):
    if b[i] != int(b[i]):
        print("A real found at index:", I)
```

예제 24.9.6
홀수 인덱스만 표시하기

해설

홀수 번호의 인덱스를 가진 요소를 출력하려면 1에서 시작하여 2씩 증가하는 for 구조가 필요합니다.
다음의 파이썬 프로그램을 살펴봅시다.

```
                             file_24_9_6a
ELEMENTS = 8

values = []
for i in range(ELEMENTS):
    values.append(float(input("Enter a value for element " + str(i) + ": ")))
```

```
#홀수 인덱스 요소를 화면에 출력
for i in range(1, ELEMENTS, 2):        #1에서 시작해서 2씩 증가
    print(values[i])
```

앞서 언급했듯이, 파이썬에서는 슬라이싱을 사용하여 리스트 요소를 반복할 수 있습니다. 다음 프로그램에서는 홀수 번호의 요소만 출력하기 위해 슬라이싱을 사용합니다.

file_24_9_6b

```
ELEMENTS = 8

values = []
for i in range(ELEMENTS):
    values.append(float(input("Enter a value for element" + str(i) + ": ")))

#홀수 인덱스 요소를 화면에 표시
for value in values[1:ELEMENTS:2]:        #1에서 시작해서 2씩 증가
    print(value)
```

24-10 딕셔너리란 무엇인가?

딕셔너리(Dictionary)와 리스트, 튜플의 차이점은 딕셔너리의 요소는 각각 주어진 유일한 키(Key)에 의해 구분되며 반드시 정수가 아니라는 것입니다. 딕셔너리의 키는 요소들과 1:1로 연결됩니다. 딕셔너리의 키는 문자열, 정수, 실수 또는 튜플과 같이 변경 불가능한 데이터 유형이어야 합니다. 다음 예는 가족의 이름을 저장하는 딕셔너리를 보여줍니다. 딕셔너리의 이름은 family이며 각 요소 위에 키가 기술되어 있습니다.

	Father	Mother	Son	Daughter	— Keys
family =	John	Maria	George	Helen	

참고 > **One**

딕셔너리의 키는 중복되지 않아야 합니다. 예를 들어, 딕셔너리 family에서 Father 란 이름의 키가 두 개 있을 수는 없습니다.

Two

딕셔너리의 요소는 어떤 데이터 형도 가능합니다.

24-11 딕셔너리 만들기

가장 일반적인 방법으로 다음과 같은 딕셔너리를 만들어 봅시다.

	first_name	last_name	age	Class
student =	Ann	Fox	8	2nd

첫 번째 방법

딕셔너리를 만든 후, 딕셔너리의 각 요소에 값을 할당하려면, 다음과 같은 형식의 파이썬 명령문을 사용합니다.

```
dict_name = {key0: value0, key1: value1, key2: value2, …, keyM: valueM }
```

이 형식을 사용하면 위의 딕셔너리 student를 다음과 같이 만들 수 있습니다.

```
student = {"first_name": "Ann", "last_name": "Fox", "age": 8, "class": "2nd"}
```

참고 > 키와 값은 콜론(:)으로 구분하며, 각 요소들은 콤마(,)로 구분합니다. 딕셔너리 전체 는 { } 안에 기술합니다.

두 번째 방법

이 방법은 빈 딕셔너리를 만든 후, 키와 값으로 구성되는 요소를 추가합니다. 일반적인 파이썬 명령문 형식은 다음과 같습니다.

```
dict_name = {}

dict_name[key0] = value0
dict_name[key1] = value1
dict_name[key2] = value2
…
dict_name[keyM] = valueM
```

이 방법을 사용하여 딕셔너리 student를 만들면 다음과 같습니다.

```
student = {}

student["first_name"] = "Ann"
student["last_name"] = "Fox"
student["age"] = 8
student["class"] = "2nd"
```

24-12 딕셔너리의 값을 가져오기

딕셔너리의 요소 값을 가져오려면 해당 키를 사용하여 가져오려는 요소를 가리켜야 합니다. 다음 프로그램은 딕셔너리를 작성한 후, 'Ares is the God fo War'를 화면에 출력합니다.

```
olympians = {"Zeus": "King of the Gods",₩
        "Hera": "Goddess of Marriage",₩
```

```
    "Ares": "God of War",₩
    "Poseidon": "God of the Sea",₩
    "Demeter": "Goddess of the Harvest",₩
    "Artemis": "Goddess of the Hunt",₩
    "Apollo": "God of Music and Medicine",₩
    "Aphrodite": "Goddess of Love and Beauty",₩
    "Hermes": "Messenger of the Gods",₩
    "Athena": "Goddess of Wisdom",₩
    "Hephaistos": "God of Fire and the Forge",₩
    "Dionysus": "God of the Wine"₩
}

print("Ares is the", olympians["Ares"])
```

참고 **One**

파이썬에서 긴 문장을 기술할 때 줄바꿈을 하기 전 문장 뒤에 ₩를 기술합니다.

Two

오직 키로만 요소에 접근이 가능합니다. 예를 들어, olympians["Ares"]는 "God of War"를 반환하지만 olympians["God of War"]는 "Ares"를 반환하지 않습니다.

예제 24.12.1

딕셔너리에 존재하지 않는 키의 사용

다음 파이썬 프로그램은 무엇이 잘못되었나요?

```
family = { "Father": "John", "Mother": "Maria", "Son": "George"}
print(family["daughter"])
```

해설

리스트나 튜플과 마찬가지로 존재하지 않는 딕셔너리 요소를 참조하면 안됩니다. 이 예제는 존재하지 않는 키인 'daughter'를 사용해서 두 번째 명령문에서 오류가 발생합니다.

24-13 딕셔너리의 요소 수정하기

기존 딕셔너리의 요소 값을 변경하려면 적절한 키를 사용하여 해당 요소에 새 값을 지정해야 합니다. 다음 예를 살펴봅시다.

```python
#딕셔너리를 생성
tribes = {"Indian": "Navajo", "African": "Zulu"}
print(tribes)        #{'Indian': 'Navajo', 'African': 'Zulu'}을 출력

#기존 요소의 값을 변경
tribes["Indian"] = "Apache"
print(tribes)        #{'Indian': 'Apache', 'African': 'Zulu'}을 출력
```

예제 24.13.1
존재하지 않는 키에 값을 할당

다음 코드는 무엇이 잘못되었나요?

```python
indian_tribes = {0: "Navajo", 1: "Cherokee", 2: "Sioux"}
indian_tribes[3] = "Apache"
```

이번에는 전혀 잘못된 점이 없습니다. 처음에는 두 번째 명령문이 존재하지 않는 키의 값을 변경하려고 시도해서 오류가 발생할 수도 있다고 생각했을 것입니다. 하지만 파이썬의 딕셔너리는 그렇지 않습니다. indian_tribes는 딕셔너리이고 '3' 키가 존재하지 않으므로 두 번째 명령문은 새로운 네 번째 요소를 딕셔너리에 추가합니다.

 딕셔너리의 키는 정수를 포함하여 수정 불가능한 데이터 형을 사용합니다.

그러나 만약 indian_tribes가 리스트라면 두 번째 명령문은 오류를 발생시킵니다. 다음 코드를 살펴봅시다.

```
indian_tribes_list = ["Navajo", "Cherokee", "Sioux"]
indian_tribes_list[3] = "Apache
```

이 예에서는 indian_tribes가 리스트이고 인덱스 3이 존재하지 않기 때문에 두 번째 명령문은 존재하지 않는 요소의 값을 변경하려고 시도하게 되므로 오류가 발생합니다.

24-14 딕셔너리에 반복 구조 사용하기

딕셔너리의 요소를 반복하기 위해 for 구조를 사용할 수 있습니다. 두 가지 접근 방식이 있습니다.

첫 번째 방법

일반적인 사용 형식은 다음과 같습니다.

```
for key in structure_name:
    process structure_name[key]
```

여기서 process는 반복할 때마다 structure_name이라는 딕셔너리의 요소를 처리하는 1개의 명령문 또는 명령문 블록입니다.

다음의 파이썬 프로그램은 문자 A, B, C, D와 해당 문자의 모스 부호를 출력합니다.

```
morse_code = {"A": ".-", "B": "-...", "C": "-.-.", "D": "-.."}

for letter in morse_code:
    print(letter, morse_code[letter])
```

다음은 소프트웨어 회사에서 직원들에게 $2000의 보너스를 지급하는 예입니다.

```
salaries = { "Project Manager": 83000, \
        "Software Engineer": 81000, \
        "Network Engineer": 64000, \
        "Systems Administrator": 61000, \
        "Software Developer": 70000
}

for title in salaries:
    salaries[title] += 2000
```

두 번째 방법

이 방법의 일반적인 코드 형식은 다음과 같습니다.

```
for key, value in structure_name.items():
    process key, value
```

process는 반복할 때마다 structure_name이라는 딕셔너리의 요소를 처리하는 한 개의 명령문 또는 명령문 블록입니다.

다음 파이썬 프로그램은 반복할 때마다 딕셔너리 grades의 요소들을 화면에 출력합니다.

```python
grades = {"John": "B+", "George": "A+", "Maria":"A", "Helen": "A-"}


for name, grade in grades.items():
    print(name, "got", grade)
```

하지만 이 방법은 딕셔너리의 요소들을 변경하는데는 사용할 수 없습니다. 예를 들어, 딕셔너리 salaries의 모든 요소 값에 $2000을 더하기 위해 다음과 같은 코드를 사용할 수 없습니다.

```python
salaries = { "Project Manager": 83000, \
        "Software Engineer": 81000, \
        "Network Engineer": 64000,\
        "Systems Administrator": 61000,\
        "Software Developer": 70000
}


for title, salary in salaries.items():
    salary += 2000
```

 **참고** 여기서 salary는 1개의 변수로 딕셔너리 salaries의 값들이 계속 할당됩니다. 그러나 그 반대는 성립하지 않습니다. salary의 값이 딕셔너리 salaries의 요소에 할당되지 않습니다.

💡 기억하기

딕셔너리의 요소 값을 수정하려면 첫 번째 방법을 사용해야 합니다.

24-15 유용한 명령문과 함수와 메서드

리스트에서 요소 삭제하기

```
del list_name[index]
```

리스트에서 특정 요소를 삭제할 때 또는 리스트에서 일부 요소를 삭제하거나 리스트 전체를 비울 때 del 명령문을 사용합니다.

```
                          file__24__15a
a = [3, 60, 15]
print(a[1])               #60을 출력
del a[1]
print(a)                  #[3, 15]를 출력
print(a[1])               #15를 출력


b = [5, 2, 10, 12, 23, 6]
del b[2:5]
print(b)                  #[5, 2, 6]을 출력


#리스트에서 요소 삭제
del b[:]
print(b)                  #[]를 출력
```

딕셔너리에서 요소 삭제하기

```
del dict_name[key]
```

del 명령문을 사용하면 딕셔너리에서 키로 지정하여 한 개의 요소를 삭제할 수 있습니다.

```
                         file__24__15b
fruits = {"O": "Orange", "A": "Apple", "W": "Watermelon"}

del fruits["A"]

print(fruits)      #{'O': 'Orange', 'W': 'Watermelon'}를 출력
```

요소의 개수 세기

```
len(structure_name)
```

우리는 이미 이 기능을 알고 있습니다. 〈11-4 유용한 함수와 메서드〉에서 len( ) 함수가 문자열의 문자 개수를 반환한다는 것을 배웠습니다. 이제는 len( ) 함수가 리스트, 튜플 또는 딕셔너리와 같은 자료구조의 요소 개수도 반환한다는 것을 알게 될 것입니다.

```
                         file__24__15c
a = [3, 6, 10, 12, 4, 2, 1]

print(len(a))                   #7을 출력

length = len(a[2:4])
print(length)                   #2를 출력

for i in range(len(a)):
    print(a[i], end = "  ")     #3  6  10  12  4  2  1을 출력
```

최댓값 구하기

```
max(structure_name)
```

이 함수는 리스트나 튜플의 요소 중 가장 큰 값을 반환하며 딕셔너리에서는 가장 큰 키(Key) 값을 반환합니다.

```
file__24__15d
a = [3, 6, 10, 2, 1, 12, 4]


print(max(a))                    #12를 출력


maximum = max(a[1:4])
print(maximum)                   #10을 출력


c = ("Apollo", "Hermes", "Athena", "Aphrodite", "Dionysus")
print(max(c))                    #Hermes를 출력
```

최솟값 구하기

```
min(structure_name)
```

이 함수는 리스트나 튜플의 요소 중 가장 작은 값을 반환하며 딕셔너리에서는 가장 작은 키 (Key) 값을 반환합니다.

```
file__24__15e
a = [3, 6, 10, 2, 1, 12, 4]


print(min(a))                    #1을 출력


minimum = min(a[1:4])
print(minimum)                   #2를 출력


c = ("Apollo", "Hermes", "Athena", "Aphrodite", "Dionysus")
print(min(c))                    #Aphrodite를 출력
```

리스트 정렬하기

정렬을 통해 리스트 요소를 원하는 순서로 배치합니다. 여기에는 두 가지 옵션이 있습니다. sort() 메서드를 사용하여 리스트를 정렬하거나, sorted() 함수를 사용하여 초기 리스트에서 새로운 정렬된 리스트를 만들 수 있습니다.

sort() 메서드 사용하기

```
list_name.sort([reverse = True])
```

이 메서드는 리스트의 요소들을 오름차순 또는 내림차순으로 정렬합니다.

```
                         file_24_15f
a = [3, 6, 10, 2, 1, 12, 4]
a.sort()
print(a)   #[1  2  3  4  6  10  12]를 출력


#역순으로 정렬
a.sort(reverse = True)
print(a)   #[12  10  6  4  3  2  1]를 출력


c = ["Hermes", "Apollo", "Dionysus"]
c.sort()
print(c)   #[Apollo  Dionysus  Hermes]를 출력
```

 참고 sort() 메서드는 튜플과 같이 수정 불가능한 데이터에는 사용할 수 없습니다.

sorted() 함수 사용하기

```
sorted(structure_name [, reverse = True])
```

이 함수는 오름차순 또는 내림차순으로 정렬된 새로운 리스트나 튜플을 반환하며 초기 데이터는 그대로 둡니다.

file_ 24 _15g

```
a = [3, 6, 10, 2, 1, 12, 4]
b = sorted(a)

print(a)   #[3, 6, 10, 2, 1, 12, 4]를 출력
print(b)   #[1  2  3  4  6  10  12]를 출력

#sorted() 함수는 튜플에도 사용 가능
c = ("Hermes", "Apollo", "Dionysus")
d = sorted(c, reverse = True)
for element in d:
    print(element, end = "  ")   #Hermes Dionysus Apollo를 출력

#sorted() 함수는 for 문제 직접 사용할 수 있음
for element in sorted(c):
    print(element, end = "  ")   #Apollo Dionysus Hermes를 출력
```

다음 문장을 읽고 맞으면 O, 틀리면 X로 표시하세요.

1. 리스트와 튜플은 여러 개의 값을 가질 수 있는 자료구조입니다. (　　)

2. 리스트 요소는 주기억 장치(RAM)에 있습니다. (　　)

3. 튜플의 각 요소는 고유 인덱스를 가집니다. (　　)

4. 딕셔너리에는 두 개의 동일한 키가 있을 수 있습니다. (　　)

5. 튜플에서 인덱스 번호는 기본적으로 0부터 시작합니다. (　　)

6. 튜플 요소의 마지막 인덱스는 튜플 요소의 개수와 같습니다. (　　)

7. 다음 명령문은 구문 오류가 있습니다. (　　)

```
student names = [None] * 10
```

8. 파이썬 프로그램에서 2개의 리스트를 같은 이름으로 사용할 수 있습니다. (　　)

9. 다음 명령문은 문법적으로 오류가 없습니다. (　　)

```
student = {"first_name": "Ann" -
"last_name": "Fox" - "age": 8}
```

10. 파이썬 프로그램에서 두 개의 튜플이 같은 개수의 요소를 가질 수 없습니다. (　　)

11. 리스트에서 변수를 인덱스로 사용할 수 없습니다. (　　)

12. 수식을 튜플의 인덱스로 사용할 수 있습니다. (　　)

13. 변수를 딕셔너리에서 키로 사용할 수 없습니다. (　　)

14. 다음 코드는 오류가 없습니다. (　　)

```
a = "a"
fruits = {"o": "Orange", "a": "Apple",
"w": "Watermelon"}
print(fruits[a])
```

15. 사용자가 입력한 20개의 숫자의 합계를 계산하려면 리스트를 사용해야 합니다. (　　)

16. 사용자가 b[k] = input() 문을 사용하여 리스트 b에 값을 입력할 수 있습니다. (　　)

17. 다음 명령문은 2개의 빈 요소로 구성된 리스트를 만듭니다. (　　)

```
names = [None] * 3
```

18. 다음 코드는 10을 인덱스 7에 할당합니다.
( )

```
values[5] = 7
values[values[5]] = 10
```

19. 다음 코드는 'Sally' 값을 인덱스 3에 할당합니다. ( )

```
names = [None] * 3
names[2] = "John"
names[1] = "George"
names[0] = "Sally"
```

20. 다음 명령문은 인덱스 2의 요소 값으로 'Sally'를 지정합니다. ( )

```
names = ["John", "George", "Sally"]
```

21. 다음 코드는 화면에 'Sally'를 출력합니다.
( )

```
names = [None] * 3
k = 0
names[k] = "John"
k += 1
names[k] = "George"
k += 1
names[k] = "Sally"
k -= 1
print(names[k])
```

22. 다음 코드는 문법상 올바르게 기술되었습니다. ( )

```
names = [None] * 3
names[0] = "John"
names[1] = "George"
names[2] = "Sally"
print(names[])
```

23. 다음 코드는 'Maria'를 화면에 출력합니다.
( )

```
names = ("John", "George", "Sally", "Maria")
print(names[int(3.5)])
```

24. 다음 코드는 오류가 없습니다. ( )

```
grades = ("B+", "A+", "A")
print(grades[3])
```

25. 다음 코드는 오류가 없습니다. ( )

```
values = (1, 3, 2, 9)
print(values[values[0]])
```

26. 다음 코드는 화면에 1을 출력합니다. ( )

```
values = [1, 3, 2, 0]
print(values[values[values[values[0]]]])
```

27. 다음 코드는 튜플 names의 모든 요소를 출력합니다. (　　)

```
names = ("John", "George", "Sally",
"Maria")
for i in range(1, 5):
    print(names[i])
```

28. 다음 코드는 오류가 없습니다. (　　)

```
names = ["John", "George", "Sally",
"Maria"]
for i in range(2, 5):
    print(names[i])
```

29. 다음 코드는 사용자에게 100개의 값을 리스트 b에 입력 받습니다. (　　)

```
for i in range(100):
    b[i] = input()
```

30. 리스트 b가 30개의 원소를 가지고 있다면 다음의 코드는 모든 원소의 값을 2배로 늘립니다. (　　)

```
for i in range(29, -1, -1):
    b[i] = b[i] * 2
```

31. for 구조를 사용하여 튜플의 일부 요소 값을 두 배로 늘릴 수 있습니다. (　　)

32. 리스트 b가 30개의 요소를 가지고 있다면 다음 코드는 모든 요소를 출력합니다. (　　)

```
for element in b[0:29]:
    print(element)
```

33. b가 딕셔너리인 경우, 다음 코드는 모든 요소들을 출력합니다. (　　)

```
for key, element in b:
    print(element)
```

34. 다음 두 코드는 동일한 값을 출력합니다. (　　)

```
a = [1, 6, 12, 2, 1]
print(len(a))
```
```
a = "Hello"
print(len(a))
```

35. 다음 코드는 세 개의 값을 출력합니다. (　　)

```
a = [10, 20, 30, 40, 50]
for i in range(3, len(a)):
    print(a[i])
```

36. 다음 코드는 리스트 b의 모든 요소들을 출력합니다. (　　)

```
b = [10, 20, 30, 40, 50]
for i in range(len(b)):
    print(i)
```

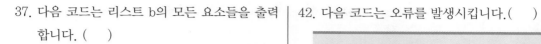

37. 다음 코드는 리스트 b의 모든 요소들을 출력
    합니다. (   )

```
for i in range(len(b)):
    b[i] *= 2
```

38. 다음 코드는 30을 화면에 출력합니다. (   )

```
a = [20, 50, 10, 30, 15]
    print(max(a[2:len(a)]))
```

39. 다음 코드는 50을 화면에 출력합니다. (   )

```
a = [20, 50, 10, 30, 15]
b = [-1, -3, -2, -4, -1]
print(a[min(b)])
```

40. 다음 코드는 리스트 b의 가장 작은 값을 출력
    합니다.(   )

```
b = [3, 6, 10, 2, 1, 12, 4]
b.sort()
print(b[0])
```

41. 다음 코드는 리스트 b의 가장 작은 값을 표시
    합니다.(   )

```
b = [3, 1, 2, 10, 4, 12, 6]
print(sorted(b, reverse = True)[-1])
```

42. 다음 코드는 오류를 발생시킵니다.(   )

```
b = (3, 1, 2)
print(sorted(b))
```

43. 다음 코드는 오류를 발생시킵니다. (   )

```
b = (3, 1, 2)
b.sort()
print(b)
```

44. 다음 코드는 오류를 발생시킵니다. (   )

```
b = (3, 1, 2)
del b[1]
print(b)
```

45. 다음 코드는 오류를 발생시킵니다. (   )

```
fruits = {"O": "Orange", "A": "Apple",
"W": "Watermelon"}
del fruits["Orange"]
print(fruits)
```

24-17 복습문제 ||

다음 질문에 알맞은 답을 선택하세요.

1. 다음 명령문에는 어떤 오류가 있는지 고르시오.

   ```
   last names = [None]*5
   ```

   ① 하나의 논리 오류가 있습니다.
   ② 하나의 구문 오류가 있습니다.
   ③ 두 개의 구문 오류가 있습니다.
   ④ 세 개의 구문 오류가 있습니다.

2. 변수 x가 4를 저장하고 있다면 다음 명령문은 무엇을 실행하는지 고르시오.

   ```
   values[x + 1] = 5
   ```

   ① 인덱스 5번 요소에 4를 할당합니다.
   ② 인덱스 4번 요소에 5를 할당합니다.
   ③ 인덱스 5번 요소에 5를 할당합니다.
   ④ 정답 없음

3. 다음 명령문은 무엇을 실행하는지 고르시오.

   ```
   values = [5, 6, 9, 1, 1, 1]
   ```

   ① 인덱스 1번 요소에 5를 할당합니다.
   ② 인덱스 0번 요소에 5를 할당합니다.
   ③ 오류가 발생합니다.
   ④ 정답 없음

4. 다음 코드는 무엇을 실행하는지 고르시오.

   ```
   values[0] = 1
   values[values[0]] = 2
   values[values[1]] = 3
   values[values[2]] = 4
   ```

   ① 인덱스 3번 요소에 4를 할당합니다.
   ② 인덱스 2번 요소에 3을 할당합니다.
   ③ 인덱스 1번 요소에 2를 할당합니다.
   ④ ①~③ 모두 정답
   ⑤ 정답 없음

5. 리스트에 for 구조를 사용할 때 어떤 변수를 카운터로 사용할 수 있는지 고르시오.
   ① 변수 i   ② 변수 j
   ③ 변수 k   ④ 임의의 변수

6. 다음 코드는 무엇을 실행하는지 고르시오.

   ```
   names = ("George", "John", "Maria",
   "Sally")
   for i in range(3, 0, -1):
       print(names[i])
   ```

   ① 모든 이름을 오름차순으로 출력합니다.
   ② 일부 이름을 오름차순으로 출력합니다.
   ③ 모든 이름을 내림차순으로 출력합니다.

④ 일부 이름을 내림차순으로 출력합니다.

⑤ 정답 없음

7. 튜플 b가 30개 요소를 가지고 있다면 다음 코드는 무엇을 실행하는지 고르시오.

```python
for i in range(29, 0, -1):
    b[i] = b[i] * 2
```

① 일부 요소의 값을 두 배로 늘립니다.

② 모든 요소의 값을 두 배로 늘립니다.

③ 정답 없음

8. 다음 코드는 무엇을 실행하는지 고르시오.

```python
struct = {"first_name": "George",
"last_name": "Miles", "age": 28}
for a, b in struct.items():
    print(b)
```

① 딕셔너리의 모든 키를 출력합니다.

② 딕셔너리의 모든 값을 출력합니다.

③ 딕셔너리의 모든 키, 값 쌍을 출력합니다.

④ 정답 없음

9. 다음 코드는 무엇을 실행하는지 고르시오.

```python
indian_tribes = {0: "Navajo", 1:
"Cherokee", 2: "Sioux", 3: "Apache"}

for i in range(4):
    print(indian_tribes[i])
```

① 딕셔너리의 모든 키를 출력합니다.

② 딕셔너리의 모든 값을 출력합니다.

③ 딕셔너리의 모든 키, 값 쌍을 출력합니다.

④ 정답 없음

10. 다음 코드는 무엇을 실행하는지 고르시오.

```python
tribes = {"tribeA": "Navajo", "tribeB":
"Cherokee", "tribeC": "Sioux"}


for x in tribes:
    tribes[x] = tribes[x].upper()


print(tribes)
```

① 딕셔너리 요소의 모든 키를 변환합니다.

② 딕셔너리 요소의 모든 값을 변환합니다.

③ 딕셔너리 요소의 모든 키, 값 쌍을 변환합니다.

④ 정답 없음

11. 다음 코드는 무엇을 실행하는지 고르시오.

```python
struct = {"first_name": "George",
"last_name": "Miles", "age": 28}
for x in struct:
    print(x)
```

① 딕셔너리의 모든 키를 출력합니다.

② 딕셔너리의 모든 값을 출력합니다.

③ 딕셔너리의 모든 키, 값 쌍을 출력합니다.

④ 정답 없음

12. 다음 코드는 무엇을 실행하는지 고르시오.

```python
a = [3, 6, 10, 2, 4, 12, 1]
for i in range(7):
    print(a[i])
```

```python
a = [3, 6, 10, 2, 4, 12, 1]
for i in range((len(a)):
    print(a[i])
```

① 동일한 결과를 산출합니다.
② 동일한 결과를 산출하지 않습니다.
③ 정답 없음

13. 다음 2개의 코드는 무엇을 실행하는지 고르시오.

```python
a = [3, 6, 10, 2, 4, 12, 1]
for i in range(len(a)):
    print(a[i])
```

```python
a = [3, 6, 10, 2, 4, 12, 1]
for element in a:
    print(element)
```

① 동일한 결과를 산출합니다.
② 동일한 결과를 산출하지 않습니다.
③ 정답 없음

14. min(a[1:len(a)]) 문은 무엇을 반환하는지 고르시오.

① 리스트 a의 일부분의 최솟값을 반환합니다.
② 리스트 a의 최솟값을 반환합니다.
③ 정답 없음

15. 다음 코드는 무엇을 실행하는지 고르시오.

```python
a = [3, 6, 10, 1, 4, 12, 2]
print(a[-min(a)])
```

① 화면에 1을 출력합니다.
② 화면에 6을 출력합니다.
③ 화면에 2를 출력합니다.
④ 정답 없음

16. 다음 2개의 코드는 무엇을 실행하는지 고르시오.

```python
a = (3, 6, 10, 2, 4, 12, 1)
for i in range(len(a)):
    print(sorted(a)[i])
```

```python
a = (3, 6, 10, 2, 4, 12, 1)
for element in sorted(a):
    print(element)
```

① 동일한 결과를 산출합니다.
② 동일한 결과를 산출하지 않습니다.
③ 정답 없음

17. 다음 3개의 코드는 무엇을 실행하는지 고르시오.

```
b.sort(reverse = True)
print(b[0])
```

```
print(sorted(b)[-1])
```

```
print(max(b))
```

① 리스트 b의 가장 큰 값을 화면에 출력합니다.
② 리스트 b의 가장 작은 값을 화면에 출력합니다.
③ 정답 없음

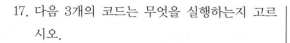

24-18 복습문제 Ⅲ

다음 문제를 해결하세요.

1. 5명의 몸무게(파운드)를 저장할 수 있는 자료구조를 설계하고 값을 입력하세요.

2. 7명의 이름과 몸무게(파운드)를 저장할 수 있는 자료구조를 설계하고 값을 입력하세요.

3. 8개의 호수 이름과 각 호수의 평균 넓이(제곱마일) 및 최대 깊이(피트)를 저장할 수 있는 자료구조를 설계하고 값을 입력하세요.

4. 6월, 7월, 8월에 측정한 5개의 호수의 평균 넓이(제곱마일)과 이름을 저장할 수 있는 자료구조를 설계하고 값을 입력하세요.

5. 10개 상자가 있습니다. 각 상자의 3차원(가로, 세로, 높이) 값을 저장할 수 있는 자료구조를 설계하고 값을 입력하세요. (단, 단위는 인치입니다.)

6. 다음 코드가 실행될 때 리스트 b에 저장되는 값을 기술하세요.

```
b = [None] * 3
b[2] = 1
x = 0
b[x + b[2]] = 4
b[x] = b[x + 1] * 4
```

7. 다음 코드가 실행될 때 리스트 b에 저장되는 값을 기술하세요.

```
b = [None] * 5
b[1] = 5
x = 0
b[x] = 4
b[b[0]] = b[x + 1] * 2
b[b[0] - 2] = 10
x += 2
b[x + 1] = b[x] + 9
```

8. 다음 코드가 실행될 때 리스트 b에 저장되는 값을 기술하세요.

```
b = [17, 12, 45, 12, 12, 49]

for i in range(6):
    if b[i] == 12:
        b[i] -= 1
    else:
        b[i] += 1
```

9. 다음 코드가 실행될 때 리스트 b가 저장되는 값을 기술하세요.

```
b = [10, 15, 12, 23, 22, 19]

for i in range(1, 5):
    b[i] = b[i + 1] + b[i - 1]
```

10. 다음 코드가 실행될 때 출력되는 값을 기술하세요.

```
tribes = {"Indian-1": "Navajo",
"Indian-2": "Cherokee", "Indian-3"
: "Sioux", "African-1": "Zulu",
"African-2": "Maasai", "African-3":
"Yoruba"}

for x, y in tribes.items():
    if x[:6] == "Indian":
        print(y)
```

11. 사용자에게 리스트에 100개의 숫자를 입력 받아 그 값들의 3의 제곱을 출력하는 파이썬 프로그램을 작성하세요.

12. 사용자에게 리스트에 80개의 숫자를 입력 받아 그 값들의 2의 제곱을 출력하는 파이썬 프로그램을 작성하세요. 단, 입력 받은 순서의 역순으로 출력합니다.

13. 사용자에게 리스트에 50개의 정수를 입력 받아 그 중 10보다 크거나 같은 값을 출력하는 파이썬 프로그램을 작성하세요.

14. 사용자에게 리스트에 30개의 숫자를 입력 받아 양수의 합계를 출력하는 파이썬 프로그램을 작성하세요.

15. 사용자에게 리스트에 50개의 정수를 입력 받아 그 중 두 자리 정수의 합계를 출력하는 파이썬 프로그램을 작성하세요. 이때, 두 자리 정수는 10에서 99까지입니다.

16. 사용자에게 리스트에 40개의 숫자를 입력 받아 각각 양수와 음수의 합을 계산하여 출력하는 파이썬 프로그램을 작성하세요.

17. 사용자에게 리스트에 20개의 숫자를 입력 받아 평균을 구하고 출력하는 파이썬 프로그램을 작성하세요.

18. 사용자에게 리스트에 50개의 정수를 입력 받아 20보다 작은 값을 저장하는 요소의 인덱스를 출력하는 파이썬 프로그램을 작성하세요.

19. 사용자에게 리스트에 60개의 숫자를 입력 받아 그 중 짝수 번호의 인덱스(예 : 인덱스 0, 2, 4, 6, …)에 있는 요소들을 출력하는 파이썬 프로그램을 작성하세요.

20. 사용자에게 리스트에 20개의 숫자를 입력 받아 그 중 짝수 번호의 인덱스에 있는 요소들의 합을 출력하는 파이썬 프로그램을 작성하세요.

21. 다음과 같은 요소 100개로 구성된 리스트를 생성하는 파이썬 프로그램을 작성하세요.

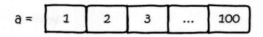

22. 다음과 같은 요소 100개로 구성된 리스트를 생성하는 파이썬 프로그램을 작성하세요.

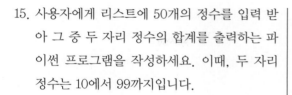

23. 사용자에게 정수 N을 입력 받아 다음과 같은 N개의 요소로 수정된 리스트를 만들고 출력하는 파이썬 프로그램을 작성하세요. 단, 사용자는 1보다 큰 정수를 입력해야 합니다.

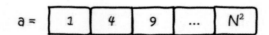

24. 사용자에게 리스트에 10개의 숫자를 입력 받아 그 중 정수를 저장하는 요소의 인덱스를 출력하는 파이썬 프로그램을 작성하세요.

25. 사용자에게 리스트에 50개의 숫자를 입력 받아 그 중 음수를 저장하는 요소의 개수를 출력하는 파이썬 프로그램을 작성하세요.

26. 사용자에게 리스트에 20개의 영단어를 입력 받아 그 중 5자 미만인 단어를 출력하는 파이썬 프로그램을 작성하세요. 이때, len( ) 함수를 사용하세요.

27. 사용자에게 리스트에 30개의 영단어를 입력 받아 출력하는 파이썬 프로그램을 작성하세요. 먼저, 5자 미만의 단어를 출력하고 그 다음 10자 미만의 단어를 출력하고 마지막으로 20자 미만의 단어를 출력합니다. 단, 사용자는 20자 미만의 영단어만 입력합니다. 이때, 중첩된 for 구조를 사용합니다.

28. 사용자에게 40개의 영단어를 입력 받아 그 중 문자 'w'를 최소 2개 이상 포함하는 단어를 출력하는 파이썬 프로그램을 작성하세요.

24-19 복습문제 Ⅳ

다음 질문에 알맞은 답을 적어 보세요.

1. 자료구조와 달리 변수는 어떤 한계가 있나요?

2. 파이썬에서 리스트란 무엇입니까?

3. 파이썬에서 튜플이란 무엇입니까?

4. 파이썬에서 딕셔너리란 무엇입니까?

5. 자료구조의 각 항목을 무엇이라 부릅니까?

6. 100개의 요소가 있는 리스트에서 마지막 요소의 인덱스는 무엇입니까?

7. 파이썬이 지원하는 6개의 자료구조를 기술하세요.

8. 존재하지 않는 튜플 요소의 값을 표시하려고 하면 어떻게 됩니까?

9. 존재하지 않는 리스트 요소에 값을 할당하려고 하면 어떻게 됩니까?

10. 존재하지 않는 딕셔너리 요소에 값을 할당하려고 하면 어떻게 됩니까?

25 자료구조 연습하기

25-1 자료구조를 사용하는 간단한 예제

예제 25.1.1
가장 큰 값을 저장하는 리스트 만들기

사용자에게 리스트 a와 b에 각각 20개의 숫자를 입력 받아 리스트 a와 b에서 같은 위치에 있는 두 수를 비교하여 그 중 더 큰 수를 다른 리스트 new_arr의 같은 위치에 저장하는 파이썬 프로그램을 작성하세요.

해설

리스트 a 및 b의 요소 값을 읽기 위한 것, 리스트 new_arr를 만드는 것, 리스트 new_arr를 화면에 출력하는 것이 필요합니다. 파이썬 프로그램은 다음과 같습니다.

```
                          file_25_1_1
ELEMENTS = 20


#리스트 a와 b를 읽어들임
a = [None] * ELEMENTS
b = [None] * ELEMENTS
for i in range(ELEMENTS):
    a[i] = float(input())
```

```
for i in range(ELEMENTS):
    b[i] = float(input())

#새로운 리스트 new_arr를 생성
new_arr = [None] * ELEMENTS
for i in range(ELEMENTS):
    if a[i] > b[i]:
        new_arr[i] = a[i]
    else:
        new_arr[i] = b[i]

#새로운 리스트 new_arr를 출력
for element in new_arr:
    print(element)
```

 ### 예제 25.1.2
눈이 올 가능성이 있는 날은 몇 일일까?

오후 12시에 기록된 기온이 36℉(약 2℃) 이하인 날을 눈이 올 가능성이 있는 날로 간주하여 1월 중 눈이 올 가능성이 있는 날을 출력하는 파이썬 프로그램을 작성하세요. 단 1, 2, 3, …, 31과 같이 출력됩니다.

해설

이 예제에 사용되는 리스트는 오른쪽과 같습니다.

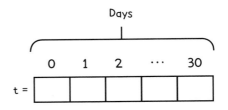

파이썬 프로그램은 다음과 같습니다.

```
                          file_25_1_2
DAYS = 31

t = [None] * DAYS

for i in range(DAYS):
    t[i] = int(input())

for i in range(DAYS):
    if t[i] < 36:
        print(i + 1, end = "\t")
```

예제 25.1.3

눈이 올 가능성이 있는가?

오후 12시에 기록된 기온이 36℉(약 2℃) 이하일 때 눈이 올 가능성이 있다고 판단하여 1월에 눈이 올 가능성이 있다는 메시지를 출력하는 파이썬 프로그램을 작성하세요.

해설

다음은 잘못된 코드입니다. 이전 예제와 똑같이 해서는 안됩니다.

```
for i in range(DAYS):
    if t[i] < 36:
        print("There was a possibility of snow in January!")
```

1월에 36℉ 미만인 날이 하루 이상이면 같은 메시지가 여러 번 출력됩니다. 이것은 우리가 원하는 결과가 아닙니다. 1월에 36℉ 미만인 날이 1일, 2일 또는 그 이상 있어도 실제로 메시지는 한 번만 출력되어야 합니다. 이 문제를 해결하는 두 가지 방법이 있습니다. 다음 내용을 살펴봅시다.

첫 번째 방법 : 36℉ 미만인 날짜 수 세기

이 방법은 프로그램의 변수를 사용하여 온도가 36℉ 미만인 모든 날짜를 셉니다. 모든 날짜가 검사된 후, 변수에 저장된 값이 0이 아니면 눈이 올 가능성이 있는 날이 하루 이상 있음을 의미합니다.

```
file_25_1_3a

DAYS = 31

t = [None] * DAYS

for i in range(DAYS):
    t[i] = int(input())

count = 0
for i in range(DAYS):
    if t[i] < 36:
        count += 1

if count != 0:
    print("There was a possibility of snow in January!")
```

두 번째 방법 : 플래그 사용하기

이 방법은 36℉ 미만의 모든 날짜를 세는 대신 부울 변수(플래그)를 사용합니다. 이를 활용한 프로그램은 다음과 같습니다.

```
file__25__1__3b
```

```python
DAYS = 31

t = [None] * DAYS

for i in range(DAYS):
    t[i] = int(input())

found = False
for i in range(DAYS):
    if t[i] < 36:
        found = True

if found == True:
    print("There was a possibility of snow in January!")
```

참고

One
변수 found를 실제 깃발(flag)처럼 생각하세요. 처음에는 깃발이 들어지지 않습니다
(found= False). 그러나 for 구조 안에서 36℉ 미만의 온도를 만나면 깃발이 들어지
고(변수 found에 True가 할당됨) 그 깃발은 다시는 내려지지 않습니다.

Two
반복이 모두 실행되고 36℉ 미만의 온도를 만나지 못하면 실행의 흐름이 선택 구
조인 if 구조로 진입하지 못하기 때문에 변수 found는 초기 상태 그대로 False로 남
게 됩니다.

25-2 1개 이상의 자료구조 사용하기

지금까지 문제에서 하나의 리스트, 튜플 또는 딕셔너리를 사용했습니다. 그러나 두 개의 리스트나 또는 하나의 리스트와 하나의 튜플 또는 하나의 리스트와 두 개의 딕셔너리를 사용해야 하는 경우 어떻게 해야 할까요? 여기서는 문제를 해결하기 위해 다양한 데이터 구조를 함께 사용하는 방법을 보여주는 몇 가지 예제를 살펴보겠습니다.

 예제 25.2.1
평균값 구하기

20명의 학생들이 각각 3과목의 시험을 응시하였습니다. 20명의 학생들의 이름과 성적을 입력하는 파이썬 프로그램을 작성하세요. 이때, 3과목의 평균 성적이 89점 이상인 학생의 이름을 출력합니다.

해설

여기서 필요한 리스트는 다음과 같습니다.

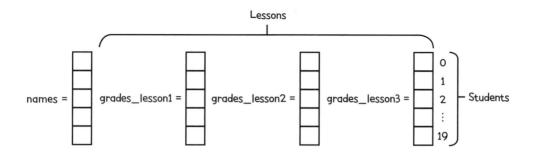

보시다시피 리스트 names의 각 요소의 인덱스와 grades_lesson1, grades_lesson2 및 grades_lesson3 리스트의 각 요소의 인덱스가 1:1로 대응됩니다. 20명의 학생 중 첫 번째 학생이 George 이고 그가 받은 3과목의 성적이 90, 95, 92라고 가정합시다. 그러면 'George'라는 이름은 리스트 names의 인덱스 0에 저장되며, grades_lesson1, grades_lesson2 및 grades_lesson3 리스트의 동일한 인덱스에 3과목의 성적이 저장됩니다. 다음 학생의 이름과 그 학생의 성적은 리스트 names와 grades_lesson1, grades_lesson2 및 grades_lesson3)의 인덱스 1에 저장됩니다.

파이썬 프로그램은 다음과 같습니다.

```
file_25_2_1

STUDENTS = 20

names = [None] * STUDENTS
grades_lesson1 = [None] * STUDENTS
grades_lesson2 = [None] * STUDENTS
grades_lesson3 = [None] * STUDENTS

for i in range(STUDENTS):
    names[i] = input("Enter student name No" + str(i + 1) + ": ")
    grades_lesson1[i] = int(input("Enter grade for lesson 1: "))
    grades_lesson2[i] = int(input("Enter grade for lesson 2: "))
    grades_lesson3[i] = int(input("Enter grade for lesson 3: "))

#성적 평균이 89점보다 높은 학생 이름을 화면에 출력
for i in range(STUDENTS):
    total = grades_lesson1[i] + grades_lesson2[i] + grades_lesson3[i]
    average = total / 3.0
    if average > 89:
        print(names[i])
```

예제 25.2.2
딕셔너리와 함께 리스트 사용하기

30명의 학생이 시험을 응시하였습니다. 성적을 입력 받는 파이썬 프로그램을 작성하세요. 이때, 입력 받은 성적을 다음 표를 참고하여 백분율에 따라 학점으로 출력됩니다.

Grade	Percentage
A	90–100
B	80–89
C	70–79
D	60–69
E/F	0–59

해설

위의 표는 딕셔너리를 사용할 수 있습니다. 프로그램은 다음과 같습니다.

```
                          file_25_2_2
STUDENTS = 30
grades_table = {"A": "90-100", "B": "80-89", "C": "70-79",₩
                "D": "60-69", "E": "0-59", "F": "0-59"}


names = [None] * STUDENTS
grades = [None] * STUDENTS


for i in range(STUDENTS):
    names[i] = input("Enter student name No" + str(i + 1) + ": ")
    grades[i] = input("Enter his or her grade: ")
```

```
for i in range(STUDENTS):
    grade = grades[i]
    grade_as_percentage = grades_table[grade]

    print(names[i], grade_as_percentage)
```

이제 마지막 for 구조가 어떻게 구현되는지 완전히 이해했다면 다음 코드를 살펴봅시다. for 구조는 동일하지만 보다 적은 수의 변수를 사용하기 때문에 보다 효율적으로 실행됩니다.

```
for i in range(STUDENTS):
    print(names[i], grades_table[grades[i]])
```

25-3 리스트에서 최솟값과 최댓값 구하기

예제 22.1.8에서 반복 구조를 사용하면서, 데이터 구조를 사용하지 않은 채 입력된 네 개의 값 중에서 최댓값을 찾는 방법을 배웠습니다. 그러나 값들이 자료구조에 저장되면 훨씬 쉽게 문제를 해결할 수 있습니다.

예제 25.3.1
가장 깊은 호수의 깊이는 얼마인가?

사용자가 20개 호수의 깊이를 입력하고 그 중 가장 깊은 호수의 깊이를 출력하는 파이썬 프로그램을 작성하세요.

사용자가 리스트 depths에 20개의 호수 깊이를 입력한 후, 변수 maximum에 리스트 depths의 첫 번째 요소인 depth[0]의 값을 저장합니다. 이 프로그램은 인덱스 1부터 시작하여 depths[0]의 값보다 더 큰 값을 찾습니다.

```
                        file_25_3_1a

LAKES = 20

depths = [None] * LAKES
for i in range(LAKES):
    depths[i] = float(input())

#초깃값
maximum = depths[0]
#인덱스 1부터 시작해서 차례로 검색
for i in range(1, LAKES):
    if depths[i] > maximum:
        maximum = depths[i]

print(maximum)
```

참고 인덱스 1 대신에 0부터 반복을 시작할 수도 있으나 그 경우는 불필요하게 반복을 한 번 더 하게 됩니다.

리스트에서 가장 큰 값을 찾을 때 파이썬다운 방법은 다음과 같이 max( ) 함수를 사용하는 것입니다.

```
                        file_25_3_1b

LAKES = 20

depths = [None] * LAKES
```

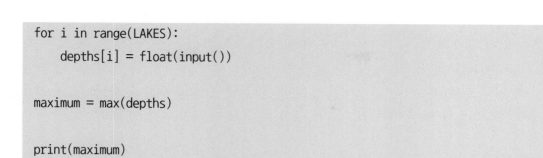

```
for i in range(LAKES):
    depths[i] = float(input())


maximum = max(depths)


print(maximum)
```

참고 리스트에서 가장 작은 값을 찾을 때는 min( ) 함수를 사용합니다.

예제 25.3.2
어느 호수가 제일 깊은가?

사용자에게 20개 호수의 이름과 깊이를 입력 받아 가장 깊은 호수의 이름을 표시해주는
파이썬 프로그램을 작성하세요.

해설

이 예제는 두 개의 리스트가 필요합니다. 하나는 이름을, 하나는 깊이를 표시해야 합니다. 프로그램
은 다음과 같습니다.

file_23_3_2

```
LAKES = 20


names = [None] * LAKES
depths = [None] * LAKES
```

```
#이름과 깊이를 입력 받음
for i in range(LAKES):
    names[i] = input()
    depths[i] = float(input())

#깊이의 최댓값을 찾음
maximum = depths[0]
m_name = names[0]
for i in range(1, LAKES):
    if depths[i] > maximum:
        maximum = depths[i]
        m_name = names[i]


print(m_name)
```

 참고

이 예제에서는 max( ) 함수를 사용할 수 없습니다. 그 함수는 제일 깊은 호수의 깊이를 반환하지, 호수의 이름을 반환하지는 않습니다.

 예제 25.3.3

가장 깊은 호수의 이름과 국가의 이름, 평균 넓이는?

사용자에게 20개 호수의 이름, 깊이, 그리고 호수가 위치한 나라 이름과 평균 넓이를 입력받아 가장 깊은 호수의 모든 정보를 출력하는 파이썬 프로그램을 작성하세요.

해설

이 예제는 4개의 리스트가 필요합니다. 하나는 이름을, 하나는 깊이를, 하나는 국가의 이름을, 다른 하나는 호수의 평균 넓이 저장해야 합니다. 이 문제를 해결하는데는 두 가지 접근 방식이 있습니다. 첫 번째는 이전 예제에서 사용한 것과 거의 같습니다. 두 번째는 더 적은 개수의 변수를 사용하므로 효율적입니다. 두 방법 모두 살펴봅시다.

첫 번째 방법 : 여러 개의 변수를 사용

이 방법은 이전 예제에서 사용한 것과 거의 같습니다. 다음 프로그램을 살펴봅시다.

```python
                              file_25_3_3a

LAKES = 20

names = [None] * LAKES
depths = [None] * LAKES
countries = [None] * LAKES
areas = [None] * LAKES

for i in range(LAKES):
    names[i] = input()
    depths[i] = float(input())
    countries[i] = input()
    areas[i] = float(input())

#최고 깊이와 관련 정보를 찾음
maximum = depths[0]
m_name = names[0]
m_country = countries[0]
m_area = areas[0]
for i in range(1, LAKES):
    if depths[i] > maximum:
        maximum = depths[i]
        m_name = names[i]
        m_country = countries[i]
        m_area = areas[i]

print(maximum, m_name, m_country, m_area)
```

두 번째 방법 : 하나의 인덱스 사용

이 방법에서는 더 적은 개수의 변수가 사용됩니다. m_name, m_country 및 m_area 등의 여러 개의 변수를 사용하는 대신 최댓값이 존재하는 인덱스를 저장하는 하나의 변수만 사용합니다. 여섯 개 호수를 입력한 예를 살펴봅시다. 깊이는 피트로 표시되며 평균 넓이는 제곱 마일로 표시됩니다.

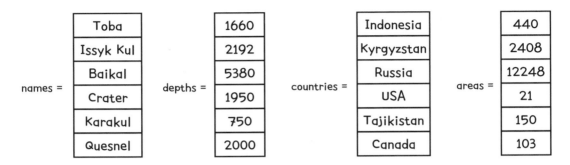

가장 깊은 호수는 인덱스 2의 Baikal(바이칼) 호수입니다. 그러나 첫 번째 방법과 같이 변수 m_name 에는 'Baikal', m_country에는 'Russia', 변수 m_area에는 '12248'을 저장하는 것이 아니라 각 값들이 저장된 인덱스 위치(여기서는 2)만 변수 하나에 저장하여 사용합니다. 프로그램은 다음과 같습니다.

```
                          file_25_3_3b

LAKES = 20


names = [None] * LAKES
depths = [None] * LAKES
countries = [None] * LAKES
areas = [None] * LAKES


for i in range(LAKES):
    names[i] = input()
    depths[i] = float(input())
    countries[i] = input()
    areas[i] = float(input())
```

```
#최고 깊이를 찾고 그 깊이와 관련된 인덱스를 찾음
maximum = depths[0]
index_of_max = 0
for i in range(1, LAKES):
    if depths[i] > maximum:
        maximum = depths[i]
        index_of_max = i

#index_of_max를 인덱스로 사용하여 관련 정보를 표시함
print(depths[index_of_max], names[index_of_max])
print(countries[index_of_max], areas[index_of_max])
```

💡 기억하기

인덱스 0에 최고값이 있을 가능성이 항상 있기 때문에 변수 index_of_max의 초깃값을 0으로 할당하는 것이 필요합니다.

예제 25.3.4
누가 가장 키가 작은가?

사용자에게 학생 100명의 이름과 키를 입력 받아 그 중 가장 키가 작은 학생의 이름을 모두 출력하는 파이썬 프로그램을 작성하세요.

해설

이 예제는 min( ) 함수를 사용하여 가장 작은 키를 찾습니다. 그 다음 for 구조를 사용하여 리스트에서 가장 작은 키와 동일한 모든 값을 찾습니다.

프로그램은 다음과 같습니다.

```
                             file_25_3_4
STUDENTS = 100


names = [None] * STUDENTS
heights = [None] * STUDENTS
for i in range(STUDENTS):
    names[i] = input("Enter name for student No " + str(i + 1) + ": ")
    heights[i] = float(input("Enter his or her height: "))


minimum = min(heights)


print("The following students have got the shortest height:")
for i in range(STUDENTS):
    if heights[i] == minimum:
        print(names[i])
```

참고

다음과 같은 코드를 사용할 수도 있으나 이 코드는 매우 비효율적입니다.

```
print("The follwing students have got the shortest height: ")
for i in range(STUDENTS):
    if heights[i] == min(height):
        print(names[i])
```

min( ) 함수가 100번 반복되어 호출되기 때문입니다.

25-4 자료구조에서 요소 찾기

검색 알고리즘은 자료구조를 검색하여 입력된 값과 같은 하나 또는 그 이상의 요소를 찾습니다.
자료구조를 검색할 때 다음과 같은 2가지 상황이 있을 수 있습니다.

- 동일한 값이 여러 개 있는 자료구조에서 값을 검색합니다. 이 경우는 입력 값과 동일한
  모든 요소(또는 해당 인덱스)를 찾아야 합니다.
- 각 값이 하나씩 밖에 없는 자료구조에서 값을 검색합니다. 이 경우는 입력 값과 동일한
  요소를 찾고나면 더 이상의 검색을 중지해야 합니다.

예제 25.4.1
동일한 값이 여러 개 있는 리스트에서 값을 검색하기

입력된 값을 찾기 위해 리스트를 검색하는 프로그램을 작성하세요. 이때, 리스트에 숫자
값이 저장되어 있고 동일한 값이 여러 개 있다고 가정합니다.

해설

이 프로그램은 모든 요소를 순차적으로 검사합니다. 첫 번째 리스트 요소가 입력된 값과 같은지 확
인한 다음, 리스트의 마지막 요소까지 차례로 검사합니다.
프로그램은 다음과 같습니다. 입력된 needle 값을 haystack 리스트에서 찾습니다!

```python
needle = float(input("Enter a value to search: "))

found = False
for i in range(ELEMENTS):
    if haystack[i] == needle:
```

```
            print(needle, "found at position:", i)
            found = True

if found == False:
    print("nothing found!")
```

 ## 예제 25.4.2
똑같은 이름(First name)을 가진 사람들을 표시하기

사용자에게 20명의 영문 이름을 입력하라는 파이썬 프로그램을 작성합니다. 이름은 first_names라는 리스트에 저장하고 성은 last_names라는 리스트에 저장합니다. 그 다음 사용자에게 이름(first_name)을 입력 받아 그 이름과 동일한 이름을 가진 사람들의 성(last_name)을 화면에 출력합니다.

해설

프로그램은 다음과 같습니다.

```
                              file_25_4_2

PEOPLE = 20

first_names = [None] * PEOPLE
last_names = [None] * PEOPLE

for i in range(PEOPLE):
    first_names[i] = input("Enter first name: ")
    last_names[i] = input("Enter last name: ")
```

```
needle = input("Enter a first name to search: ")

found = False
for i in range(PEOPLE):
    if first_names[i] == needle:
        print(last_names[i])
        found = True

if found == False:
    print("No one found!")
```

예제 25.4.3
자료구조에서 유일한 값 검색하기

입력된 값을 찾기 위해 리스트를 검색하는 파이썬 프로그램을 작성하세요. 단, 리스트에는 숫자 값이 들어 있고 리스트의 각 값이 유일하다고 가정합니다.

해설

리스트의 각 값은 고유하므로 입력된 값이 발견되면 리스트의 끝까지 반복할 필요가 없으므로 CPU 시간을 절약할 수 있습니다. 입력된 값이 발견되면 break 문을 사용하여 for 구조를 벗어나면 됩니다. 프로그램은 다음과 같습니다.

```
needle = float(input("Enter a value to search: "))

found = False
for i in range(ELEMENTS):
    if haystack[i] == needle:
```

```
            print(needle, "found  at position: ", i)
            found = True
            break


if found == False:
    print("nothing found!")
```

예제 25.4.4
사회보장번호 검색하기

미국의 사회보장번호(Social Security Number ; SSN)는 모든 미국 시민들을 사회 보장 목적으로 식별하기 위해 사용하는 9자리 ID 번호입니다. 사용자에게 100명의 SSN과 성과 이름을 입력하라는 파이썬 프로그램을 작성하세요. 그 다음 사용자에게 SSN을 입력 받아 해당 SSN을 보유한 사람의 성과 이름을 검색하고 화면에 출력합니다.

해설
지금까지 우리가 배워온 것들을 모두 적용해 프로그램을 작성하면 다음과 같습니다.

```
                          file_25_4_4

PEOPLE = 100


SSNs = [None] * PEOPLE
first_names = [None] * PEOPLE
last_names = [None] * PEOPLE


for i in range(PEOPLE):
    SSNs[i] = input("Enter SSN: ")
    first_names[i] = input("Enter first name: ")
```

```
        last_names[i] = input("Enter last name: ")


needle = input("Enter an SSN to search: ")


found = False
for i in range(PEOPLE):
    if SSNs[i] == needle:
        print(first_names[i], last_names[i])
        found = True
        break


if found == False:
    print("nothing found!")
```

미국에서 2명 이상이 동일한 SSN을 가질 가능성은 없습니다. 따라서 예제에서 언급하지 않아도 SSN의 값들은 모두 유일한 값입니다.

25-5 복습문제 Ⅰ

다음 문장을 읽고 맞으면 O, 틀리면 X로 표시하세요.

1. 오름차순으로 정렬된 리스트에서 첫 번째 요소가 가장 큰 요소입니다. (   )

2. 검색 알고리즘은 산술 값이 들어있는 리스트에서만 사용할 수 있습니다. (   )

3. 검색 알고리즘은 다음과 같이 실행될 수 있습니다 : 마지막 리스트 요소가 입력된 값과 같은지 확인한 다음, 마지막 바로 이전 요소를 검사합니다. 그런 방식으로 리스트의 시작 위치까지 또는 입력된 값이 발견될 때까지 진행합니다. (   )

4. 검색 알고리즘을 사용할 때 리스트에 유일한 값이 있고, 찾고 있는 요소를 발견하면 더 이상 확인할 필요가 없습니다. (   )

다음 문제를 해결하세요.

1. 사용자에게 리스트에 50개의 양수를 입력 받아 리스트의 3개 요소 값의 평균을 계산하여 다시 새 리스트에 저장하는 파이썬 프로그램을 작성하세요. 이때, 3개의 요소는 나란히 위치해 있고 평균 값을 저장하는 새 리스트는 48개의 요소를 가지고 있습니다.

2. 사용자에게 리스트 a, b, c에 각각 15개의 숫자를 입력 받아 리스트 a, b, c에서 같은 위치에 있는 세 수를 비교하여 그 중 더 작은 수를 다른 리스트 new_arr의 같은 위치에 저장하는 파이썬 프로그램을 작성하세요.

3. 사용자에게 30개의 세계적인 산 이름, 높이, 산이 위치한 국가명을 입력 받아 그 중 가장 높은 산과 낮은 산의 정보를 모두 출력하는 파이썬 프로그램을 작성하세요.

4. 한 고등학교에 2개의 반에 각각 20명과 25명이 있습니다. 각 반의 학생 이름을 입력 받는 파이썬 프로그램을 작성하세요. 이때, 각 반 학생들의 이름이 저장된 2개의 리스트가 만들어지고 입력 받은 이름을 검색할 수 있습니다. 만약 이름이 검색된다면 'Student found in class No...(...반에 학생이 있습니다.)' 라는 메시지를 출력하고, 그렇지 않으면 'Student not found in either class(어떤 반에도 학생이 없습니다)'라는 메시지를 출력합니다. 이때, 이름이 같은 학생은 없다고 가정합니다.

5. 직원 100명에 대한 로그인 정보(사용자 이름, 비밀번호)를 입력 받는 파이썬 프로그램을 작성하세요. 이때, 각각 사용자 이름과 비밀번호를 저장하는 리스트 usernames와 passwords가 만들어지고, 사용자 이름과 비밀번호의 조합이 유효한지를 검색할 수 있습니다. 만약, 검색이 된다면 'Login OK! (로그인 확인!)' 메시지를 출력하고, 그렇지 않으면 'Login Failed! (로그인 실패!)'라는 메시지가 출력되어야 합니다. 단, 사용자 이름은 고유하지만 암호는 고유하지 않습니다.

6. 1000명의 미국 시민의 이름과 Social Security Numbers(사회보장번호)를 입력 받는 파이썬 프로그램을 작성하세요. 이때, 각각 이름과 사회보장번호가 저장된 두 개의 리스트인 names와 SSNs가 만들어 집니다. 이름 또는 SSN 중 하나의 값으로 검색하여 해당 인물의 이름과 SSN을 모두 출력합니다. 만약 일치하는 값이 없다면, 'This value does no exist(이 값은 존재하지 않습니다)'라는 메시지를 출력합니다.

7. 학생 12명의 3과목 시험 성적을 입력하고 3과목 성적 평균이 70 미만인 학생이 한 명 이상

있는지를 나타내는 메시지를 출력하는 파이썬 프로그램을 작성하세요.

8. 학생 15명의 2과목 시험 성적을 입력하고, 2과목 성적 평균을 다음 표에 따라 학점으로 출력하는 파이썬 프로그램을 작성하세요.

Grade	Percentage
A	90–100
B	80–89
C	70–79
D	60–69
E/F	0–59

9. 15명의 선수가 있는 농구팀이 4경기를 치릅니다. 각 선수가 경기마다 득점하는 점수를 입력 받아 각 선수의 총 득점을 출력하는 파이썬 프로그램을 작성하세요.

10. 사용자에게 하루 동안 세 도시의 시간별 기온를 입력 받아, 모든 도시의 평균 기온이 10℉인 시간을 출력하는 파이썬 프로그램을 작성하세요.

11. 학생 12명의 이름과 2과목 시험 성적을 입력한 후, 다음을 출력하는 파이썬 프로그램을 작성하세요.

a. 각 학생의 이름과 2과목 평균 성적

b. 2과목 평균 성적이 60점 미만인 학생 이름

c. 2과목 평균 성적이 89점 이상인 학생 이름과 함께 'Bravo!'라는 메시지 출력

12. 오디션 참가한 15명의 가수 이름, 노래 제목, 합산 점수를 입력하고, 이를 출력하는 파이썬 프로그램을 작성하세요. 이때, 합산 점수는 3명의 심사위원이 매긴 점수 중 최저 점수를 제외한 나머지를 합한 점수입니다.

13. 20명의 소비자가 2개의 상품에 대해 평가를 합니다. 제품의 이름과 평가 점수를 입력 받고, 제품 이름과 함께 해당 제품에 'A'로 평가한 소비자의 수를 출력하는 파이썬 프로그램을 작성하세요. 이때, 소비자는 평가 점수를 A, B, C, D로 매깁니다.

14. 사용자에게 영단어를 입력 받아 모스 부호로 출력하는 파이썬 프로그램을 작성하세요. 단, 모스 부호는 딕셔너리에 저장합니다.

Morse Code			
A	.‒	N	‒.
B	‒...	O	‒‒‒
C	‒.‒.	P	.‒‒.
D	‒..	Q	‒‒.‒
E	.	R	.‒.
F	..‒.	S	...
G	‒‒.	T	‒
H	....	U	..‒
I	..	V	...‒
J	.‒‒‒	W	.‒‒
K	‒.‒	X	‒..‒
L	.‒..	Y	‒.‒‒
M	‒‒	Z	‒‒..

26 서브 프로그램이란 무엇인가?

26-1 서브 프로그램이란 무엇인가?

컴퓨터 과학에서 서브 프로그램(Subprogram)은 특정 작업을 실행하는 하나의 단위로써, 패키지 화된 명령문 블록입니다. 서브 프로그램은 특정 작업을 수행해야 할 때마다 프로그램 내에서 여 러 번 호출(실행) 될 수 있습니다.

파이썬 내장 함수 len( ), str( ), int( ), float( ), min( ), max( )는 서브 프로그램의 예로써 각각 특 정 작업을 실행합니다.

일반적으로 두 종류, 즉 함수(Function)와 프로시저(Procedure)라는 서브 프로그램이 있습니다. 함수와 프로시저의 차이점은 함수는 결과를 반환하지만 프로시저는 반환하지 않는다는 것입니 다. 그러나 일부 컴퓨터 언어에서는 이러한 차이가 분명하지 않을 수 있습니다. 함수가 프로시저 로 작동하고 결과를 반환할 수 없는 언어도 있으며, 프로시저가 하나 이상의 결과를 반환할 수 있 는 언어도 있습니다.

사용 중인 컴퓨터 언어에 따라 '함수'와 '프로시저'가 달라질 수 있습니다. 예를 들어, 비주얼베이직에서는 함수와 서브 프로시저가 있으며, 포트란에는 함수와 서브루틴 이 있습니다. 반면에 파이썬은 함수만 제공하며 이 함수가 두 가지 역할을 합니다. 기술되는 방식에 따라 함수가 되기도 하고 프로시저가 되기도 합니다.

26-2 절차적 프로그래밍이란 무엇인가?

예를 들어 약물 남용 문제를 해결하기 위한 프로젝트가 주어졌다고 가정해 봅시다. 이 문제를 누군가 직접 나서서 해결하는 방법도 있지만 이는 매우 어렵고 불가능합니다. 문제 해결을 위해 '약물 남용'이라는 큰 문제를 '예방', '치료', '재활'과 같은 하위 문제로 세분화하고 [그림 26-1]과 같이 더 작은 하위 문제로 세분화할 수 있습니다.

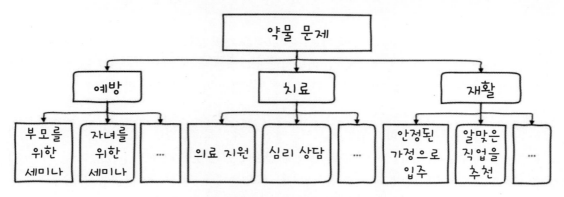

[그림 26-1] 문제를 더 작은 문제로 세분화

위 내용을 바탕으로 감독자는 '예방', '치료', '재활'과 같은 하위 문제를 담당할 3개의 부서를 만들고, 마지막으로 각 부서에 필요한 직원(다양한 분야의 전문가)을 고용하여 다양한 직무를 수행하게 합니다.

절차적 프로그래밍도 이와 마찬가지입니다. 해결해야 하는 문제를 작은 하위 문제로 세분화하고 각 하위 문제는 더 작은 하위 문제로 세분화합니다. 마지막으로 각 하위 문제에 대해 작은 하위 프로그램이 자성되고 주 프로그램(감독자)이 각자 다른 작업을 싱행하는 각 프로그램을 호출(고용)합니다.

절차적 프로그래밍은 다음과 같은 장점이 있습니다.

- 프로그래머는 필요할 때마다 복사할 필요 없이 동일한 코드를 재사용할 수 있습니다.
- 구현하기가 상대적으로 쉽습니다.
- 프로그래머가 실행 흐름을 더 쉽게 따를 수 있습니다.

26-3 모듈화 프로그래밍이란 무엇인가?

모듈화 프로그래밍에서는 공통 기능의 서브 프로그램을 개별 모듈로 그룹화할 수 있으며 각 모듈은 자체 데이터 집합을 가질 수 있습니다. 따라서 프로그램은 두 개 이상의 파트로 구성될 수 있으며 각 파트(모듈)에는 하나 이상의 작은 파트(서브 프로그램)가 포함될 수 있습니다.

앞서 약물 남용 문제를 해결하기 위한 프로젝트에 모듈화 프로그래밍을 적용한다면 [그림 26-2]와 같이 3개의 하위 부서('예방', '치료', '재활')가 세 건물에 있는 것에 비유할 수 있습니다. 이 세 건물을 모듈화 프로그래밍의 세 가지 모듈로 생각할 수 있습니다. 각 모듈에는 공통 기능의 서브 프로그램이 들어 있습니다.

[그림 26-2] 공통 기능의 서브 프로그램은 별도의 모듈로 그룹화

파이썬의 내장 모듈인 math가 예가 될 수 있습니다. 이 모듈에는 fsum( ), sqrt( ), sin( ),cos( ), tan( )과 같은 유사한 다른 기능을 가진 서브 프로그램이 있습니다.

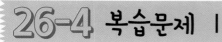

26-4 복습문제 Ⅰ

다음 문장을 읽고 맞으면 O, 틀리면 X로 표시하세요.

1. 서브 프로그램은 특정 작업을 실행하는 단위로써, 패키지화 된 명령문 블록입니다. ( )

2. 대부분의 컴퓨터 언어에 두 종류의 서브 프로그램이 있습니다. ( )

3. 대부분의 컴퓨터 언어에서 함수와 프로시저의 차이점은 프로시저는 결과를 반환하지만 함수는 반환하지 않는다는 것입니다. ( )

4. 파이썬은 프로시저만 지원합니다. ( )

5. 절차적 프로그래밍은 '스파게티 코드'를 작성하는 데 도움이 됩니다. ( )

6. 절차적 프로그래밍은 초기 문제를 작은 하위 문제로 세분합니다. ( )

7. 절차적 프로그래밍의 이점은 동일한 코드를 복사하지 않고 필요할 때마다 재사용할 수 있다는 것입니다. ( )

8. 절차적 프로그래밍은 프로그래머가 실행 흐름을 더 쉽게 따라 할 수 있도록 도와줍니다. ( )

9. 모듈화 프로그래밍에서 공통 기능의 서브 프로그램은 별도의 모듈로 그룹화됩니다. ( )

10. 모듈화 프로그래밍에서 각 모듈은 고유한 데이터 집합을 가질 수 있습니다. ( )

11. 모듈화 프로그래밍은 구조화 된 프로그래밍과는 다른 구조를 사용합니다. ( )

12. 프로그램은 둘 이상의 모듈로 구성될 수 있습니다. ( )

26-5 복습문제 Ⅱ

다음 질문에 알맞은 답을 적어 보세요.

1. 서브 프로그램이란 무엇입니까? 파이썬의 내장 서브 프로그램 이름을 기술하세요.

2. 절차적 프로그래밍이란 무엇입니까?

3. 절차적 프로그래밍의 장점은 무엇입니까?

4. '스파게티 코드'란 무엇을 의미합니까?

5. 모듈화 프로그래밍이란 무엇입니까? 파이썬의 기본 제공 모듈의 이름을 기술하세요.

27 사용자 정의 서브 프로그램

27-1 값을 반환하는 서브 프로그램

파이썬과 다른 대부분의 컴퓨터 언어에서 값을 반환하는 서브 프로그램을 함수라고 합니다. 파이썬에는 두 종류의 함수가 있습니다. int( ), float( )와 같은 내장 함수가 있으며, 사용자 정의 함수가 있습니다. 사용자 정의 함수는 프로그램에서 프로그래머가 실제로 작성하고 사용하는 함수입니다.

하나 이상의 값을 반환하는 파이썬 함수의 일반적인 형식은 다음과 같습니다.

```
def name([arg1, arg2, arg3, …]):
    #여기에
    #1개의 명령문이나 명령문 블록이 기술됨

    return value1 [, value2, value3, … ]
```

- 'name'은 함수의 이름입니다. 함수 이름도 변수 이름과 동일한 규칙으로 만들어 집니다.
- arg1, arg2, arg3, …은 호출자에서 함수로 값을 전달하는데 사용되는 인수(변수, 리스트 등)의 목록입니다. 필요한 만큼 인수를 기술할 수 있습니다.
- value1, value2, value3, …은 호출자에게 반환되는 값입니다. 변수는 상수, 변수, 표현식 또는 자료구조일 수 있습니다.

참고   인수는 선택 사항입니다. 즉, 인수가 없을 수도 있습니다.

예를 들어, 다음 함수는 두 수를 더한 후 그 결과를 반환합니다.

```python
def get_sum(num1, num2):
    result = num1 + num2
    return result
```

물론 다음과 같이 기술할 수도 있습니다.

```python
def get_sum(num1, num2):
    return num1 + num2
```

다음 함수는 두 수의 합과 차를 각각 계산한 후 그 결과를 반환합니다.

```python
def get_sum_dif(num1, num2):
    s = num1 + num2
    d = num1 - num2
    return s, d
```

27-2 값을 반환하는 함수 호출하기

값을 반환하는 함수를 호출할 때는 함수 이름 뒤에 인수 목록을 기술하되, 함수의 반환 값을 변수에 할당하는 명령문 내에 기술하거나, 수식 내에 직접 기술합니다.

몇 가지 예를 살펴보겠습니다. 다음 함수는 인수(숫자 값)를 받아들이고 그 값의 3의 제곱을 결과로 반환합니다.

```python
def cube(num):
    result = num ** 3
    return result
```

이제 다음 식을 사용하여 결과를 계산한다고 가정해 봅시다.

$$y = x^3 + \frac{1}{x}$$

다음 코드처럼 함수 cube( )에서 반환된 값을 변수에 할당할 수 있습니다.

```
x = float(input())

cb = cube(x)              #반환된 값을 변수에 할당
y = cb + 1 / x            #그리고 그 변수를 사용

print(y)
```

다음 코드처럼 수식 내에 직접 기술할 수도 있습니다.

```
x = float(input())

y = cube(x) + 1 / x       #수식 내에서 함수를 직접 호출

print(y)
```

다음 코드와 같이 print( ) 명령문 내에 기술할 수도 있습니다.

```
x = float(input())

print(cube(x) + 1 / x)  #print() 명령문 내에 직접 기술
```

 참고 > 사용자 정의 함수도 파이썬 내장 함수와 동일하게 호출할 수 있습니다.

이제 다른 예를 살펴봅시다. 다음 파이썬 프로그램은 get_message() 함수를 정의한 다음, 주 코드에서 호출합니다. 반환된 값은 변수 a에 할당됩니다.

file_27_2a

```python
#함수를 정의
def get_message():
    msg = "Hello Zeus"
    return msg


#주 코드는 여기부터 시작
print("Hi there!")
a = get_message()
print(a)
```

이 프로그램을 실행하면 다음과 같이 출력됩니다.

```
Hi there!
Hello Zeus
```

참고 ▷ 프로그램의 실행이 시작되자 마자 함수가 실행되는 것은 아닙니다. 이 코드에서 제일 먼저 실행되는 것은 print("Hi there!")입니다.

함수의 괄호 안에 인수가 있으면 함수에 값을 전달할 수 있습니다. 다음 예에서 display() 함수는 3번 호출되지만 호출될 때마다 인수 color를 통해 다른 값이 전달됩니다.

```
#함수를 정의
def display(color):
    msg = "There is " + color + " in the rainbow"
    return msg


#주 코드는 여기부터 시작
print(display("red"))
print(display("yellow"))
print(display("blue"))
```

이 프로그램을 실행시키면 다음과 같이 표시됩니다.

```
There is red in the rainbow
There is yellow in the rainbow
There is blue in the rainbow
```

다음 예에서는 display( ) 함수에 반드시 2개의 값이 전달되어야 합니다.

```
#함수를 정의
def display(color, exists):
    neg = ""
    if exists == False:
        neg = "n't any"
```

```
    return "There is" + neg + " " + color + " in the rainbow"

#주 코드는 여기부터 시작
print(display("red", True))
print(display("yellow", True))
print(display("black", False))
```

이 프로그램을 실행하면 다음과 같이 표시됩니다.

```
There is red in the rainbow
There is yellow in the rainbow
There isn't any black in the rainbow
```

 **참고** 파이썬에서는 서브 프로그램을 주 코드 위쪽에 기술해야 합니다. 반면에 PHP와 같은 다른 프로그래밍 언어에서는 서브 프로그램을 주 코드의 위나 아래에 기술해도 됩니다. 그럼에도 불구하고 대부분의 프로그래머들은 서브 프로그램을 주 코드의 위쪽에 기술하는 것이 더 보기 편하다고 생각합니다.

이미 언급했듯이, 파이썬의 함수는 2개 이상의 값을 반환할 수 있습니다. 다음 예에서는 사용자에게 성과 이름을 입력 받아 화면에 출력하는 예를 살펴봅시다.

```
                         file_27_2d

#함수를 정의
def get_fullname():
    first_name = input("Enter first name: ")
    last_name = input("Enter last name: ")
    return first_name, last_name


#주 코드는 여기부터 시작
fname, lname = get_fullname()
print("First name: ", fname)
print("Last name: ", lname)
```

27-3 값을 반환하지 않는 서브 프로그램

비주얼베이직이나 델파이와 같은 많은 컴퓨터 언어는 서브 프로그램이 값을 반환하지 않을 때 이러한 서브 프로그램을 프로시저(Procedure)라고 부릅니다. C뿐만 아니라 다른 컴퓨터 언어에서도 값을 반환하지 않는 서브 프로그램은 void 함수라고 합니다. 그러나 파이썬에는 프로시저 또는 void 함수가 없습니다. 단지 함수가 있을 뿐입니다!

값을 반환하지 않는 일반적인 파이썬 함수 형식은 다음과 같습니다.

```
def name([arg1, arg2, arg3, …]):
    #여기에
    #1개의 명령문이나 명령문 블록을 기술함
```

- name은 함수의 이름입니다. 함수 이름도 변수 이름과 동일한 규칙으로 만들어 집니다.
- arg1, arg2, arg3, …은 호출자에서 함수로 값을 전달하는데 사용되는 인수 목록 (변수, 리스트 등)입니다. 원하는 만큼의 인수가 기술될 수 있습니다.

> **참고** 인수는 선택 사항입니다. 인수를 전혀 사용하지 않을 수도 있습니다.

예를 들어, 다음 함수는 두 수의 합을 계산하고 그 결과를 출력합니다. 이때, 아무것도 반환하지 않습니다.

```python
def display_sum(num1, num2):
    result = num1 + num2
    print(result)
```

27-4 값을 반환하지 않는 함수 호출하기

이름을 기술하는 것만으로 값을 반환하지 않는 함수를 호출할 수 있습니다. 다음 예는 함수 display_line()을 정의하고, 주 코드는 선을 표시해야 할 때마다 함수를 호출합니다.

```
file_27_4a
```

```python
#함수를 정의
def display_line():
    print("------------------------------")

#주 코드는 여기부터 시작
print("Hello there!")
display_line()

print("How do you do?")
display_line()
```

```
print("What is your name?")
display_line()
```

함수의 괄호 안에 인수가 있으면 함수에 값을 전달할 수도 있습니다. 다음 예제에서 display_line() 함수는 3번 호출되지만 각각 다른 값이 인수 length로 전달되어 길이가 다른 세 개의 줄이 생깁니다.

```
#함수를 정의
def display_line(length):
    for i in range(length):
        print("-", end = "")
    print()


#주 코드는 여기부터 시작
print("Hello there!")
display_line(12)

print("How do you do?")
display_line(14)

print("What is your name?")
display_line(18)
```

💡 기억하기

display_line() 함수가 값을 반환하지 않기 때문에 반환 값을 변수에 할당할 수 없습니다. 따라서 다음 코드는 잘못된 코드입니다.

```
y = display_line(12)
```

또한 명령문 내에서 이 함수를 호출할 수도 없습니다. 다음 코드는 잘못된 코드입니다.

```python
print("Hello there!", display_line(12))
```

27-5 형식 인수와 실 인수

서브 프로그램에는 형식 인수 목록이 있습니다. 앞서 언급한 것처럼 이 인수 목록은 선택 사항입니다. 형식 인수 목록도 1개 이상의 인수가 포함되거나 인수가 없을 수도 있습니다.

서브 프로그램이 호출되면 인수 목록이 서브 프로그램에 전달됩니다. 이 목록을 실 인수 목록이라고 합니다.

다음 예에서 변수 n1과 n2는 형식 인수 목록이며, 변수 x와 y는 실 인수 목록입니다.

```
                          file_27_5

#함수 divide()를 정의


#인수 n1과 n2를 형식 인수라고 함
def divide(n1, n2):
    result = n1 / n2
    return result


#주 코드는 여기부터 시작
x = float(input())
y = float(input())


#divide().함수를 호출
#인수 x와 y를 실 인수라고 함.
w = divide(x, y)


print(w)
```

참고 형식 인수와 실 인수는 1:1로 대응됩니다. 변수 x의 값은 변수 n1에 전달되고 변수 y의 값은 변수 n2에 전달됩니다.

27-6 서브 프로그램의 실행 방식

주 코드가 서브 프로그램을 호출하면 다음과 같이 실행됩니다.

- 주 코드의 명령문 실행이 중단됩니다.
- 실 인수 목록에 있는 변수 또는 식의 결과 값이 형식 인수 목록의 해당 인수(변수)로 전달(할당)되고 실행 흐름이 하위 프로그램이 작성된 위치로 이동합니다.
- 서브 프로그램의 명령문이 실행됩니다.
- 서브프로그램의 실행이 끝나면
  - 값을 반환하는 함수의 경우, 값이 함수에서 주 코드로 반환되고 실행 흐름은 함수를 호출하기 전의 위치로 돌아와 계속 실행됩니다.
  - 값을 반환하지 않는 함수의 경우, 실행의 흐름은 함수를 호출하기 전의 위치로 돌아와 계속 실행됩니다.

다음 파이썬 프로그램에서 함수 maximum( )은 2개의 인수(숫자 값)를 받아들이고 2개의 값 중더 큰 값을 반환합니다.

```
                        file_27_6
def maximum(val1, val2):
    m = val1
    if val2 > m:
        m = val2
    return m

#주 코드는 여기부터 시작
a = float(input())
b = float(input())

maxim = maximum(a, b)

print(maxim)
```

파이썬 프로그램이 실행되면 a = float(input( )) 문 (이 명령문이 프로그램의 첫 번째 명령문으로 간주됩니다.)이 제일 먼저 실행됩니다. 사용자가 3과 8을 입력했다고 가정합시다. maximum( ) 함수가 호출되면 주 코드의 명령문 실행이 중단되고, 변수 a와 b의 값이 대응하는 인수인 val1과 val2 전달되고 함수의 명령문이 실행됩니다. 실행 흐름이 함수의 끝에 도달하면 값 8이 함수에서 주 코드로 반환되고(변수 maxim에 할당됨), 함수 호출 이전 위치에서부터 실행 흐름이 계속됩니다. 주 코드는 사용자 화면에 8을 출력합니다.

27-7 같은 이름의 변수를 사용하는 2개의 서브 프로그램

서브 프로그램은 자체 메모리 공간을 사용하여 변수 값을 저장합니다. 주 코드도 자체 메모리 공간이 있습니다. 즉, 주 코드에 test라는 변수가 있고, 서브 프로그램에 test라는 또 다른 변수가 있고. 다른 서브 프로그램에 test라는 변수가 또 있을 수 있습니다. 이 세 변수는 서로 다른 메모리 위치에 있는 완전히 다른 세 변수로써, 완전히 다른 값을 가질 수 있습니다.

다음 프로그램에서 볼 수 있듯이 세 개의 다른 메모리 위치에 세 개의 변수가 있으며 각 변수는 완전히 다른 값을 가지고 있습니다. 프로그램 내의 주석은 실제로 진행되는 내용을 이해하는 데 도움이 될 것입니다.

```
file_27_7a
def f1():
    test = 22
    print(test)

def f2(test):
    print(test)

#주 코드는 여기부터 시작
test = 5
print(test)    #5를 표시
```

```
f1()            #22를 표시
f2(10)          #10을 표시
print(test)     #5를 표시
```

다음 파이썬 프로그램에서 주 코드의 변수 test는 test라는 이름의 인수(변수)를 통해 f1( ) 함수로 전달됩니다. 이미 언급했듯이 두 변수가 모두 같은 이름을 가지고 있더라도 실제로는 주기억 장치의 서로 다른 두 위치에 있는 두 개의 다른 변수입니다. 실제로 이것은 f1( )이 변수 test의 값을 변경하지만 실행 흐름이 주 코드로 돌아갈 때 이 변경이 주 코드의 변수 test 값에 영향을 미치지 않는다는 것을 의미합니다.

file_27_7b

```
def f1(test):
    test += 1
    print(test)         #이것은 함수 f1()의 변수임
                        #6이 표시됨


#주 코드는 여기부터 시작
test = 5
f1(test)
print(test)             #이것은 주 코드의 변수임
                        #5가 표시됨
```

참고 서브 프로그램의 변수들은 서브 프로그램이 실행되는 동안은 계속 남아 있습니다. 즉 서브 프로그램이 호출되기 전에는 이 변수들이 주기억 장치(RAM)에 존재하지 않습니다. 이 변수들은 서브 프로그램이 호출되어 실행될 때 생성되며, 실행이 끝나고 주 코드로 실행이 이동되면 이 변수들은 사라집니다. 파이썬 프로그램의 실행이 끝날 때까지 메모리에 존재하는 변수는 주 코드의 변수이거나 전역 변수입니다.

27-8 서브 프로그램에서 다른 서브 프로그램 호출하기

이 장에서 주 코드만 서브 프로그램을 호출할 수 있다는 인상을 받았을 것입니다. 물론, 이것은 사실이 아닙니다!

서브 프로그램은 다른 서브 프로그램을 호출할 수 있으며 그 다른 서브 프로그램이 또 다른 서브 프로그램을 호출할 수도 있습니다. 다음 예는 이 상황을 정확하게 보여줍니다. 주 코드는 서브 프로그램 display_sum( )을 호출하고 display_sum( )은 서브 프로그램 add( )를 호출합니다.

```
file_27_8
```

```python
def add(number1, number2):
    result = number1 + number2
    return result

def display_sum(num1, num2):
    print(add(num1, num2))

#주 코드는 여기부터 시작
a = int(input())
b = int(input())

display_sum(a, b)
```

참고 > 서브 프로그램의 기술 순서는 특별한 제한이 없습니다. display_sum( ) 함수가 add( ) 함수보다 앞에 기술되어도 문제가 없습니다.

27-9 기본 인수 값과 키워드 인수

형식 인수 목록에 인수의 기본값을 사용하면 해당 인수에 값이 전달되지 않을 때 기본값이 사용됨을 의미합니다. 다음 예에서 함수 prepend_title( )은 이름 앞에 타이틀을 붙이도록(접두어 추가) 설계되었습니다. 그러나 인수 title 값이 전달되지 않으면 이 함수는 기본값 'Mr.'를 사용합니다.

---
file_27_9a

```python
def prepend_title(name, title = "Mr"):
    return title + " " + name


#주 코드는 여기부터 시작
print(prepend_title("John King"))           #Mr John King을 표시
print(prepend_title("Maria Miller", "Ms"))  #Ms Maria Miller을 표시
```

참고　형식 인수 목록의 인수에 기본 값이 할당되면 이 인수를 선택적 인수라고 합니다. 형식 인수 목록에서 선택적 인수는 항상 제일 오른쪽에 기술해야 합니다.

또한 파이썬에서는 다음과 같이 키워드 인수를 사용할 수도 있습니다.

```
argument_name = value
```

파이썬은 키워드 인수를 선택 사항입니다. 함수 호출시 인수가 제공되지 않으면 기본값이 사용됩니다.

---
file_27_9b

```python
def prepend_title(first_name, last_name, title = "Mr", reverse = False):
    if reverse == False:
```

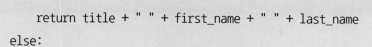

```
        return title + " " + first_name + " " + last_name
    else:
        return title + " " + last_name + " " + first_name


#주 코드는 여기부터 시작
print(prepend_title("John", "King")) #Mr John King을 표시
print(prepend_title("Maria", "Myles", "Ms")) #Ms Maria Myles를 표시
print(prepend_title("Maria", "Myles", "Ms", True)) #Ms Miller Myles를 표시


#키워드 인수를 사용
print(prepend_title("John", "King", reverse = True)) #Mr King John을 표시
```

참고 PHP, C#, 비주얼베이직 등의 언어에서는 '키워드 인수'라는 용어 대신 '이름 인수'를 사용하기도 합니다.

27-10 변수의 범위

변수의 범위는 해당 변수가 영향을 미치는 범위를 의미합니다. 파이썬에서 변수는 지역 또는 전역 범위를 가질 수 있습니다. 서브 프로그램 내에서 선언된 변수는 지역 범위를 가지며 해당 서브 프로그램 내에서만 접근할 수 있습니다. 이를 지역 변수라고 합니다. 반면에 서브 프로그램 외부에서 선언된 변수는 전역 범위를 가지며 기본 코드뿐만 아니라 모든 서브 프로그램 내에서 접근할 수 있습니다. 이를 전역 변수라고 합니다.

몇 가지 예를 살펴보겠습니다. 다음 예는 전역 변수 test를 선언합니다. 이 전역 변수의 값은 함수 내에서도 접근할 수 있고 출력할 수 있습니다.

```
                         file_27_10a

def display_value():
    print(test)       #10을 출력


#주 코드는 여기부터 시작
test = 10
display_value()
print(test)           #10을 출력
```

이제 display_value( ) 함수 내에서 변수 test 값을 변경하면 어떻게 될까요? 전역 변수 test에도 영향을 미칠까? 다음 예에서는 값 20과 10이 출력됩니다.

```
                         file_27_10b

def display_value():
    test = 20
    print(test)


#주 코드는 여기부터 시작됨
test = 10
display_value()       #20을 출력
print(test)           #10을 출력
```

이와 같이 출력되는 이유는 파이썬이 주기억 장치(RAM)에 두 개의 변수를 생성하기 때문입니다. 즉, 전역 변수 test와 지역 변수 test를 별도로 생성합니다.

이제 앞의 두 예를 결합하여 어떤 일이 발생하는지 살펴보겠습니다. 먼저 프로그램은 변수 test에 접근한 후 다음과 같이 변수 test에 값을 할당합니다.

```
                         file_27_10c

def display_value():
    print(test)    #오류 발생
    test = 20
```

```
    print(test)

#주코드는 여기부터 시작
test = 10
display_value()
print(test)
```

하지만 이 예를 실행하면 "local variable 'test' referenced before assignment"라는 오류 메시지가 출력됩니다. 이 프로그램이 함수 display_value( ) 내의 할당문 test=20에 의해 생성된 지역 변수 test를 사용하려는 것으로 간주되었기 때문에 첫 번째 print(test) 오류 메시지를 출력합니다.

지역 변수는 함수 내에서 정의되거나 변경되는 변수이므로, 위와 같이 전역 변수로 사용될 수 없습니다. 만약 변수 test를 전역 변수로 사용하려면 다음과 같이 global이라는 키워드를 사용합니다.

file_27_10d

```
def display_value():
    global test
    print(test)      #10을 출력
    test = 20
    print(test)      #20을 출력


#주 코드는 여기부터 시작
test = 10
display_value()
print(test)          #20을 출력
```

참고 ▷ 서브 프로그램 내에서 전역 변수의 값이 변경되면 서브 프로그램의 외부에서도 이 영향을 받습니다. 그래서 위의 코드의 마지막 print(test) 문이 20을 출력합니다.

함수 내에서 정의되거나 변경된 변수는 global 키워드로 지정되지 않는 한 지역적으로만 영향을 미칩니다.

다음 코드는 함수 display_values( ) 내에서 전역 변수 x, 2개의 지역 변수 x 및 y를 선언하고 함수 display_other_values( )에서 1개의 지역 변수 y를 선언합니다. 전역 변수 x와 지역 변수 x는 두 개의 서로 다른 변수라는 것을 잊지맙시다.

```
                        file_ 27_ 10e

def display_values():
    x = 7
    y = 3
    print(x, y)      #7과 3을 출력


def display_other_values():
    y = 2
    print(x, y)      #10과 2를 출력


#주 코드는 여기부터 시작
x = 10               #x는 전역변수
print(x)             #10을 출력
display_values()
display_other_values()
print(x)             #10을 출력
```

서로 다른 서브 프로그램에선 같은 이름의 지역 변수를 사용할 수 있습니다. 서브 프로그램 내에서 선언된 지역 변수들은 해당 서브 프로그램에서만 영향을 미칩니다.

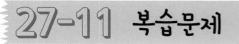

27-11 복습문제 I

다음 문장을 읽고 맞으면 O, 틀리면 X로 표시하세요.

1. C 및 C++와 같은 일부 컴퓨터 언어에서는 결과를 반환하지 않는 서브 프로그램을 void 함수라고 합니다. (   )

2. 함수에 값을 전달하는데 사용되는 변수를 인수라고 합니다. (   )

3. 함수 int()는 사용자 정의 함수입니다. (   )

4. 값을 반환하는 사용자 정의 함수를 호출할 때 파이썬의 내장 함수를 호출하는 것과 같은 방법으로 호출됩니다. (   )

5. 값을 반환하는 함수를 호출하는 것은 값을 리턴하지 않는 함수를 호출하는 것과 다르게 실행됩니다. (   )

6. 함수의 형식 인수 목록에 원하는 만큼의 인수가 있을 수 있습니다. (   )

7. 함수에서 형식 인수 목록은 적어도 하나의 인수를 포함해야 합니다. (   )

8. 함수에서 형식 인수 목록은 선택 사항입니다. (   )

9. 서브 프로그램에서 모든 형식 인수에는 다른 이름이 있어야 합니다. (   )

10. 형식 인수와 실 인수는 1:1로 대응합니다. (   )

11. 명령문 내에서 값을 리턴하지 않는 함수를 호출할 수 있습니다. (   )

12. 실행 흐름이 서브 프로그램의 끝에 도달하면 서브 프로그램을 호출하기 전의 실행 흐름이 계속됩니다. (   )

13. 파이썬에서 다음 코드는 올바른 코드입니다. (   )

```
return x + 1
```

14. 함수는 실 인수 목록에 인수를 가질 수 없습니다. (   )

15. 다음 명령문은 함수 cube()를 3번 호출합니다. (   )

```
cb = cube(x) + cube(x) / 2 + cube(x) / 3
```

16. 다음 코드는 아래 한 줄의 명령문과 동일한 결과를 출력합니다. (   )

```
cb = cube(x)
y = cb + 5
print(y)
```

```
print(cube(x) + 5)
```

17. 다음 코드는 아래 한 줄의 명령문과 동일한 결과를 출력합니다. (   )

```
y += test(x)
y += 5
```

```
y = 5 + test(x)
```

18. 파이썬에서 함수는 항상 return 문을 포함해야 합니다.(   )

19. 'play-the-guitar'라는 이름은 유효한 함수 이름이 될 수 있습니다. (   )

20. 파이썬에서 함수는 주 코드의 위나 아래에 위치할 수 있습니다. (   )

21. 주 코드가 함수를 호출하면 주 코드의 명령문 실행이 중단됩니다. (   )

22. float( ) 함수는 파이썬의 내장 함수입니다. (   )

23. 다음 코드는 15를 출력합니다. (   )

```
def add(a, b):
    return a / b


a = 10
b = 5
print(add(a, b))
```

24. 다음 코드에서 제일 먼저 실행되는 명령문은 print("Hello Aphrodite!")입니다. (   )

```
def message():
    print("Hello Aphrodite!")

print("Hi there!")
message()
```

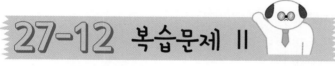

27-12 복습문제 II

다음 문제를 해결하세요.

1. 다음 서브 프로그램에서 2개의 오류를 찾아보세요.

```python
def find_max(a, b)
    if a > b:
        maximum = a
    else:
        maximum = b
```

2. 다음 프로그램의 각 단계에서 변수 값과 숫자 3, −7, −9, 0, 4가 입력하였을 때 화면에 출력되는 내용을 기술하세요.

```python
def display(a):
    if a > 0:
        print(a, "is positive")
    else:
        print(a, "is negative or zero")

for i in range(5):
    x = int(input())
    display(x)
```

3. 형식 인수 목록을 통해 세 수를 받아 그 합을 반환하는 서브 프로그램을 기술하세요.

4. 형식 인수 목록을 통해 네 수를 받아 그 평균을 반환하는 서브 프로그램을 기술하세요.

5. 형식 인수 목록을 통해 세 수를 받아 그 중 가장 큰 값을 출력하는 서브 프로그램을 기술하세요.

6. 다음과 같이 작업하세요.

   i. find_min이라는 이름의 서브 프로그램을 작성하세요. 이 서브 프로그램은 형식 인수 목록을 통해 두 수를 받아 그 중 가장 작은 값을 반환합니다. 파이썬의 내장 함수인 min( )을 사용하지 마세요.

   ii. 위의 서브 프로그램을 사용하여 사용자에게 4개의 숫자를 입력 받아 가장 작은 숫자를 표시하도록 하는 파이썬 프로그램을 작성하세요.

7. 다음과 같이 작업하세요.

   i. get_input이라는 서브 프로그램을 작성하여 사용자에게 'yes' 또는 'no'를 입력 받아 메시지를 출력한 다음 해당 호출자에게 True 또는 False를 반환합니다. 서브 프로그램이 'yes', 'Yes', 'YES', 'no', 'No', 'NO', 'nO'등과 같은 가능한 모든 형식의 대답을 허용하도록 하세요.

   ii. 형식 인수 목록을 통해 평행 사변형의 밑변과 높이를 받아 그 넓이를 반환하는 find_area라는 서브 프로그램을 작성하세요.

iii. 위의 서브 프로그램을 사용하여 사용자에게 평행 사변형의 밑변과 높이를 입력 받고 그 넓이를 출력하는 파이썬 프로그램을 작성하세요. 프로그램은 사용자가 원하는 만큼 반복해야 합니다. 각 계산이 끝나면 프로그램은 사용자에게 다른 평행 사변형의 넓이를 구할지를 묻습니다. 대답이 'yes'라면 프로그램을 반복해야 합니다.

27-13 복습문제 Ⅲ

다음 질문에 알맞은 답을 적어 보세요.

1. 값을 반환하는 파이썬 함수의 일반적인 형식은 무엇입니까?

2. 값을 반환하지 않는 파이썬 함수의 일반적인 형식은 무엇입니까?

3. 값을 반환하는 함수를 어떻게 호출합니까?

4. 값을 반환하지 않는 함수를 어떻게 호출합니까?

5. 주 코드가 값을 반환하는 함수를 호출할 때 실행되는 단계를 기술하세요.

6. 주 코드가 값을 반환하지 않는 함수를 호출 할 때 실행되는 단계를 설명하십시오.

7. 형식 인수 목록은 무엇입니까?

8. 실 인수 목록은 무엇입니까?

9. 두 개의 서브 프로그램에서 같은 이름의 변수를 사용할 수 있습니까?

10. 서브 프로그램의 변수가 주기억 장치에 얼마나 저장됩니까?

11. 주 코드의 변수는 주기억 장치에서 얼마나 오래 저장됩니까?

12. 서브 프로그램이 다른 서브 프로그램을 호출할 수 있습니까? 만약 그렇다면 예를 들어 기술하세요.

13. 선택적 인수는 무엇입니까?

14. 변수의 '범위'란 무엇을 의미합니까?

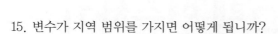
15. 변수가 지역 범위를 가지면 어떻게 됩니까?

16. 변수가 전역 범위를 가지면 어떻게 됩니까?

17. 지역 변수와 전역 변수의 차이점은 무엇입니까?

28 서브 프로그램 연습하기

28-1 예제로 연습하기

예제 28.1.1
기본으로 돌아가기 – 2개 숫자의 합 구하기

다음과 같이 작업하세요.

1. 형식 인수 목록을 통해 두 수를 받아 그 합을 계산하여 반환하는 total이라는 서브 프로그램을 작성하세요.

2. 위의 서브 프로그램을 사용하여 사용자에게 두 수를 입력 받아 그 합을 출력하는 파이썬 프로그램을 작성하세요.

 해설

이 예제에서는 호출자의 두 수의 합을 반환하는 함수를 작성해야 합니다. 코드는 다음과 같습니다.

file_28_1_1

```
def total(a, b):
    s = a + b
    return s
```

```
#주 코드는 여기부터 시작
num1 = float(input())
num2 = float(input())


result = total(num1, num2)


print("The sum of", num1, "+", num2, "is", result)
```

예제 28.1.2

더 간단한 코드로 2개 숫자의 합을 계산하기

예제 28.1.1에서 완성한 코드를 더 간단하게 작성하세요.

해설

다음과 같이 예제 28.1.1의 코드를 간단하게 만들어 봅시다.

file_28_1_2

```
def total(a, b):
    return a + b


#주 코드는 여기부터 시작
num1 = float(input())
num2 = float(input())

print("The sum of", num1, "+", num2, "is", total(num1, num2))
```

앞선 예제와 달리 total( ) 함수에서 합계가 변수 s에 할당되지 않고 바로 계산되어 반환됩니다. 또한 주 코드에서도 반환 값이 변수에 할당되지 않고 바로 출력됩니다.

예제 28.1.3

간단한 화폐 교환기

다음과 같이 작업하세요.

1. 다음과 같은 메뉴를 표시하는 서브 프로그램을 작성하세요.

   1. Convert USD to Euro (EUR)

   2. Convert Euro (EUR) to USD

   3. Exit

2. 위의 서브 프로그램을 포함하는 파이썬 프로그램을 작성하세요. 이때 사용자에게 선택 사항(1, 2, 3)을 입력 받아, 1 또는 2를 선택하면 프로그램은 사용자에게 금액을 입력 받아 메뉴에 따라 계산하고 출력합니다. 이 과정은 사용자가 원하는 만큼 반복되어야 합니다. 단, $ 1 = 0.94 EUR(€)입니다.

해설

이 예제는 설명이 필요 없을 정도로 간단합니다. 코드는 다음과 같습니다.

```
file_28_1_3
def display_menu():
    print("1. Convert USD to Euro (EUR)")
    print("2. Convert Euro (EUR) to USD")
    print("3. Exit")
    print("----------------------------")
    print("Enter a choice: ", end = "")
```

```
#주 코드는 여기부터 시작
while True:
    display_menu()
    choice = int(input())

    if choice == 3:
        print("Bye!")
        break
    else:
        amount = float(input("Enter an amount: "))
        if choice == 1:
            print(amount, "USD =", amount * 0.94, "Euro")
        else:
            print(amount, "Euro =", amount / 0.94, "USD")
```

참고 ▶ while 문이 True를 출력하다면 무한 반복을 할 것입니다. 그러나 루프 안에 break 문이 있다면 반복을 끝낼 수 있습니다.

예제 28.1.4
좀 더 완벽한 화폐 교환기

다음과 같이 작업하세요.

1. display_menu라는 서브 프로그램을 작성하세요. 이 서브 프로그램은 다음과 같은 메뉴를 표시해야 합니다.

```
1. Convert USD to Euro (EUR)
2. Convert USD to British Pound Sterling (GBP)
3. Convert USD to Japanese Yen (JPY)
4. Convert USD to Canadian Dollar (CAD)
5. Exit
```

2. USD_to_EU, USD_to_GBP, USD_to_JPY 및 USD_to_CAD라는 4개의 서로 다른 서브 프로그램을 작성하여 형식 인수 목록을 통해 통화를 전달한 다음 해당 변환 값을 반환하세요.

3. 위의 서브 프로그램을 포함하는 파이썬 프로그램을 작성하세요. 프로그램은 다음 사용자에게 선택 사항 (1, 2, 3, 4, 5)과 금액을 미국 달러로 입력 받아 그 결과를 출력합니다. 이 과정은 사용자가 원하는 만큼 반복되어야 합니다. 단, 환율은 다음과 같습니다.

- $1 = 0.94 EUR (€)
- $1 = 0.79 GBP (£)
- $1 = 113 JPY (¥)
- $1 = 1.33 CAD ($)

해설

이 예제는 함수 display_menu( )는 값을 반환하지 않아야 합니다. 메뉴를 표시하기만 해야 합니다. 반면에 통화를 변환하는 4가지 함수는 인수를 통해 값을 받아들이고 해당 변환 값을 반환해야 합니다. 다음의 코드를 살펴봅시다.

```
file_28_1_4

def display_menu():
    print("1. Convert USD to Euro (EUR)")
    print("2. Convert USD to British Pound Sterling (GBP)")
    print("3. Convert USD to Japanese Yen (JPY)")
    print("4. Convert USD to Canadian Dollar (CAD)")
    print("5. Exit")
    print("------------------------------------------------")
    print("Enter a choice: ", end = "")
```

```python
def USD_to_EU(value):
    return value * 0.94


def USD_to_GBP(value):
    return value * 0.79


def USD_to_JPY(value):
    return value * 113


def USD_to_CAD(value):
    return value * 1.33


#주 코드는 여기부터 시작
while True:
    display_menu()
    choice = int(input())

    if choice == 5:
        print("Bye!")
        break
    else:
        amount = float(input("Enter an amount in US dollars: "))
        if choice == 1:
            print(amount, "USD =", USD_to_EU(amount), "Euro")
        elif choice == 2:
            print(amount, "USD =", USD_to_GBP(amount), "GBP")
        elif choice == 3:
            print(amount, "USD =", USD_to_JPY(amount), "JPY")
        elif choice == 4:
            print(amount, "USD =", USD_to_CAD(amount), "CAD")
```

예제 28.1.5
양수의 평균 구하기

다음과 같이 작업하세요.

1. 형식 인수 목록을 통해 숫자를 전달받는 test_integer라는 서브 프로그램을 작성하고 전달된 숫자가 정수인 경우 True를 반환하고, 그렇지 않으면 False를 반환합니다.

2. 위의 서브 프로그램을 포함하여 실수 값이 입력될 때까지 정수 값을 반복적으로 입력할 수 있는 파이썬 프로그램을 작성하세요. 이때, 프로그램은 입력된 양의 정수의 평균을 출력합니다.

해설

while 구조가 사용되지만, 프로그램에 논리 오류가 없도록 하려면 〈21-3 '궁극적인' 규칙〉의 내용을 따라야 합니다. 이 규칙에 따르면 이 문제를 해결하는 while 구조는 다음과 같아야 합니다.

```
x = float(input())              #x의 초기화
while test_integer(x) == True:   #x 값을 사용한 부울식


    #여기에
    #1개의 명령문이나 명령문 블록이 기술됨


    x = float(input())          #x 값의 변경
```

최종 프로그램는 다음과 같습니다.

```
                              file_28_1_5

def test_integer(number):
    if number == int(number):
        return True
    else:
        return False


#주 코드는 여기부터 시작
total = 0
count = 0
x = float(input())
while test_integer(x) == True:
    if x > 0:
        total += x
        count += 1
    x = float(input())

if count > 0:
    print(total / count)
```

 참고 ▷ 마지막에 기술된 if count 〉 0를 살펴봅시다. 사용자가 프로그램을 시작하자마자 처음부터 실수를 입력하면 count 변수는 0이 됩니다. 이 선택 구조를 사용하여 0으로 나누는 경우를 방지하게 됩니다.

예제 28.1.6
주사위 던지기 게임

다음과 같이 작업하세요.

1. 1과 6 사이의 임의의 정수를 반환하는 dice라는 서브 프로그램을 작성하세요.

2. 형식 인수 목록을 통해 정수와 리스트를 전달 받고 정수가 리스트에 몇 번 있는지 그 횟수를 반환하는 search_and_count라는 서브 프로그램을 작성하세요.

3. 위의 서브 프로그램을 참고하여 리스트를 100개의 임의의 정수(1에서 6 사이의 수)로 채우고 사용자에게 하나의 정수를 입력하도록 하는 파이썬 프로그램을 작성하세요. 이때, 프로그램은 입력된 정수가 리스트에 몇 번 등장하는지를 표시해야 합니다.

해설

두 서브 프로그램은 각각 하나의 값을 반환합니다. 함수 dice( )는 1에서 6 사이의 임의의 정수를 반환하며, search_and_count( ) 함수는 정수가 리스트에 있는 횟수를 나타내는 숫자를 반환합니다. 프로그램은 다음과 같습니다.

```
file_28_1_6
```

```python
import random
ELEMENTS = 100


def dice():
    return random.randrange(1, 7)


def search_and_count(x, a):
    count = 0
    for i in range(ELEMENTS):
        if a[i] == x:
            count += 1
    return count


#주 코드는 여기부터 시작
a = [None] * ELEMENTS

#난수로 리스트를 채움
for i in range(ELEMENTS):
    a[i] = dice()

x = int(input())
print("Given value exists in the list")
print(search_and_count(x, a), "times")
```

28-2 복습문제

다음 문제를 해결하세요.

1. 다음과 같이 작업하세요.

   ⅰ. Kelvin_to_Fahrenheit이라는 이름의 서브 프로그램을 작성하세요. 이 서브 프로그램은 형식 인수 목록을 통해 켈빈 온도를 받아들인 다음 화씨 온도를 반환합니다.

   ⅱ. Kelvin_to_Celsius라는 서브 프로그램을 작성하여 형식 인수 목록을 통해 켈빈 온도를 받아들인 다음 섭씨 온도를 반환합니다.

   ⅲ. 위의 서브 프로그램을 포함하여 사용자에게 켈빈 온도를 입력 받는 파이썬 프로그램을 작성하세요. 이때 프로그램은 화씨 온도와 섭씨 온도를 함께 표시해야 합니다.

   이때, 온도 변환 공식은 다음과 같습니다.

   화씨 = 1.8 × 켈빈 − 459.67
   섭씨 = 켈빈 − 273.15

2. 다음과 같이 작업하세요.

   ⅰ. 형식 인수 목록을 통해 월(1 ~ 12)을 전달 받아 다음 해당 월의 일 수를 반환하는 num_of_days라는 서브 프로그램을 작성하세요. 단, 윤년을 고려하지 말고 2월에 28일이 있다고 가정합니다.

   ⅱ. 위의 서브 프로그램을 포함하여 사용자에게 1 ~ 12월 중 2개의 달을 입력 받는 파이썬 프로그램을 작성하세요. 이때, 첫 번째로 입력 받은 달과 두 번째로 입력 받은 달의 총 일수를 출력합니다.

3. 컴퓨터 게임에서 플레이어는 2개의 주사위를 던집니다. 주사위의 합이 가장 큰 플레이어가 1점을 얻습니다. 주사위를 10번 던진 후, 가장 많은 점수를 얻은 플레이어가 우승합니다. 다음과 같이 작업하세요.

   ⅰ. 1~6까지의 정수 중 하나를 랜덤으로 반환하는 dice란 이름의 서브 프로그램을 작성하세요.

   ⅱ. 위의 서브 프로그램을 포함하여 두 플레이어가 그들의 이름을 입력하고 각각의 플레이어가 연속해서 2개의 주사위를 던지는 파이썬 프로그램을 작성하세요. 이 과정은 10번 반복되고 가장 많은 점수를 얻은 플레이어가 우승합니다.

4. 체질량 지수(BMI)는 사람의 체중이 과체중인지 또는 체중 미달인지를 결정하는데 사용됩니다. BMI를 계산하는 공식은 다음과 같습니다.

$$BMI = \frac{weight \cdot 703}{height^2}$$

다음과 같이 작업하세요.

ⅰ. 형식 인수 목록을 통해 체중과 신장을 받아들이는 bmi라는 서브 프로그램을 작성한 후 다음 표에 따라 메시지를 출력합니다.

BMI	조언
BMI < 16	You must add weight.
16 ≤ BMI < 18.5	You should add some weight.
18.5 ≤ BMI < 25	Maintain your weight.
25 ≤ BMI < 30	You should lose some weight.
30 ≤ BMI	You must lose weight.

ⅱ. 위의 서브 프로그램을 참고하여 사용자에게 체중(파운드), 나이(년) 및 키(인치)를 입력 받는 파이썬 프로그램을 작성하세요. 또한 사용자에게 18세 미만의 값을 입력 받으면 오류 메시지를 출력합니다.

5. 한 렌터카 회사는 하이브리드, 가스, 디젤의 3종류의 자동차를 총 40대 가지고 있습니다. 이 회사는 다음 표에 따라 자동차 요금을 청구합니다.

대여 일수	차량 유형		
	가스	디젤	하이브리드
1 – 5일	$24 / 1일	$28 / 1일	$30 / 1일
6일 이상	$22 / 1일	$25 / 1일	$28 / 1일

다음과 같이 작업하세요.

ⅰ. 다음과 같은 메뉴를 표시하는 get_choice라는 서브 프로그램을 작성하세요. 서브 프로그램은 사용자에게 차량 유형(1, 2, 3)을 입력 받아 호출자에게 반환해야 합니다.

1. Gas
2. Diesel
3. Hybrid

ⅱ. get_days라는 서브 프로그램을 작성하여 총 대여 일수를 입력하게 하고 호출자에게 반환하도록 합니다.

ⅲ. 형식 인수 목록을 통해 차 유형 (1, 2 또는 3)과 임대 일의 총 수를 받아들이는 get_charge라는 서브 프로그램을 작성하세요. 이 서브 프로그램은 다음 앞의 표에 따라 지불할 금액을 반환합니다.

ⅳ. 위의 서브 프로그램을 사용하여, 사용자에게 렌터카에 대한 모든 필요한 정보를 입력하도록 하여 다음을 표시하는 파이썬 프로그램을 작성하세요.

1. 각 차량에 대해 지불할 총금액
2. 렌트된 하이브리드 자동차의 총 개수
3. 렌터카 회사의 총이익

29 객체 지향 프로그래밍

29-1 객체 지향 프로그래밍이란 무엇인가?

〈27 사용자 정의 서브 프로그램〉의 모든 프로그램에서 서브 프로그램(함수)을 사용하였습니다. 이러한 프로그래밍 스타일을 '절차적 프로그래밍'이라고 하며 대부분의 경우 무리 없이 실행됩니다. 그러나 대규모 프로그램을 작성하거나 Microsoft, Facebook 또는 Google과 같은 기업에서는 객체 지향 프로그래밍이라는 프로그래밍 스타일을 사용합니다.

일반적으로 OOP라고 하는 객체 지향 프로그래밍은 객체에 초점을 맞춘 프로그래밍 스타일로, OOP에서 데이터와 함수를 결합하여 하나의 객체로 묶을 수 있습니다. 객체 지향 프로그래밍 기술을 사용하면 코드를 보다 쉽게 유지 관리하고 다른 사람들이 쉽게 사용할 수 있는 코드를 작성할 수 있습니다.

'OOP가 객체에 초점을 맞추는' 이라는 말은 무엇을 의미할까요? 현실 세계의 예를 통해 이해해 봅시다. 내 눈 앞에 자동차가 있다면 다른 사람에게 이 자동차에 대해 어떻게 설명할까요? 브랜드, 모델명, 색상, 번호판 등과 같은 몇 가지 속성에 대해 설명할 수 있습니다. 또한 자동차의 동작에 대해서도 설명할 수 있습니다. 자동차의 시동을 켜거나 끄는 것, 가속하거나 제동하는 것, 주차하는 것 등을 예로 들 수 있습니다.

위의 내용을 바탕으로 OOP에서 자동차는 특정 동작(메서드)를 수행하는 특정 속성(필드)이 있는 객체라고 할 수 있습니다.

그렇다면 객체는 어떻게 만들 수 있을까요? 이때 필요한 것은 클래스(Class)라는 것입니다. 클래스란 도장과 비슷합니다. [그림 29-2]에는 4개의 빈칸(필드)가 각인된 도장이 있습니다.

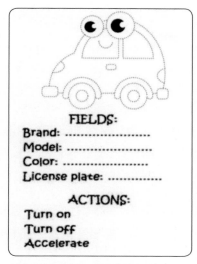

[그림 29-1] 클래스는 위와 같은 도장과 비슷함

이 도장을 사용하여 여러 대의 자동차에 대한 설명도 간단히 처리할 수 있습니다. [그림 29-2]와 같이 도장을 찍은 후, 설명하려는 자동차의 색을 자동차 그림에 나타내고 빈칸에 자동차의 속성을 기입합니다.

FIELDS:
Brand: Mazda
Model: 6
Color: Gray
License plate: AB1234

ACTIONS:
Turn on
Turn off
Accelerate

FIELDS:
Brand: Ford
Model: Focus
Color: Blue
License plate: XY9876

ACTIONS:
Turn on
Turn off
Accelerate

[그림 29-2] 도장을 템플릿으로 사용한 예

참고

One

새로운 객체를 만드는 과정을 '인스턴스화 한다'고 표현하기도 합니다.

Two

클래스는 템플릿이며 객체는 클래스로부터 만들어집니다. 각 클래스는 오로지 한 가지 작업만을 실행할 수 있도록 설계되어야 합니다. 그러므로 완전한 프로그램을 작성하려면 여러 개의 클래스가 필요하게 됩니다.

Three

객체 지향 프로그래밍에서의 클래스는 도장과 같습니다. 동일한 클래스를 템플릿으로 사용하여 여러 개의 객체를 만들어 낼 수 있습니다.

29-2 클래스와 객체

이제 클래스와 객체에 대한 이해하였다면 이제 파이썬에서 실제 클래스를 작성하는 방법을 살펴보겠습니다. 다음 코드는 Car 클래스를 작성합니다. 이 클래스에는 4개의 필드와 3개의 메서드가 있습니다.

```python
class Car:
    #4개의 필드를 정의
    brand = ""
    model = ""
    color = ""
    license_plate = ""

    #메서드 turn_on()을 정의
    def turn_on(self):
        print("The car turns on")
```

```
#메서드 turn_off()를 정의
def turn_off(self):
    print("The car turns off")


#메서드 accelerate()를 정의
def accelerate(self):
    print("The car accelerates")
```

보시다시피 클래스 내의 필드와 메서드는 각각 일반적인 변수와 서브 프로그램(여기서는 함수)입니다.

참고

One
car 클래스는 템플릿일 뿐입니다. 아직 객체가 만들어진 것은 아닙니다.

Two
객체는 클래스의 인스턴스일 뿐입니다. 그래서 객체는 종종 '클래스 인스턴스' 또는 '클래스 객체'라고도 불립니다.

Three
인수 self에 대해서는 무시해도 됩니다. 우리는 〈29-3 생성자와 self〉에서 인수 self를 살펴볼 것입니다.

두 개의 객체를 만들려면(즉, 클래스 Car의 두 인스턴스를 만들려면) 다음과 같은 2줄의 코드가 필요합니다.

```
car1 = Car()
car2 = Car()
```

새로운 객체를 만드는 과정을 '인스턴스를 생성한다'고 표현하기도 합니다.

이제 두 개의 객체를 생성(인스턴스화)했으므로 필드에 값을 할당할 수 있습니다. 이를 실행하려면 점 표기법을 사용해야 합니다. 즉, 객체 이름 다음에 점을 찍고 그 뒤에 필드 또는 메서드 이름을 기술해야 합니다. 다음 코드는 2개의 오브젝트 car1과 car2를 작성하고 해당 필드에 값을 지정합니다.

```python
car1 = Car()
car2 = Car()


car1.brand = "Mazda"
car1.model = "6"
car1.color = "Gray"
car1.license_plate = "AB1234"


car2.brand = "Ford"
car2.model = "Focus"
car2.color = "Blue"
car2.license_plate = "XY9876"


print(car1.brand)       #Mazda를 출력
print(car2.brand)       #Ford를 출력
```

참고

위 예에서 car1과 car2는 동일한 클래스로 만들어진 2개의 객체입니다. car1과 car2 그리고 점을 사용하여 한 번에 하나의 인스턴스를 사용합니다. 특정 인스턴스를 변경해도 다른 인스턴스는 전혀 영향을 받지 않습니다.

다음 코드는 각각 car1과 car2 객체의 메서드인 turn_off( )와 accelerate( )를 호출합니다.

```
car1.turn_off()
car2.accelerate()
```

 기억하기

One
클래스는 템플릿이기 때문에 실행할 수 없으나 객체는 클래스의 인스턴스로 실행이 가능합니다.

Two
하나의 클래스로 필요한 만큼 여러 개의 객체를 만들 수 있습니다.

29-3 생성자와 self

파이썬에는 특별한 역할을 하는 메서드가 있습니다. 바로 __init__( ) 메서드입니다.
__init__( ) 메서드(생성자라고 함)는 클래스(객체)의 인스턴스가 생성될 때마다 자동으로 실행
됩니다. 이 메서드 내에서 객체의 초기화 작업을 실행할 수 있습니다.

 __init__는 이름의 앞과 뒤에 2개의 밑줄이 있다는 것을 유념하세요!

다음 예를 살펴봅시다. __init__( ) 메서드는 객체 p1이 생성될 때 한 번, 객체 p2가 생성될 때
또 한 번, 총 두 번 호출됩니다.

```
                          file_29_3a
class Person:
    def __init__(self):
        print("An object was created")


p1 = Person()      #객체 p1 생성
p2 = Person()      #객체 p2 생성
```

__init__() 메서드의 형식 인수 목록에는 self라는 인수가 있습니다. 여기서 self는 무엇일까요? self는 객체 자체에 대한 참조일 뿐입니다.

다음 예를 살펴봅시다.

```
                          file_29_3b
class Person:
    name = None
    age = None

    def say_info(self):
        print("I am", self.name)
        print("I am", self.age, "years old")


#주 코드는 여기부터 시작
person1 = Person()
person1.name = "John"
person1.age = 14


person1.say_info()    #객체 person1의 메서드인 say_info()를 호출
```

메서드가 호출되는 person1.say_info() 문에는 실제 인수가 없지만 메서드가 정의된 say_info(self) 문에 형식 인수(self)가 존재합니다. 만약 이 호출이 person1.say_info(person1)로 작성되었다면 더 정확할 것입니다. 이 방법을 사용하면 더 잘 이해할 수도 있습니다. 이 실제 인수

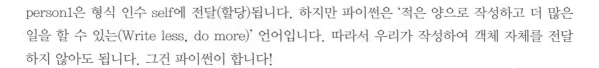

person1은 형식 인수 self에 전달(할당)됩니다. 하지만 파이썬은 '적은 양으로 작성하고 더 많은 일을 할 수 있는(Write less, do more)' 언어입니다. 따라서 우리가 작성하여 객체 자체를 전달하지 않아도 됩니다. 그건 파이썬이 합니다!

참고

One

형식 인수와 실 인수가 잘 이해되지 않으면 ⟨27-5 형식 인수와 실 인수⟩를 다시 보기 바랍니다.

Two

메서드 외부(클래스 내부)에 name과 age 필드를 선언할 때는 점(.)을 사용하지 않습니다. 그러나 메서드 내부에서 필드를 참조할 때는 self.name, self.age와 같이 점 표현법을 사용해야 합니다.

여기서 say_info( ) 메서드 내에서 필드 name과 age를 self.name 및 self.age로 참조해야 하는 이유는 무엇일까? 앞에 self 키워드를 사용하는 것이 왜 필요할까? 이 질문에 간단히 대답하자면 메서드 내에서 동일한 이름(name과 age)을 가진 지역 변수를 추가로 사용할 가능성이 항상 있다는 것입니다. 따라서 지역 변수와 객체 필드를 구별할 방법이 필요합니다. 어렵다면 다음 예를 살펴봅시다. MyClass 클래스에는 필드 b가 있고 클래스의 myMethod( ) 메서드에는 지역 변수 b가 있습니다. self 키워드는 지역 변수와 필드를 구별하는데 사용됩니다.

```
                        file__29__3c

class MyClass:
    b = None          #필드임

    def myMethod(self):
        b = "***"     #지역 변수임
        print(b, self.b, b)

#주 코드는 여기부터 시작
x = MyClass()
```

```
x.b = "Hello!"
x.myMethod()        # *** Hello! ***를 표시
```

참고

self는 클래스의 메서드 안에서 필드나 메서드와 같은 클래스 멤버를 참조할 때 사용합니다.

29-4 생성자에게 초깃값 전달하기

생성자 메서드인 __init__ ()을 포함한 어떤 메서드도 형식 인수 목록을 가질 수 있습니다. 예를 들어, 이러한 인수를 사용하여 개체의 생성자에 초깃값을 전달할 수 있습니다. 다음 예에서는 Titan(그리스 신화 속 거신족)이라는 4개의 객체를 생성합니다.

file__29__4a

```
class Titan:
    name = None
    gender  = None


    def __init__(self, n, g):
        self.name = n
        self.gender = g


#주 코드는 여기부터 시작
titan1 = Titan("Cronus", "male")
titan2 = Titan("Oceanus", "male")
titan3 = Titan("Rhea", "female")
titan4 = Titan("Phoebe", "female")
```

참고

생성자에는 3개의 형식 인수가 있으나 호출자에는 2개의 실인수만 있습니다. 파이썬은 적게 기술하고 많은 일을 하는 언어이기 때문에 객체 자체는 파이썬이 자동으로 전달합니다.

파이썬에서는 동일한 이름을 가진 하나의 필드 및 지역 변수(또는 메서드 인수)를 가질 수 있습니다. 클래스는 titan은 다음과 같습니다.

file__29__4b

```python
class Titan:
    name = None
    gender = None
    def __init__(self, name, gender ):
        self.name = name        #필드와 인수의 이름이 같을 수 있음
        self.gender = gender
```

변수 name과 gender는 값을 생성자에 전달하는데 사용되는 인수이며 self.name 및 self.gender는 객체 내에 값을 저장하는데 사용되는 필드입니다. 파이썬에서는 Titan 클래스를 단순화할 수 있습니다. 다음 예는 Titan 클래스의 단순화된 버전을 사용합니다.

file__29__4c

```python
class Titan:
    def __init__(self, name, gender):
        self.name = name
        self.gender = gender


#주 코드는 여기부터 시작
titan1 = Titan("Cronus", "male")
titan2 = Titan("Oceanus", "male")
titan3 = Titan("Rhea", "female")
titan4 = Titan("Phoebe", "female")
```

```
print(titan1.name, "-", titan1.gender)
print(titan2.name, "-", titan2.gender)
print(titan3.name, "-", titan3.gender)
print(titan4.name, "-", titan4.gender)
```

29-5 클래스 변수 vs 인스턴스 변수

지금까지 생성자 외부에서 선언된 필드를 사용하는데 특별한 문제가 없었습니다. 다음 프로그램을 살펴봅시다.

```
class HistoryEvents:
    day = None      #생성자 외부에 선언되었음
                    #클래스 필드라고 함

    def __init__(self):
        print("Object Instantiation")

#주 코드는 여기부터 시작
h1 = HistoryEvents()
h1.day = "4th of July"

h2 = HistoryEvents()
h2.day = "28th of October"

print(h1.day)
print(h2.day)
```

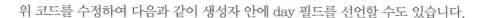

위 코드를 수정하여 다음과 같이 생성자 안에 day 필드를 선언할 수도 있습니다.

```python
class HistoryEvents:
    def __init__(self, day):
        print("Object Instantiation")
        self.day = day        #이 필드는 생성자 안에 선언됨
                              #인스턴스 필드라고 함


#주 코드는 여기부터 시작
h1 = HistoryEvents("4th of July")
h2 = HistoryEvents("28th of October")

print(h1.day)
print(h2.day)
```

 **참고**

One
필드가 생성자 외부에 선언되면 '클래스 필드'라고 하며, 생성자 내부에 선언되면 '인스턴스 필드'라고 합니다.

Two
클래스 필드는 모든 인스턴스가 공동으로 사용할 수 있습니다. 그러나 인스턴스 필드는 해당 인스턴스만 사용할 수 있습니다.

둘 중 어떤 것이 더 좋은 프로그래밍 스타일일까요? 두 번째가 보다 올바른 클래스를 작성하는 예라고 할 수 있습니다. 왜냐하면 변경 가능한 데이터 유형(리스트나 딕셔너리)이 클래스 필드로 사용될 때, 원치않은 결과가 발생할 수 있기 때문입니다. 다음 예를 살펴봅시다.

```python
class HistoryEvents:
    events = []           #모든 인스턴스가 공유하는 클래스 필드
```

```
    def __init__(self, day):
        self.day = day   #각 인스턴스만이 사용할 수 있는 인스턴스 필드


#주 코드는 여기부터 시작
h1 = HistoryEvents("4th of July")
h1.events.append("1776: Declaration of Independence in United States")
h1.events.append("1810: French troops occupy Amsterdam")

h2 = HistoryEvents("28th of October")
h2.events.append("969: Byzantine troops occupy Antioch")
h2.events.append("1940: Ohi Day in Greece")


print(h1.events)
```

마지막 print( ) 문이 7월 4일의 2개 이벤트만 표시할 것으로 생각했을 겁니다. 하지만 출력 결과를 보면 잘못되었음을 알 수 있습니다. 마지막 print( ) 문은 [그림 29-3]과 같이 4개의 이벤트를 출력합니다.

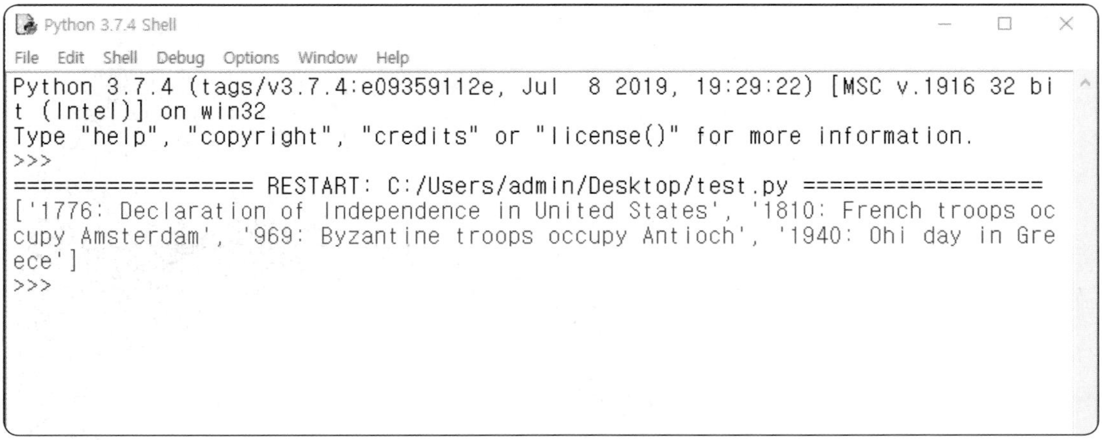

```
Python 3.7.4 Shell                                                    —   □   ✕
File  Edit  Shell  Debug  Options  Window  Help
Python 3.7.4 (tags/v3.7.4:e09359112e, Jul  8 2019, 19:29:22) [MSC v.1916 32 bi
t (Intel)] on win32
Type "help", "copyright", "credits" or "license()" for more information.
>>>
================= RESTART: C:/Users/admin/Desktop/test.py =================
['1776: Declaration of Independence in United States', '1810: French troops oc
cupy Amsterdam', '969: Byzantine troops occupy Antioch', '1940: Ohi day in Gre
ece']
>>>
```

[그림 29-3] 변경 가능한 데이터 유형이 클래스 필드로 사용되어 잘못된 예

리스트 event는 변경 가능한 데이터 형식입니다. 파이썬에서 바람직하지 않은 결과를 생성하기 때문에 변경 가능한 데이터 유형은 클래스 필드로 사용해서는 안됩니다.

참고 가능한 적은 개수의 필드를 사용하세요. 필드의 개수는 적을수록 좋습니다.

다음 예는 이전의 잘못된 예를 수정한 프로그램입니다.

```
file_29_5
class HistoryEvents:
    def __init__(self, day):
        self.day = day        #인스턴스에서만 사용되는 인스턴스 필드
        self.events = []      #인스턴스에서만 사용되는 인스턴스 필드


#주 코드는 여기부터 시작
h1 = HistoryEvents("4th of July")
h1.events.append("1776: Declaration of Independence in United States")
h1.events.append("1810: French troops occupy Amsterdam")

h2 = HistoryEvents("28th of October")
h2.events.append("969: Byzantine troops occupy Antioch")
h2.events.append("1940: Ohi Day in Greece")


print(h1.events)
```

29-6 Getter와 Setter 메서드 vs 프로퍼티

필드는 클래스에서 선언된 변수입니다. 객체 지향 프로그래밍의 원칙은 클래스의 데이터가 변경되지 않도록 숨겨져 있어야 하고 안전해야 한다는 것입니다. 다른 프로그래머가 작성한 프로그램에서 사용할 클래스를 내가 작성해 준다고 생각해 보세요. 나는 그들이 클래스 안에 무엇이 있는지를 알기를 원치 않을 것입니다. 클래스의 내부 작업은 외부 세계로부터 숨겨져 있어야 합니다. 필드를 노출시키지 않으면 클래스의 내부 구현을 숨길 수 있습니다. 필드는 클래스에 비공개로 유지되고 get 및 set 메서드를 통해 접근해야 합니다.

참고 일반적으로 프로그래머는 보안 접근이 필요한 데이터를 위해 필드를 사용합니다. C#이나 Java와 같은 다른 언어에서는 보안 접근을 지정하는 키워드를 사용할 수 있습니다.

이제 예제를 통해 새로운 내용들을 이해해 봅시다. 화씨 온도를 섭씨 온도로 변환하는 다음과 같은 클래스를 작성한다고 가정해 봅시다.

```
file__29__6a

class FahrenheitToCelsius:
    def __init__(self, value):
        self.temperature = value


    def get_temperature(self):
        return 5.0 / 9.0 * (self.temperature - 32.0)


#주 코드는 여기부터 시작
x = FahrenheitToCelsius(-68)
print(x.get_temperature())
```

이 클래스는 거의 완벽하지만 큰 단점이 있습니다. 기온이 화씨 −459.67도(섭씨 −273.15도) 이하로 내려갈 수 없다는 점을 고려하지 않았습니다. 이 온도를 절대 0도라고 합니다. 물리를 전혀 알지 못하는 사용자는 다음 코드와 같이 화씨 −500을 생성자에 전달할 수도 있습니다.

```
x = FahrenheitToCelsius(-500)
print(x.get_temperature())
```

프로그램이 무리 없이 실행되고 섭씨 −295.55도의 값을 표시할 수 있지만, 이 온도는 실제 존재하지 않습니다. 이제 이 클래스의 문제를 해결해 봅시다.

```
                            file_29_6b
class FahrenheitToCelsius:
    def __init__(self, value):
        self.set_temperature(value)

    def get_temperature(self):
        return 5.0 / 9.0 * (self.temperature - 32.0)

    def set_temperature(self, value):
        if value >= -459.67:
            self.temperature = value
        else:
            raise ValueError("There is no temperature -459.67")

#주 코드는 여기부터 시작
x = FahrenheitToCelsius(-50)
print(x.get_temperature())
```

이번에는 set_temperature()라는 메서드를 사용하여 필드 temperature의 값을 설정합니다. 이 코드는 이전보다 낫지만 완벽하지는 않습니다. 왜냐하면 프로그래머 스스로 필드 temperature의 값을 변경하려고 할 때마다 항상 set_temperature() 메서드를 사용하는 것을 주의해야 하고 기억해야 하기 때문입니다. 문제는 필드 temperature 값을 다음과 같이 이름을 사용하여 직접 변경할 수 있다는 것입니다.

```
x = FahrenheitToCelsius(-50)
print(x.get_temperature())


x.set_temperature(-50)        #정상적임
print(x.get_temperature())


x.temperature = -500          #불행히도 이렇게 해도 됨
print(x.get_temperature())
```

이때 프로퍼티(property)를 사용하여 봅시다. property는 비공개로 유지하려는 필드의 값을 읽거나 쓰거나 계산할 수 있는 유연한 메커니즘을 제공하는 클래스 멤버입니다. 프로퍼티는 필드를 노출하지만 그 구현 내용은 숨깁니다.

file_29_6c

```
class FahrenheitToCelsius:
    def __init__(self, value):
        self.set_temperature(value)

    def get_temperature(self):
        return 5.0 / 9 * (self._temperature - 32)

    def set_temperature(self, value):
        if value >= -459.67:
            self._temperature = value
        else:
            raise ValueError("There is no temperature -459.67")
```

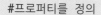

```
    #프로퍼티를 정의
    temperature = property(get_temperature, set_temperature)


#주 코드는 여기부터 시작
x = FahrenheitToCelsius(-50)
print(x.temperature)          #get_temperature() 메서드를 호출


x.temperature = -500          #set_temperature() 메서드를 호출하고
                              #오류를 발생시킴
print(x.temperature)          #get_temperature() 메서드를 호출
```

참고   필드 temperature 앞에 밑줄(_)이 있다는 것을 유념하세요. 파이썬에서 변수 앞에 밑줄이 하나 있으면 그 변수는 private 변수라는 의미입니다.

temperature = property(get_temperature, set_temperature)은 무슨 역할을 하나요? 명령문이 필드 temperature 값에 접근하려고 하면 get_temperature() 메서드가 자동으로 호출되고, 마찬가지로 명령문이 필드 temperature에 값을 할당하려고 하면 set_temperature() 메서드가 자동으로 호출됩니다. 이제 완벽한가요?

하지만 다음 코드와 같이 get_temperature()와 set_temperature()를 제거하여 필드 temperature의 값에 접근하는 방법을 줄입니다.

```
x = FahrenheitToCelsius(0)


#여전히 필드 temperature에 다음과 같이 두 가지 방법으로 접근할 수 있음
x.set_temperature(-100)
x.temperature = -100
```

get_temperature( )와 set_temperature( ) 메서드를 완전히 제거하기 위해 파이썬이 지원하는 데코레이터를 사용할 수 있습니다.

```
file_29_6d

class FahrenheitToCelsius:
    def __init__(self, value):
        self.temperature = value     #setter를 호출

    #데코레이터를 사용해서 getter를 정의함
    @property
    def temperature(self):
        return 5.0 / 9 * (self._temperature - 32)

    #데코레이터를 사용해서 setter를 정의함
    @temperature.setter
    def temperature(self, value):
        if value >= -459.67:
            self._temperature = value
        else:
            raise ValueError("("There is no temperature -459.67")

#주 코드는 여기부터 시작
x = FahrenheitToCelsius(-50)       #생성자를 호출하고
                                   #setter가 호출됨
print(x.temperature)               #getter 호출

x.temperature = -60                #setter 호출
print(x.temperature)               #getter 호출

x.temperature = -500               #setter 호출하고 오류 발생

print(x.temperature)               #전혀 실행되지 않고 실행이 이전 명령문에서 멈춤
```

One

2개의 메서드와 필드가 temperaure라는 이름을 공유합니다.

Two

데코레이터는 함수로써 다른 함수를 인수로 받은 후 그 함수에 기능을 추가해서 반환합니다. 데코레이터를 사용하면 물리적으로 함수를 수정하지 않고도 함수의 기능을 수정하거나 확장할 수 있습니다.

예제 29.6.1

로마 숫자 사용하기

로마 숫자는 다음과 같습니다.

숫자	로마 숫자
1	I
2	II
3	III
4	IV
5	V

다음과 같이 작업하세요.

1. 다음과 같은 내용을 포함하는 Romans라는 클래스를 만듭니다.

   a. 생성자와 number라는 private 변수

   b. number라는 이름의 프로퍼티. 이 프로퍼티는 변수 number에 정수 형식의 값을 설정하거나 읽을 때 사용됩니다. setter는 정수가 아니면 오류 메시지를 표시해야 합니다.

   c. roman이라는 이름의 프로퍼티. 이 프로퍼티는 변수 number에 로마 숫자를 값을 설정하거나 읽을 때 사용됩니다. setter는 로마 숫자가 아니면 오류 메시지

를 표시해야 합니다.

2. 위 클래스를 사용하여 숫자 '3'에 해당하는 로마 숫자와 로마 숫자 'Ⅴ'에 해당하는 아라비아 숫자를 출력하는 파이썬 프로그램을 작성하세요.

해설

프로퍼티 number의 getter와 setter는 간단하므로 특별히 설명할 것이 없습니다. 그러나 프로퍼티 roman은 약간의 설명이 필요합니다.

프로퍼티 roman은 다음과 같이 작성할 수 있습니다.

```
#getter를 정의함
@property
def roman(self):
    if self._number == 1
        return " I "
    elif self._number == 2
        return " II "
    elif self._number == 3
        return " III "
    elif self._number == 4
        return "IV"
    elif self._number == 5
        return " V "
```

이 방법은 매우 간단하지만 프로그램을 확장하여 더 많은 로마 숫자로 작업하려면 코드가 길어지고 더 오래 걸릴 수 있습니다. 딕셔너리에 대해 알고 있으므로 다음과 같은 코드를 작성할 수 있습니다.

```
#getter를 정의함
@property
def roman(self):
```

```
        number2roman = {1:" I ", 2:" II ", 3:" III ", 4:" IV ", 5:" V "}
        return number2roman[self._number]
```

setter는 다음과 같이 작성할 수 있습니다.

```
#setter를 정의함
@roman.setter
def roman(self, value):
    roman2number = {" I ":1, " II ":2, " III ":3, " IV ":4, " V ":5}
    if value in roman2number:
        self._number = roman2number[value]
    else:
        raise ValueError("Roman numeral not recognized.")
```

최종적인 파이썬 프로그램은 다음과 같습니다.

```
                              file_29_6_1
class Romans:

    def __init__(self):
        self._number = None    #Private 필드임. setter를 호출하지 않음


    #getter를 정의함
    @property
    def number(self):
        return self._number


    #setter를 정의함
    @number.setter
    def number(self, value):
```

```python
        if value >=1 and value <= 5:
            self._number = value
        else:
            raise ValueError("Number not recognized")


    #getter를 정의함
    @property
    def roman(self):
        number2roman = {1:"Ⅰ", 2:"Ⅱ", 3:"Ⅲ", 4:"Ⅳ", 5:"Ⅴ"}
        return number2roman[self._number]


    #setter를 정의함
    @roman.setter
    def roman(self, value):
        roman2number = {"Ⅰ":1, "Ⅱ":2, "Ⅲ":3, "Ⅳ":4, "Ⅴ":5}
        if value in roman2number:
            self._number = roman2number[value]
        else:
            raise ValueError("Roman numeral not recognized")


#주 코드는 여기부터 시작
x = Romans()


x.number = 3
print(x.number)     #3을 표시
print(x.roman)      #Ⅲ을 표시


x.roman = "Ⅴ"
print(x.number)     #5를 표시
print(x.roman)      #Ⅴ를 표시
```

29-7 하나의 클래스 내에서 메서드가 다른 메서드를 호출하기

〈27-8 서브 프로그램에서 다른 서브 프로그램 호출하기〉에서 서브 프로그램이 다른 서브 프로그램을 호출해 보았습니다. 메서드도 마찬가지입니다. 메서드는 같은 클래스의 다른 메서드를 호출할 수 있습니다. 메서드도 서브 프로그램에 지나지 않습니다. 따라서 메서드에서 동일한 클래스 내의 다른 메서드를 호출하려면 다음과 같이 호출할 메서드 앞에 self라는 키워드를 사용해야 합니다.

file_29_7

```python
class JustAClass:

    def foo1(self):
        print("foo1 was called")
        self.foo2()      #foo2()를 호출함

    def foo2(self):
        print("foo2 was called")

#주 코드는 여기부터 시작
x = JustAClass()
x.foo1()      #foo1()를 호출하고 거기서 다시 foo2()를 호출함
```

예제 29.7.1
수학 계산하기

다음과 같이 작업하세요.

1. 다음과 같은 내용을 포함하는 DoingMath라는 클래스를 작성하세요.

해설

이 예제는 아주 간단합니다. square( ), square_root( ) 및 display_results( ) 메서드는 전달되는 값을 받아들이기 위해 형식 인수 목록을 사용해야 합니다. 프로그램은 다음과 같습니다

file__29__7__1

```python
import math

class DoingMath:
    def square(self, x):             #전달되는 값을 인수 x로 받음
        print("The square of", x, "is", x * x)


    def square_root(self, x):        #전달되는 값을 인수 x로 받음
        if x < 0:
            print("Cannot calculate square root")
        else:
            print("Square root of", x, "is", math.sqrt(x))
```

```
    def display_results(self, x):    #전달되는 값을 인수 x로 받음
        self.square(x)
        self.square_root(x)


#주 코드는 여기부터 시작
dm = DoingMath()


b = float(input("Enter a number: "))
dm.display_results(b)
```

29-8 클래스 상속하기

클래스 상속은 OOP의 주요 개념 중 하나입니다. 클래스 상속을 사용하면 다른 클래스를 기본 클래스로 사용하여 클래스를 작성할 수 있습니다. 클래스가 다른 클래스를 기반으로 작성되는 경우를 '다른 클래스를 상속받는다'라고 말합니다. 상속하는 클래스를 부모 클래스, 기본 클래스 또는 슈퍼 클래스라고 합니다. 상속받는 클래스는 자식 클래스, 파생 클래스 또는 하위 클래스라고 합니다.

자식 클래스는 부모 클래스의 모든 메서드와 필드를 자동으로 상속받습니다. 그러나 가장 중요한 것은 자식 클래스에 메서드 또는 필드를 추가할 수 있다는 것입니다. 따라서 정확히 동일하지는 않지만 어떤 특성들을 공유하는 여러 클래스가 필요할 때 상속을 사용합니다. 그러기 위해 다음과 같이 작업해야 합니다. 먼저, 모든 일반적인 특성을 포함하는 상위 클래스를 작성합니다. 둘째, 부모 클래스의 모든 공통 특성을 상속받는 하위 클래스를 작성합니다. 마지막으로 각 하위 클래스에 특성을 추가합니다. 결국, 이러한 추가적인 특성은 하위 클래스와 상위 클래스를 구분하게 됩니다.

교사와 학생을 관리하는 프로그램을 작성한다고 가정해 봅시다. 교사와 학생을 관리할 때 이름,

나이와 같은 항목은 공통적으로 필요하지만 월급이나 성적과 같이 공통적으로 필요하지 않은 항목도 있습니다. 먼저 교사와 학생 모두가 공통적으로 갖는 항목을 포함하는 SchoolMember라는 상위 클래스를 작성하는 것입니다. 그 다음 선생님과 학생을 위한 Teacher와 Student이라는 두 개의 하위 클래스를 작성할 수 있습니다. 두 개의 하위 클래스 모두 SchoolMember 클래스를 상속할 수 있지만 각각 급여나 성적과 같은 필드를 추가해야 합니다.

부모 클래스인 SchoolMember는 다음과 같습니다.

```python
class SchoolMember:
    def __init__(self, name, age):
        self.name = name
        self.age = age
        print("A school member was initialized")
```

이 SchoolMember 클래스를 상속받는 하위 클래스는 다음과 같이 정의합니다.

```python
class Name(SchoolMember):
    def __init__(self, name, age [, …]):
        SchoolMember.__init__(self, name, age) #SchoolMember 클래스의 생성자를 호출


        #여기에 1개의 명령문이나 명령문 블록을 기술함
```

이 코드에서 Name은 자식 클래스의 이름입니다.

따라서 Teacher 클래스는 다음과 같습니다.

```python
class Teacher(SchoolMember):
    def __init__(self, name, age, salary):
        SchoolMember.__init__(self, name, age) #SchoolMember 클래스의 생성자를 호출


        self.salary = salary    #Teacher 클래스의 고유한 필드임
        print("A teacher was initialized")
```

마찬가지로 Student 클래스는 다음과 같습니다.

```python
class Student(SchoolMember):
    def __init__(self, name, age, grades):
        SchoolMember.__init__(self, name, age)  #SchoolMember 클래스의 생성자를 호출

        self.grades = grades    #Student 클래스의 고유한 필드임
        print("A student was initialized")
```

 참고 SchoolMember.__init__(self, name, age) 문은 SchoolMember 클래스의 생성자를 호출하며, Student 클래스의 name과 age 필드를 초기화합니다.

최종 파이썬 프로그램은 다음과 같습니다. 각각의 필드들을 위해 getter와 setter 메서드를 사용했습니다.

file_29_8

```python
class SchoolMember:
    def __init__(self, name, age):
        self.name = name
        self.age = age
        print("A student was initialized")

    @property
    def name(self):
        return self._name

    @name.setter
    def name(self, value):
```

```python
            if value != "":
                self._name = value
            else:
                raise ValueError("Name cannot be empty")

    @property
    def age(self):
        return self._age

    @age.setter
    def age(self, value):
        if value > 0:
            self._age = value
        else:
            raise ValueError("Age cannot be negative or zero")

class Teacher(SchoolMember):
    def __init__(self, name, age, salary):
        SchoolMember.__init__(self, name, age)
        self.salary = salary
        print("A teacher was initialized")

    @property
    def salary(self):
        return self._salary

    @salary.setter
    def salary(self, value):
        if value >= 0:
            self._salary = value
```

```
        else:
            raise ValueError("Salary cannot be negative")


class Student(SchoolMember):
    def __init__(self, name, age, grades):
        SchoolMember.__init__(self, name, age)
        self.grades = grades
        print("A student was initialized")


    @property
    def grades(self):
        return self._grades


    @grades.setter
    def grades(self, values):
        #values는 리스트임
        #values가 음수 점수인지를 검사함
        negative_found = False
        for value in values:
            if value < 0:
                negative_found = True


        if negative_found == False:
            self._grades = values
        else:
            raise ValueError("Grades cannot be negative")


#주 코드는 여기부터 시작
teacher1 = Teacher("Mr. John Scott", 43, 35000)
teacher2 = Teacher("Mrs. Ann Carter", 5, 32000)
```

```
student1 = Student("Peter Nelson", 14, [90, 95, 92])
student2 = Student("Helen Morgan", 13, [92, 97, 94])

print(teacher1.name)
print(teacher1.age)
print(teacher1.salary)

print(student1.name)
print(student1.age)
print(student1.grades)
```

29-9 복습문제 |

다음 문장을 읽고 맞으면 O, 틀리면 X로 표시하세요.

1. 절차적 프로그래밍은 대형 프로그램을 작성할 때 객체 지향 프로그래밍보다 좋습니다. (   )

2. 객체 지향 프로그래밍은 객체에 중점을 둡니다. (   )

3. 객체는 데이터와 함수를 결합합니다. (   )

4. 객체 지향 프로그래밍을 사용하면 코드를 보다 쉽게 유지 관리할 수 있지만 코드를 다른 사람들이 쉽게 사용할 수는 없습니다. (   )

5. 클래스를 사용하지 않고 객체를 만들 수 있습니다. (   )

6. 클래스의 새 인스턴스를 만드는 과정을 '설치(Installation)'라고 합니다. (   )

7. OOP에서는 항상 동일한 클래스의 인스턴스를 2개 이상 만들어야 합니다. (   )

8. __init__() 메서드는 객체가 인스턴스화될 때 실행됩니다. (   )

9. 같은 클래스의 인스턴스 2개를 만들면 클래스의 __init__() 메서드가 두 번 실행됩니다. (　　)

10. 필드가 생성자 외부에서 선언되면 이를 '인스턴스 필드(Instamce field)'라고 합니다. (　　)

11. 클래스 필드는 클래스의 모든 인스턴스에서 공유됩니다. (　　)

12. 객체 지향 프로그래밍의 원칙은 클래스의 데이터가 숨겨져 있어야 하며 우발적인 변경으로부터 안전해야 한다는 것입니다. (　　)

13. 프로퍼티는 필드 값을 읽거나 쓰거나 계산할 수 있는 유연한 메커니즘을 제공하는 클래스 멤버입니다. (　　)

14. 프로퍼티는 클래스의 내부 구현을 노출합니다. (　　)

15. 클래스 상속은 OOP의 주요 개념 중 하나입니다. (　　)

16. 클래스가 상속되면 이를 '파생 클래스'라고합니다. (　　)

17. 부모 클래스는 자동으로 자식 클래스의 모든 메서드와 필드를 상속받습니다. (　　)

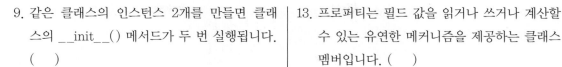

29-10 복습문제 II

다음 문제를 해결하세요.

1. 다음과 같이 작업하세요.

ⅰ. 다음을 포함하는 클래스 Trigonometry를 작성하세요.

　a. 형식 인수 목록을 통해 정사각형의 변을 받아 넓이를 계산하여 반환하는 메서드 square_area

　b. 형식 인수 목록을 통해 사각형의 밑변과 높이를 받아 넓이를 계산하여 반환하는 메서드 rectangle_area

　c. 형식 인수 목록을 통해 삼각형의 밑변과 높이를 받아 넓이를 계산하여 반환하는 메서드 triangle_area

※ 삼각형의 넓이를 구하는 공식은 다음과 같습니다.

$$넓이 = \frac{밑변 \times 높이}{2}$$

ⅱ. 클래스 Trigonometry를 사용하여 사각형의 변, 평행사변형의 밑변과 높이, 삼각형의 밑변과 높이를 입력 받는 파이썬 프로그램을 작성하여 각각의 넓이를 출력합니다.

2. 다음과 같이 작업하세요.

ⅰ. 다음을 포함하는 클래스 Pet을 작성하세요.

a. 생성자

b. 인스턴스 필드 kind

c. 인스턴스 필트 legs_number

d. "Pet running"이라는 메시지를 출력하는 메서드 start_running

e. "Pet stopped"이라는 메시지를 출력하는 메서드 stop_running

ⅱ. 클래스 Pets(예: 개와 원숭이)의 2개 인스턴스를 만들고, 그 메서드 중 일부를 호출하는 파이썬 프로그램을 작성하세요.

3. 다음과 같이 작업하세요.

ⅰ. 이전 예제의 Pet 클래스를 다음 내용으로 변경하세요.

a. 형식 인수 목록을 통해 인스턴스 필드 kind와 legs_number의 초깃값을 받아 생성자를 변경합니다.

b. 프로퍼티 kind를 추가합니다. private 필드 kind의 값을 읽거나 및 설정하기 위해서 사용됩니다. 필드가 비어있는 값으로 설정된 경우 setter는 오류를 발생시켜야 합니다.

c. 프로퍼티 legs_number를 추가합니다. private 필드 legs_number의 값을 가져오고 설정하

는데 사용됩니다. 필드가 음수 값으로 설정되면 setter는 오류를 발생시켜야 합니다.

ⅱ. 클래스 Pets의 인스턴스(예: 개)를 1개 만들고 그 메서드를 모두 호출하는 파이썬 프로그램을 작성하세요. 그 다음 필드 kind와 legs_number에 잘못된 값을 설정하고 어떤 결과가 출력되는지 확인해 봅시다.

4. 다음과 같이 작업하세요.

ⅰ. 다음을 포함하는 클래스 Box를 작성하세요.

a. width, length, height라는 3개의 인스턴스 필드의 초깃값을 형식 인수 목록을 통해 받아들이는 생성자

b. 너비, 길이, 높이로 상자의 부피를 계산하고 출력하는 메서드 display_volume

※ 공식은 다음과 같습니다.

부피 = 너비 × 길이 × 높이

c. 상자의 치수를 출력하는 메서드 display_dimensions

ⅱ. 클래스 Box를 사용하여 사용자에게 3 상자의 치수를 입력 받아 3 상자의 치수와 부피를 출력하는 파이썬 프로그램을 작성하세요.

5. 이전 예제의 클래스 Box에 width, length 및 height라는 3개의 property를 추가합니다. 이들은 private 필드인 width, length, height 값을 얻고 설정하는데 사용됩니다. setter는 해당 필드가 음수 또는 0으로 설정된 경우 오류를 발생시켜야 합니다.

6. 다음과 같이 작업하세요.

   i 다음을 포함하는 클래스 Cube를 작성하세요.

     a. 형식 인수 목록을 사용해 인스턴스 필드 edge의 초깃값을 받아들이는 생성자

     b. 한 변의 길이가 edge인 정육면체의 부피를 계산하고 출력하는 메서드 display_volume

     ※ 공식은 다음과 같습니다.

$$부피 = (한 변의 길이)^3$$

     c. 한 변의 길이가 edge인 정육면체 한 면의 넓이를 계산하고 출력하는 메서드 display_one_surface

     d. 한 변의 길이가 edge인 정육면체의 겉넓이를 계산하고 출력하는 메서드 display_total_

     ※ 공식은 다음과 같습니다.

$$겉넓이 = 6 \times (한 변의 길이)^2$$

   ii. 클래스 Cube를 사용하여 사용자에게 정육면체의 한 변의 길이를 입력 받아 정육면체의 부피, 정육면체 한 면의 넓이, 정육면체의 겉넓이를 출력하는 파이썬 프로그램을 작성하세요.

7. 이전 예제의 클래스 Cube에서 프로퍼티 edge를 추가합니다. private 필드인 edge 값을 가져오고 설정하는데 사용됩니다. 필드가 음수 또는 0으로 설정된 경우 setter는 오류를 발생시켜야 합니다.

8. 다음과 같이 작업하세요.

   i. 다음과 같은 메뉴를 표시하는 서브 프로그램 display_menu를 작성하세요.

     1. Enter radius

     2. Display radius

     3. Display diameter

     4. Display area

     5. Display perimeter

     6. Exit

   ii. 다음을 포함하는 클래스 Circle을 작성하세요.

     a. 생성자와 private 필드 radius

     b. 프로퍼티 radius. private 필드 radius의 값을 얻고 설정하는데 사용됩니다. 필드가 아직 설정되지 않았으면 getter가 오류를 발생시키고, 필드가 음수 또는 0으로 설정된 경우 setter가 오류를 발생시켜야 합니다.

     c. 반지름이 radius인 지름을 계산하여 반환하는 메서드 get_diameter

     ※ 공식은 다음과 같습니다.

$$지름 = 2 \times 반지름$$

     d. 반지름이 radius인 원의 넓이를 계산하여 반환하는 메서드 get_area

     ※ 공식은 다음과 같습니다.

$$넓이 = 3.14 \times 반지름^2$$

     e. 반지름이 radius인 원의 둘레를 계산하여 반환하는 메서드 get_perimeter

     ※ 공식은 다음과 같습니다.

$$둘레 = 2 \times 3.14 \times 반지름$$

   iii. 서브 프로그램과 위에서 언급한 클래스를 사용하여 앞서 언급한 메뉴를 표시하고 사용자에게 선택 사항(1 – 6)을 입력 받는 파이썬 프로그램을 작성하세요. 1을 선택한 경우, 프로그램은 사용자에게 반지름을 입력하라는 메시지를 출력합니다. 2가 선택되면 프로그램은 1번

에서 입력된 반지름을 출력합니다. 3~5번 중 하나가 선택되면 프로그램은 1번에서 입력된 반지름을 사용하여 원의 지름, 넓이 또는 둘레를 출력합니다. 또한 사용자가 원하는 만큼 작업을 반복해야 합니다.

9. 워드프로세서 응용프로그램을 만드는 컴퓨터 소프트웨어 회사에서 일한다고 가정합시다. 우리는 사용자에게 정보를 제공하는데 사용될 클래스를 작성하는 프로젝트를 맡았습니다.

 i. 다음을 포함하는 클래스 Info를 작성하세요.

   a. 생성자와 private 필드 user_text

   b. 프로퍼티 user_text. private 필드 user_text 값을 가져오고 설정하는데 사용됩니다. 필드가 비어있는 값으로 설정된 경우 setter는 오류를 발생시켜야 합니다.

   c. 필드 user_text에 있는 공백의 총 개수를 반환하는 메서드 get_spaces_count

   d. 필드 user_text에 있는 총 단어 수를 반환하는 메서드 get_words_count

   e. 필드 user_text에 있는 모음의 총 개수를 반환하는 메서드 get_vowels_count

   f. 필드 user_text에 있는 문자의 총 개수(공백 제외)를 반환하는 메서드 get_letters_count

 ii. 클래스 Info를 사용하여 사용자에게 문장을 입력 받아 사용 가능한 모든 정보를 출력하는 프로그램을 작성하세요.

   이때, 사용자는 공백 문자, 대문자 또는 소문자만 입력할 수 있고, 단어는 한 개의 공백 문자 구분된다고 가정합니다. 한 문장에서 3단어

가 있다면 공백은 2개가 있습니다. 즉, 총 단어 수는 총 공백 수보다 하나 더 많습니다. 총 공백 수를 계산하면 총 단어 수를 쉽게 찾을 수 있습니다.

10. 2차 세계 대전 이후의 냉전 기간 동안 메시지가 암호화되어 도청시 암호 해독 키 없이 해독할 수 없었습니다. 가장 간단한 암호화 알고리즘은 알파벳 회전입니다. 이 알고리즘은 모든 문자를 N번 위로 이동합니다. 여기서 N은 암호화 키입니다. 예를 들어 암호화 키가 2인 경우, 문자 A를 문자 C, 문자 B를 문자 D, 문자 C를 문자 E 등으로 대체하여 메시지를 암호화할 수 있습니다. 다음과 같이 작업하세요.

 i. 다음과 같은 메뉴를 표시하는 서브 프로그램 display_menu를 작성하세요.

   1. Encryption/Decryption key

   2. Encrypt a message

   3. Decrypt a message

   4. Exit

 ii. 다음을 포함하는 클래스 EncryptDecrypt를 작성하세요.

   a. 생성자와 private 필드 encr_decr_key

   b. 프로퍼티 encr_decr_key. private 필드인 encr_decr_key의 값을 가져오고 설정하는데 사용됩니다. getter는 필드가 아직 설정되지 않았을 때는 오류를 발생시켜야 하며 필드가 1에서 2 사이의 값으로 설정되지 않은 경우 setter는 오류를 발생시켜야 합니다.

   c. 형식 인수 목록을 통해 메시지를 받아 암호화

된 메시지를 반환하는 메서드 encrypt

d. 형식 인수 목록을 통해 암호화된 메시지를 받아들이고 해독된 메시지를 반환하는 decrypt라는 메서드

iii. 서브 프로그램과 위에서 언급한 클래스를 사용하여 앞서 언급한 메뉴를 표시하고 사용자에게 선택 사항(1 – 4)을 입력 받는 파이썬 프로그램을 작성하세요. 1을 선택한 경우, 프로그램은 사용자에게 암호화/암호 해독키를 입력하라는 메시지를 출력해야 합니다. 2를 선택한 경우, 사용자에게 메시지를 입력 받아 프로그램은 암호화된 메시지를 출력합니다. 3을 선택한 경우, 프로그램은 암호화된 메시지를 입력 받아 해독된 메시지를 표시해야 합니다. 또한 이 작업은 사용자가 원하는 만큼 반복해야 합니다. 이때, 사용자는 소문자 또는 공백 문자만으로 메시지를 입력한다고 가정합니다.

다음 질문에 알맞은 답을 적어 보세요.

1. 객체 지향 프로그래밍이란 무엇입니까?

2. 클래스의 생성자는 무엇입니까?

3. 파이썬의 데코레이터는 무엇입니까?

4. 언제 점 표기법을 사용하여 필드 이름을 기술해야 합니까?

5. self 키워드란 무엇입니까?

6. 클래스 변수와 인스턴스 변수의 차이점을 설명하세요.

7. OOP에서 필드가 노출되지 않아야 하는 이유는 무엇입니까?

8. '클래스 계급 상속'이란 무엇을 의미합니까?